Jean Fernet

Aux côtés du Maréchal Pétain

Souvenirs (1940-1944)

Le code de la propriété intellectuelle du 1er juillet 1992 interdit en effet expressément la photocopie à usage collectif sans autorisation des ayants droit. Or, cette pratique s'est généralisée dans les établissements d'enseignement supérieur, provoquant une baisse brutale des achats de livres et de revues, au point que la possibilité même pour les auteurs de créer des œuvres nouvelles et de les faire éditer correctement est aujourd'hui menacée. En application de la loi du 11 mars 1957, il est interdit de reproduire intégralement ou partiellement le présent ouvrage, sur quelque support que ce soit, sans autorisation de l'Éditeur ou du Centre Français d'Exploitation du Droit de Copie , 20, rue Grands Augustins, 75006 Paris.

ISBN : 978-2-37976-175-1

10 9 8 7 6 5 4 3 2 1

Jean Fernet

Aux côtés du Maréchal Pétain

Souvenirs (1940-1944)

Table de Matières

AVANT-PROPOS	7
Chapitre I	8
Chapitre II	25
Chapitre III	35
Chapitre IV	46
Chapitre V	50
Chapitre VI	66
Chapitre VII	83
Chapitre VIII	101
Chapitre IX	119
Chapitre X	132
Chapitre XI	152
Chapitre XII	170
Chapitre XIII	206
ANNEXES	214
Annexe I	214
Annexe II	225
Annexe III	232
Annexe IV	245

AVANT-PROPOS

Avant qu'il soit trop tard, je viens joindre mon témoignage à tous ceux qui ont été publiés sur la période au cours de laquelle le maréchal Pétain a exercé le pouvoir.

Je ne l'ai pas fait plus tôt, estimant qu'il convenait que ceux qui ont eu la charge de remplir des fonctions ministérielles à cette époque fussent les premiers à évoquer notre récent passé. Je n'ai été qu'un secrétaire, un témoin et un confident ; mais je crois être en mesure de contribuer aux travaux des historiens de l'avenir en citant certains faits, en précisant plusieurs des conjonctures qui déterminèrent les décisions.

Les circonstances qui m'ont valu l'honneur d'être, à partir du mois de juillet 1940, l'un des collaborateurs intimes du Maréchal doivent être mentionnées.

En juillet 1938, à mon retour du Proche-Orient, où je venais d'exercer le commandement de la Division navale du Levant, j'avais été nommé secrétaire général adjoint du Conseil supérieur de la Défense nationale. Durant vingt-deux mois, de l'époque des rencontres de Munich jusqu'au début de nos revers, j'avais présidé une centaine des sous-commissions interministérielles, qui s'appliquèrent à mettre en pratique la loi du 11 juillet 1938, sur l'organisation générale de la nation pour le temps de guerre.

Le 18 juin 1940, à Bordeaux, mon chef direct ayant été nommé chef d'état-major de l'armée, je fus promu secrétaire général auprès du général Weygand, ministre de la Défense nationale.

Lors de la constitution du Cabinet du 12 juillet 1940 et de la désignation des secrétaires généraux, au moment de choisir celui de la présidence du Conseil, mon nom fut prononcé par M. Alibert, garde des Sceaux. Il m'avait souvent rencontré, ayant été au Conseil d'État le collègue de mon frère André, tombé en combat aérien en juin 1916. Plusieurs ministres me connaissaient. Ils firent adopter mon nom par le Chef de l'État.

Pendant les huit premiers mois, jusqu'à la fin de février 1941, j'ai eu le privilège de vivre dans l'intimité du Maréchal. Nommé alors secrétaire général du Conseil national, je ne le voyais plus que quelques heures par semaine. J'étais honoré de sa confiance et de son amitié. Lors du retour du président Pierre Laval au gouvernement, en avril 1942, les sessions du Conseil national furent suspendues, mais le Maréchal qui m'avait confié le dossier de préparation de la Constitution me rappelait fréquemment auprès de lui.

Il en fut ainsi jusqu'au 20 août 1944, date de son départ de Vichy, à destination du lieu de sa captivité en Allemagne.

Chapitre I : PREMIÈRES SEMAINES. ESSAI D'UN GOUVERNEMENT PERSONNEL

En toute sincérité, je crois que le maréchal Pétain, habitué au fonctionnement régulier d'un puissant état-major, ne se rendait pas un compte exact de la charge écrasante qu'il assumait en acceptant le pouvoir. Bien souvent, dans la suite, il crut à tort que l'administration du pays pouvait être assurée avec des moyens très simplifiés. Quoi qu'il en soit, dès les premiers jours il ne douta pas qu'il pourrait aisément remplir les fonctions qui ressortissaient au Chef de l'État et au président du Conseil.

Je vais essayer de rappeler ce que fut du mois de juillet 1940 jusqu'à la mi-février 1941 cet essai de gouvernement personnel du Maréchal.

Dans les formes les plus régulières de la législation républicaine, l'Assemblée nationale venait de lui confier une mission d'une ampleur inouïe, telle que dans les temps modernes jamais pareille investiture n'avait été conférée du jour au lendemain à un citoyen.

Quand l'œuvre du temps aura apaisé les remous de la discorde française, il est à préjuger que l'on reconnaîtra la réalité du bienfait accordé à la France par la venue au pouvoir d'un Maréchal de France octogénaire. À cette date, il y avait soixante-quatre ans que Philippe Pétain se trouvait en activité de service aux ordres de la nation. Il avait connu trois guerres sur notre sol. Depuis son entrée à l'École spéciale militaire, il n'avait pas cessé de travailler en vue du succès de nos armes ou de la protection de notre territoire. Il ne demandait rien. On vint le chercher. En 1917, au cours d'une crise grave, il s'était penché sur le moral de l'armée. En 1940, c'est la France entière que l'Assemblée nationale lui confiait le soin de ranimer.

Notre, programme, dit-il le 11 juillet, est de rendre à la France les forces qu'elle a perdues.

Or, dans la suite, on s'est appliqué à représenter la Loi constitutionnelle du 10 juillet et les trois Actes constitutionnels qui furent promulgués le lendemain comme tendant à un coup d'État, aggravé d'un abus de confiance.

La vérité est beaucoup plus simple, si l'on veut bien porter l'attention sur le caractère personnel du Maréchal, sur ce que signifiait son expérience de grand chef.

Après les dramatiques journées de Bordeaux, où fut décidée la demande des conditions d'un armistice, le Maréchal n'a pas eu le loisir d'étudier de près chacun des termes proposés par les juristes qui ont rédigé la Loi et les trois Actes. Il n'a jamais eu l'occasion de méditer sur les bases du Droit constitutionnel, mais il connaît, par expérience, l'exercice de l'autorité, le poids de la responsabilité suprême devant l'ennemi. D'autre part, il convient d'agir vite pour être en mesure de commander, afin de mettre fin au désordre. Que signifie à ses yeux de chef militaire le texte que l'Assemblée nationale vient de voter ? C'est la réalisation du commandement unique.

Le Parlement vient de s'y résoudre, comme naguère les Alliés à Doullens, à la fin de mars 1918, en face du péril extrême.

En régime d'armistice et d'un armistice qui peut être rompu d'un jour à l'autre, dans un pays soumis à l'occupation partielle du territoire, il était évident, le bon sens et la raison l'imposaient, que les Assemblées parlementaires ne pourraient continuer à siéger. Le Maréchal a eu le courage de dire tout haut ce que les premiers magistrats du pays avouaient tout bas.

Mais il reste une question embarrassante : le président de la République est là, qui vient de promulguer la Loi constitutionnelle, et le texte ne se prononce pas explicitement sur son maintien ou sur son effacement. Dans la pensée du Maréchal, comme de la plupart des membres de l'Assemblée nationale, il n'est pas d'ambiguïté. C'est vers lui seul que le pays tout entier, que le Parlement presque unanime se sont tournés. Il ne peut s'agir d'une autorité bicéphale pratiquant les procédures du régime parlementaire. Le président de la République se trouve dessaisi de son rôle d'arbitre en face des différends qui venaient à surgir au sein du Parlement. Il était dès lors nécessaire de suspendre partiellement l'application des Lois constitutionnelles de 1875, et le président de la République devait se retirer devant le chef temporaire du gouvernement, à qui était confié le mandat de promulguer, sous son autorité et sa signature, une nouvelle Constitution de l'État.

Avant toute chose, la mission impérieuse était de faire vivre une nation momentanément désarmée, sous la contrainte d'une occupation ennemie. Dans un désastre venu de nos relâchements, le devoir imposait de remettre de l'ordre dans la maison. C'est ainsi que fut prononcé le mot d'« ordre nouveau ». La presque totalité du pays admet l'urgence de cette tâche. Aucune voix ne s'élève en France pour clamer que l'on s'engage dans une direction dangereuse, ni celle du président du Sénat, ni celle du président de la Chambre des députés, encore moins celles des vingt-sept parlementaires qui, refusant de voter la Loi constitutionnelle, s'appliquaient à offrir au Maréchal des pouvoirs plus étendus.

La réunion entre ses mains de l'ensemble des attributions du Chef de l'État et du président du Conseil n'effraie pas le Maréchal, ni ne le choque, car à cette heure il sait que la nation tout entière est derrière lui haletante, mais confiante. Et c'est en toute simplicité, en toute dignité, que le 11 juillet, dans son quatrième Appel aux Français, le Maréchal, la gorge moins serrée que le 17 juin, définit en termes clairs de quelle manière il se propose de s'acquitter de sa mission.

La plupart des écrivains, qui ont décrit l'emploi des premières semaines du gouvernement replié à Vichy, ont insuffisamment mis en lumière deux questions qui sur le moment préoccupèrent gravement les ministres. L'opinion publique, encore consternée par le drame national, y porta peu d'attention.

La première question fut celle du retour des administrations centrales à Paris, liée à celle du transfert du siège du gouvernement, admis par l'article 3 de la Convention d'armistice. Ce qui était envisagé était soit à Paris, soit plutôt à Versailles, une enclave affranchie de l'occupation militaire ennemie — sorte de Cité du Vatican, — où le gouvernement du Maréchal eût pu se rendre et siéger temporairement.

Vichy, vocable sur lequel se sont exercées plus tard la verve

Chapitre I

des plaisantins et l'agressivité des adversaires, n'était considérée que comme étape provisoire. On avait dû renoncer à Clermont-Ferrand, incapable de fournir les installations nécessaires ; Lyon avait été écarté par le Maréchal lui-même, peu désireux de siéger dans le fief du président Herriot.

Dans la seconde quinzaine de juillet, des démarches pressantes, faites à la Commission d'armistice de Wiesbaden, se heurtèrent à des raisons pseudo-techniques des autorités militaires d'occupation. Le Maréchal manifesta son intention de franchir coûte que coûte la ligne de démarcation le 14 août, au plus tard, tant était vif son désir de se rapprocher de la capitale, à laquelle tant de souvenirs le rattachaient. D'ailleurs on ne peut gouverner efficacement que de Paris. Mais la Commission allemande de Wiesbaden se borna à répondre que la question était encore à l'étude touchant l'usage du téléphone et du télégraphe et le choix des routes d'accès.

Dès l'entrée en vigueur de l'armistice, déclare le Maréchal dans son message du 13 août, mon gouvernement s'est efforcé d'obtenir du gouvernement allemand la possibilité de rentrer à Paris et à Versailles. Or le 7 août le gouvernement allemand m'a fait connaître que tout en maintenant son acceptation de principe déjà inscrite dans la Convention d'armistice il ne pouvait, pour des raisons d'ordre technique et tant que certaines conditions matérielles ne seraient pas réalisées, autoriser ce transfert. Il faut donc attendre encore, mais je crois pouvoir vous assurer qu'il ne s'agit plus que d'un délai. J'ajoute que, si vous souhaitez mon retour, je le souhaite aussi ardemment que vous. Mais, pour nous tous, la patience est peut-être aujourd'hui la forme la plus nécessaire du courage.

De remise en remise le temps passa. Le Maréchal s'en affligeait. Certains disaient qu'en obtenant de se rendre à Versailles il risquait d'aliéner sa liberté d'action et surtout de renforcer dans la pensée de l'étranger l'accusation de gouverner sous le contrôle des occupants. Mais cela ne pouvait être mis en balance avec l'immense bénéfice de mettre fin à la rancune de Paris et de la zone occupée, accusant le Maréchal de les abandonner.

La seconde source de préoccupations fut de savoir comment s'organiserait ce gouvernement personnel du Chef de l'État assumant la lourde charge de président du Conseil. Bien plus il y eut l'inquiétude immédiate des ministres touchant sa faculté physique d'y faire face et l'éventualité d'un grave accident de santé. L'inquiétude paraît surprenante aujourd'hui, au regard de ce que lut son extraordinaire longévité. Mais c'est bien à cette pensée que se relia l'idée qui amena le Maréchal à désigner dès le 12 juillet un suppléant dans le cas où il se trouverait dans l'empêchement de remplir sa fonction.

Ce fut l'Acte constitutionnel n° 4 [1].

On comprit mal et critiqua cette nomination d'un héritier présomptif, comme si eût été exhumé le titre périmé de dauphin. Bien plus, comme le choix du Maréchal se porta, non sans quelque hésitation, sur Pierre Laval, vice-président du Conseil, cette décision se heurta à une défaveur indéniable.

En mettant à part la fidélité de ses électeurs d'Aubervilliers et du Puy-de-Dôme, on ne peut dire que Pierre Laval fût l'objet d'une popularité quelconque. Ses collègues de la Chambre et du Sénat grondèrent à la pensée que dans le cas où, par malheur, le Maréchal viendrait à disparaître, Pierre Laval pût devenir le chef de la France, muni des pleins pouvoirs. J'entendis d'éminentes personnalités, deux vice-présidents du Sénat, dire : « Non, non... Pas lui ! »

De plus l'armée et les anciens combattants n'avaient jamais eu de contacts avec lui, bien qu'il eût été quatorze fois ministre et trois fois président du Conseil.

Enfin il est incontestable que le général Weygand, hier encore commandant en chef, dont le prestige était considérable aux yeux de la majeure partie du pays et qui venait de se confronter auprès

---

1 Acte constitutionnel N° 4
relatif à la suppléance et à la succession du Chef de l'État.
« Nous, Maréchal de France, Chef de l'État français,
Vu la loi du 10 juillet 1940,
Décrétons :
Article Premier. — Si pour quelque cause que ce soit avant la ratification par la Nation de la nouvelle Constitution, nous sommes empêchés d'exercer la fonction du Chef de l'État, M. Pierre Laval, vice-président du Conseil des ministres, l'assumera de plein droit.
Art. 2. — Dans le cas où M. Pierre Laval serait empêché pour quelque cause que ce soit, il serait à son tour remplacé par la personne que désignerait à la majorité de sept voix le Conseil des ministres. Jusqu'à l'investiture de celle-ci, les fonctions seraient exercées par le Conseil des ministres.
Fait à Vichy, le 12 juillet 1940.
Ph. Pétain. »

Chapitre I

du Maréchal avec les terribles responsabilités de la signature de l'armistice, incarnait dans le désarroi du moment une large part des espoirs des Français.

Or il faut noter que c'était Pierre Laval lui-même qui avait demandé, pour ne pas dire exigé cette accession à la suppléance, en raison d'une attitude contradictoire d'une fraction de l'Assemblée nationale. Dans les salles du grand casino de Vichy, avait régné une sorte d'appréhension à l'égard de ces pleins pouvoirs accordés à une haute personnalité militaire, à la veille d'un nouvel « Appel au soldat ». Et si l'imposante majorité du Parlement se portait sans arrière-pensée vers le Maréchal, entouré d'un respect unanime, certains et non des moindres, soucieux de la suprématie du pouvoir civil, faisaient des réserves au regard de ce qu'ils appelaient dans leur jargon « le tandem Pétain-Weygand ». Sans compter les troubles rumeurs, issues sans doute du souvenir du 18 brumaire et qui donnèrent naissance à la légende, abondamment citée plus tard, de la menace des baïonnettes du général de Lattre de Tassigny.

En tout cas, dans la pensée du Maréchal, l'Acte constitutionnel était une simple mesure de prudence, comme l'est aux armées l'annonce de la succession au commandement ; vis-à-vis de l'occupant c'était aussi l'affirmation de l'autorité française en position d'armistice. Le mandat à lui confié étant strictement personnel, il semblait au Maréchal indispensable, en face du désordre régnant, encore à cette date, que le vice-président du Conseil fût habilité à gouverner, s'il avait fallu, en attendant, qu'il fût possible de procéder à une nouvelle consultation de l'Assemblée, que l'autorité occupante eût d'ailleurs été capable de contrecarrer.

Une fois la question de la suppléance réglée subsistait celle de l'organisation pratique des délibérations du gouvernement présidé par le Maréchal. Il s'agissait en fait d'établir une méthode de travail répondant aux habitudes d'ordre et de labeur équilibré que le Maréchal avait acquises durant l'exercice de ses hauts commandements. L'activité gouvernementale devait être ordonnée, de manière que les décisions finales fussent soumises à son arbitrage, en allégeant le plus possible son étude préalable des questions. C'est à quoi devait répondre un secrétariat de la présidence du Conseil, suffisamment étoffé pour assurer la coordination des activités personnelles des ministres.

Au cours de ces premières semaines, rien n'était plus saisissant que le calme et la sérénité avec lesquels le Chef de l'État s'acquittait des occupations successives de sa tâche quotidienne. À toutes, il apportait une application constante, soit lors de ses audiences, soit au Conseil restreint qui se réunissait chaque jour à 11 heures pour traiter les questions soulevées par les Commissions d'armistice, soit au Conseil des ministres, où son esprit tendu s'attachait à distinguer le principal du secondaire.

Tout le reste de la journée était absorbé par les audiences, dont les demandes étaient nombreuses. Telle était la popularité du Maréchal que tous les Français qui faisaient le voyage de Vichy n'avaient qu'un désir, être reçus par lui. Dès lors l'emploi du temps quotidien se trouvait singulièrement chargé. Certains membres de l'entourage du Maréchal cherchèrent à l'alléger, en diminuant le nombre des audiences accordées, soit en recevant eux-mêmes le trop-plein des gens inscrits, ce qui ne faisait guère l'affaire de ceux-ci. Mais d'autres influences s'exercèrent pour ne pas abuser de ce filtrage, faisant valoir que l'on risquait de nuire au prestige du Maréchal en paraissant redouter que son grand âge ne lui permît pas de supporter les servitudes de sa fonction.

Le Maréchal s'y prêtait lui-même d'ailleurs avec une complaisance inlassable. Il n'en vint à se plaindre que de la longueur excessive des études, requêtes ou suggestions que ses visiteurs déposaient entre ses mains. Leur variété, leur disparate étaient parfois curieux ; assez rares étaient celles qu'il conservait, la plupart étant, à toutes fins utiles, dirigées sur les départements ministériels.

Je me garderai de dépeindre ici l'aspect extérieur de la vie quotidienne au cours de ces premières semaines dans la capitale provisoire. Henri du Moulin de Labarthète leur a consacré de nombreuses pages de son livre *Le Temps des illusions*, en usant de toute sa verve et du mordant de sa causticité. Que l'on se rappelle d'autres descriptions, plus ou moins humoristiques, qui ont présenté l'Hôtel du Parc comme une ruche bourdonnante. Mais n'oublions pas que, dès qu'on approchait de la porte vitrée de l'antichambre du Maréchal, on était assuré de ne trouver que le calme, et l'accueil d'une haute courtoisie.

De jour en jour il devint manifeste en présence du Cabinet du 12

Chapitre I

juillet, comprenant douze ministres et trois secrétaires d'État présents au Conseil, que le Maréchal aurait préféré une distribution des fonctions plus hiérarchisée [1].

Il se trouvait plus à son aise aux réunions du Conseil restreint qui se tenaient presque tous les matins à 11 heures dans son bureau même. Bureau bien simple, ce petit salon de la pièce d'angle du troisième étage, dont les fenêtres donnaient sur la rue du Parc et la rue Petit. Au début, le Maréchal n'y disposait pour ses signatures que d'un simple guéridon. La réunion était destinée à traiter d'urgence les questions soulevées aux Commissions d'armistice de Wiesbaden et de Turin et qui réclamaient une décision gouvernementale. Le général Weygand les exposait, après l'étude qui en avait été rapidement faite à sa direction des Services d'armistice, en présence de MM. Pierre Laval, Baudouin et Bouthillier, de l'amiral Darlan et parfois de M. Alibert. Étaient ensuite rapidement évoquées, pour un premier échange de vues, les questions de politique intérieure, celles de la zone libre ou celles des relations avec les autorités occupantes en zone occupée.

Henri du Moulin, dans son livre, a semblé critiquer le secret qui entourait ces délibérations et que j'en aie retenu les procès-verbaux « avec un soin jaloux ». Or il n'y en avait pas ; le Maréchal m'avait seulement prescrit de noter les points essentiels, pour les lui remettre en mémoire le cas échéant [2].

---

[1] Cabinet du 12 juillet 1940

Vice-président du Conseil	MM. Pierre Laval
Justice	Raphaël Alibert
Intérieur	Adrien Marquet.
Affaires étrangères	Paul Baudouin.
Finances	Yves Bouthillier.
Défense nationale	Général Weygand.
Instruction publique et Beaux-Arts	Émile Mireaux.
Famille et Jeunesse	Jean Ybarnegaray.
Agriculture et Ravitaillement	Pierre Caziot.
Production industrielle et Travail	René Belin.
Communications	François Piétri.
Colonies	Henry Lémery.
Guerre (secrétaire d'État	Général Colson.
Marine	Amiral Darlan.
Aviation	Général Pujo.

[2] Je me félicite au contraire de n'en avoir fait aucune ampliation. Quelques procès-verbaux furent établis par la Direction des Services d'Armistice aux rares fois où

Le Conseil des ministres se tenait deux ou trois fois par semaine dans le grand salon du rez-de-chaussée du Pavillon Sévigné. Dès la fin de juillet, il fut admis que les séances seraient consacrées à un nombre précis de questions. Suivant l'urgence ou la priorité reconnue nécessaire, un ordre du jour était établi à l'avance et communiqué aux ministres ; ceux-ci pouvaient ainsi y réfléchir, se documenter et fixer leur point de vue particulier. Le Maréchal souffrait malaisément que l'attention sur l'objet principal s'égarât au cours de la discussion. Les interruptions soudaines, venant la plupart du temps de Pierre Laval, le choquaient un peu. Sa dureté d'oreille, beaucoup moins prononcée que l'on s'est plu à le dire, le gênait quand deux ou trois interlocuteurs parlaient à la fois. « On ne discute pas en Conseil, coupait-il d'une voix brève ; à chacun d'exposer son opinion à son tour. » Et la conclusion était énoncée éventuellement par lui, de son ton calme, qui n'appelait pas de réplique. « Homme de marbre aux yeux bleus, a écrit Paul Valéry, qui a toujours pesé ce qu'il dit, et que l'on sent qui pèse ce qu'on lui dit. »

D'autre part, il est certain qu'initialement il eût souhaité de se tenir à l'écart des questions fragmentaires et de se consacrer davantage à l'étude des questions de politique générale, qu'il aurait voulu traiter avec une équipe restreinte de ses ministres. C'est dans cet esprit qu'il fut envisagé de déléguer aux secrétaires généraux de chaque ministère une part des responsabilités. Choisis en tant que techniciens qualifiés, ils eussent assuré l'expédition des affaires courantes, déchargeant le ministre du fardeau des audiences et de l'agitation des visiteurs empressés. Les ministres auraient ainsi pu consacrer une part de leur temps à l'étude des hautes questions de la politique générale de la France à la suite de ses revers, et les eussent présentées, dans un esprit d'équipe bien lié, à l'examen et à la décision du Chef de l'État. Telle était bien la conception du général Weygand et de plusieurs de ses collègues, qui s'efforcèrent de faire prévaloir l'avantage d'une telle méthode. Ils se heurtèrent d'une part à la désapprobation du vice-président du Conseil qui

---

certains hauts fonctionnaires des Commissions de Wiesbaden et de Turin avaient participé à la séance. Et ce fut pour les Commissions d'enquête de la Haute Cour de Justice l'occasion d'y trouver à l'égard de certains ministres des motifs d'inculpation tout à fait injustifiés, faute d'un contexte explicatif qui eût légitimé les mesures suggérées.

Chapitre I

préférait ne traiter que les questions concrètes, au jour le jour, et d'autre part à l'exigence soudaine de certains graves incidents qui réclamaient du gouvernement une décision immédiate.

Ce fut assurément une erreur de n'avoir pas mis en pratique cette délégation des affaires courantes aux secrétaires généraux ; une intention aussi judicieuse n'eût pas manqué de produire d'importants résultats. C'était pourtant ce qu'impliquait cet essai de gouvernement personnel du Maréchal ; les ministres, n'étant responsables que devant lui, devaient en même temps se considérer comme tenus de participer étroitement aux principales décisions de politique générale. En pratique la plupart des ministres prirent l'habitude de venir s'entretenir séparément avec le Chef de l'État des soucis de leur ministère et de lui présenter leurs suggestions touchant la situation du moment. Il en résulta un certain manque de cohésion, sinon une légère rivalité d'influences.

L'idée d'alléger le Conseil des ministres, conformément à la préférence du Maréchal relative à une hiérarchie des fonctions, chemina donc au cours du mois d'août pour aboutir au remaniement du Cabinet, en date du 6 septembre : celui-ci causa une vive surprise dans le pays.

De ce mois d'août, malgré la charge que représentait une journée consacrée à ces Conseils fréquents et à toutes ces conversations avec les personnalités les plus variées, je conserve le souvenir de l'extraordinaire vigueur du Maréchal. Sous son aspect habituel, mélange de calme, de patience et de sérénité, il ne cessait de méditer, et c'est en tenant compte de tous ces éléments qu'il élabora sa décision.

Quand, deux jours après le vote de l'Assemblée nationale, le Maréchal avait transformé le Cabinet constitué hâtivement à Bordeaux, l'opinion publique avait compris que, prenant en mains les destinées du pays, il fît appel à des hommes nouveaux. Ainsi un Pierre Caziot, un René Belin, non parlementaires, éminemment compétents, venaient se joindre aux ministres en qui le Maréchal avait placé sa confiance. Le remaniement qui survenait huit semaines plus tard produisit au contraire une impression de malaise. On y vit une tendance à la versatilité, rappelant les mauvais jours de l'instabilité ministérielle au temps de la IIIe République.

Dès ce jour prit naissance et se développa cette « foire aux potins », entretenue sous les arcades du parc de l'établissement par les journalistes parlementaires condamnés au chômage et qui cherchaient à s'en consoler en annonçant chaque semaine, pour les motifs les plus futiles, l'approche d'une nouvelle crise ministérielle.

Voici en quoi ce remaniement s'ingéniait à alléger le Conseil en le réduisant à huit ministres et un vice-président. Le ministère des Colonies était confié à un secrétaire d'État, l'amiral Platon, qui remplaçait M. Lémery et devait désormais agir en liaison étroite avec le ministre des Affaires étrangères, M. Baudouin. Au ministère des Communications, M. Berthelot, secrétaire d'État, technicien, succédait à M. Piétri et se rangeait auprès de M. Bouthillier, ministre des Finances. M. Peyrouton, remplaçait au ministère de l'Intérieur M. Adrien Marquet et recevait en plus l'attribution de la Famille et de la Santé. Pour l'instruction publique, le secrétariat d'État était confié à M. le doyen Georges Ripert qui devait se tenir en liaison avec le ministre de la Justice.

Je n'hésite pas à dire que, dans ce sens, le remaniement du Cabinet fut regrettable, car il priva le Conseil de tout ce que représentaient d'expérience, et de pratique des affaires publiques ou du Parlement, les noms de MM. Lémery, Piétri, Marquet, Mireaux, Ybarnegaray. Sur ce point Pierre Laval fut bien mal inspiré en donnant satisfaction aux critiques acerbes de la presse parisienne, soumise aux occupants, touchant la composition du précédent ministère — trop d'inspecteurs des finances, trop de généraux âgés, trop d'hommes politiques ayant siégé dans les Assemblées qui avaient approuvé la déclaration de la guerre. Il crut être habile en sacrifiant ses collègues à cette sorte de « *veto* » de l'ambassadeur allemand, et en se faisant auprès du Maréchal l'interprète de cette campagne de dénigrement.

Il y a lieu de déplorer le malentendu qui amena le Chef de l'État à se priver des services de M. Adrien Marquet. Celui-ci n'eut que de rares entretiens avec lui, bien qu'il eût siégé à ses côtés pendant la durée du Cabinet présidé par Gaston Doumergue en 1934. Ayant reçu l'ordre de procéder à un mouvement préfectoral, de nature à remplacer ceux des préfets dont le loyalisme à l'égard du nouveau gouvernement pouvait paraître douteux, M. Marquet voulut y procéder avec méthode, par l'élude des dossiers et en s'entourant de toutes garanties d'équité. Cette lenteur fut interprétée par le Maréchal comme une tendance à éluder dans une certaine mesure les directives reçues.

Enfin le départ du général Weygand, quittant le ministère de la Défense nationale pour de hautes fonctions en Afrique française, produisit un effet de surprise attristée et une profonde émotion. Sur le moment, le général fut lui-même péniblement affecté par la décision. Je suis ici pour témoigner que le Maréchal ne s'y arrêta qu'après de longues réflexions. Assurément en situation d'armistice, un ministère de la Défense nationale, se superposant aux trois départements — Guerre, Marine, Air — pouvait paraître un organe un peu superflu, une appellation inopportune après nos revers, alors qu'il s'agissait de réduire nos forces. Sur les instructions précises du général Weygand, le ministère de la Guerre se consacrait avec ferveur à la constitution de l'armée réduite d'armistice, en même temps qu'aux premières mesures conservatoires de l'armée secrète.

En second lieu, il faut avouer que la rencontre presque quotidienne du général Weygand et de Pierre Laval, au Conseil restreint, n'était pas sans causer quelques soucis au Maréchal. Bien qu'il ne fût pas ministre de l'Intérieur et par suite ne reçût pas les rapports des préfets, Pierre Laval, vice-président du Conseil, intervenait à tout propos lorsque l'on parlait de l'état de l'opinion dans les divers départements. Or les renseignements épars qu'il recueillait au cours des conversations avec ses innombrables visiteurs contredisaient les comptes rendus réguliers que le général Weygand recevait des commandants de divisions militaires. Il ne faut pas oublier qu'en situation d'armistice on était, pour le maintien de l'ordre, sous le régime de l'état de siège, dont les prescriptions n'étaient pas encore atténuées.

Bref, le ton de l'entretien atteignait souvent ce que le général, mentionnant un autre échange de propos, a appelé ce point où peut atteindre la violence tempérée par une bonne éducation. Ce débat pénible fatiguait le Maréchal. S'il jugeait souhaitable d'en éviter le retour, il était arrêté par un réel scrupule à l'idée de se séparer du général Weygand, avec qui il avait agi en si parfaite union, au cours des délibérations qui nous avaient conduits à l'armistice.

Mais, lors des journées pendant lesquelles les deux Chambres avaient délibéré, le Maréchal avait compris une chose qu'il n'avait pas clairement perçue à Bordeaux. Nul doute qu'en fin juin, devenu président du Conseil, il avait conçu son rôle, en période d'armistice, sous une forme se rapprochant d'un commandement militaire, à laquelle le général Weygand eût été directement associé. Or les formalités de légalité républicaine, qui venaient d'accompagner son investiture, lui firent comprendre que, pour le bien et l'apaisement du pays, il devait incarner, certes l'autorité militaire, mais surtout le pouvoir civil. C'était donc Pierre Laval qui, pour le moment, devait rester son second. N'était-ce pas lui qui, devant l'Assemblée, avait présenté le projet de Loi constitutionnelle au nom du Maréchal ?

Enfin, au cours de deux ou trois conversations particulières, le Maréchal avait découvert l'utilité d'envoyer en Afrique une haute personnalité, afin de coordonner l'action des gouverneurs et résidents généraux ainsi que dans le dessein d'y développer nos forces militaires. La nécessité de cette désignation avait reçu une singulière confirmation lors de la pression exercée le 16 juillet 1940 par le Chancelier allemand, touchant nos bases d'Afrique du Nord : il en sera parlé plus loin. Quel théâtre plus vaste et plus passionnant pouvait être offert à l'activité et aux éminentes qualités du général Weygand ?

Néanmoins, le Maréchal fut gêné au moment de notifier sa décision au général, et, comme toujours en pareil cas, il fut un peu trop laconique. Ayant bien souvent au cours de ses commandements et de ses hautes fonctions, changé de chef d'état-major et d'entourage, il pouvait paraître insensible lors d'une séparation.

Étant donné que, quelques jours plus tard, le général Weygand fut séduit et l'on peut dire conquis par l'ampleur de la mission que le Maréchal lui confiait à titre de « délégué général du gouvernement en Afrique française », il est regrettable que la décision ne lui ait pas été définie au cours d'un entretien à cœur ouvert, convenant à deux hommes de mérite considérable, qui s'estimaient de longue date, également désintéressés, également passionnés pour le bien public. Le général Weygand, dans le troisième volume de ses *Mémoires*, a traité cette scène en des termes émouvants de délicatesse et de respectueuse équité. Mais c'est un grand dépit qu'entre le général et son aîné de onze ans le jeu de leur retenue et de leur timidité respectives n'ait pas réussi à briser la glace d'une sorte de léger malentendu.

Pour y remédier, et comme le Maréchal ne laissait pas d'en rester soucieux, je me permis de lui soumettre une suggestion personnelle : du moment que le général cessait de faire partie du gouvernement, son titre de délégué général, commandant en chef, faisant de lui le premier des chefs militaires, le premier des hauts fonctionnaires de l'Empire, la désignation de M. Laval, en tant que suppléant du Chef de l'État, ne s'imposait plus comme aux jours où certains parlementaires s'étaient inquiétés du fameux « tandem ».

On pouvait dès lors, suivant l'article 2 de l'Acte constitutionnel, laisser au Conseil des ministres le pouvoir de désigner, le cas échéant, et suivant les circonstances du moment, le successeur du Chef de l'État. Une telle solution aurait l'avantage de rallier l'adhésion de ceux qui avaient critiqué le choix du vice-président du Conseil, ainsi que de réconforter l'armée. Le Maréchal reconnut le bien-fondé de ce point de vue, et fit rédiger dans ce sens une modification de l'Acte n° 4. Puis, après vingt-quatre heures de réflexion, le 9 septembre, avant la réunion du Conseil restreint, ayant fait appeler M. Laval, il lui expliqua son intention.

M. Paul Baudouin, ministre des Affaires étrangères, qui n'était pas dans la confidence, raconte comme suit l'incident sur son journal quotidien, publié en juin 1948 :

« Lundi 9 septembre. — ... Je monte à 11 h. 45 pour la réunion du Conseil restreint. Bouthillier et moi restons un long moment seuls avec l'amiral Fernet. Celui-ci nous apprend que Pierre Laval et le Maréchal sont en conversation depuis déjà une demi-heure. L'amiral nous indique que le vice-président du Conseil a été appelé par le Maréchal pour lui annoncer son intention d'abroger l'Acte constitutionnel qui fait de lui son successeur. En cas d'accident arrivant au Maréchal, c'est le Conseil des ministres qui, à la majorité, doit désigner le nouveau Chef de l'État. L'opinion de l'amiral Fernet, de Bouthillier et de moi-même est que la question ne sera pas réglée ce matin, car la résistance de Pierre Laval sera vive.

Après une demi-heure d'attente, Pierre Laval entre au Conseil très rouge, et le Conseil se déroule normalement... Mais à la fin de la réunion, à 13 heures, le Maréchal prie Bouthillier et moi d'entrer dans son bureau. Il nous met au courant de sa conversation avec Pierre Laval. Celui-ci s'est vivement défendu et le Maréchal a admis la valeur de certains de ses arguments. « Mais, nous dit-il, je continuerai dans cette voie. C'est le début de l'offensive [1]. »

Ces derniers mots pris sur le vif et notés le jour même, révèlent dans leur laconisme que, dès cette date, existait dans l'esprit du Maréchal un début de défiance. Il était inquiet à l'égard des pourparlers que le vice-président avait engagés avec Otto Abetz et dont il était loin de faire un rapport complet au Chef de l'État, et surtout à ses collègues. Je souligne, en passant, ce terme « le début de l'offensive » si vif dans la bouche du Maréchal pour montrer l'erreur de ceux qui ont prétendu que le coup de théâtre du 13 décembre fut une révolution de palais, aboutissant à une décision insuffisamment mûrie.

*
* *

Ainsi s'écoulent, de la seconde quinzaine de juillet au début de septembre, ces huit premières semaines où le Maréchal continue d'esquisser le plan suivant lequel il se propose d'exécuter la mission qui lui a été confiée. En face de la tâche immense dont il a parlé sans détour aux Français le 11 juillet, lorsqu'il leur demandait leur confiance, jour après jour, il mûrit sa pensée. Par nature il est l'homme des longues préparations.

De toutes les audiences qu'il accorde, il cherche à faire son profit. De nombreux parlementaires sont venus lui présenter leurs suggestions, apportant des plans, des programmes précis. Son Cabinet civil et son Cabinet militaire lui soumettent l'essentiel des milliers de lettres que le courrier quotidien déverse à l'*Hôtel du Parc*, émanant de toutes les fractions de la communauté française. Il écarte courtoisement certains membres du Parlement qui, voulant travailler au rassemblement des esprits, sont venus lui proposer la création d'un Parti unique : plus que tout autre le Maréchal aspire à parfaire l'union de tous les Français, mais ce simple mot de « Parti » qui implique l'idée de séparation, de rupture de l'unité, lui déplaisait au plus haut degré.

Il prête davantage l'oreille à tout ce qui lui fait percevoir les réactions principales de la population : anciens combattants de la guerre de 1914-18, exhalant leurs rancœurs à l'égard du régime représentatif qui a toléré une politique extérieure aberrante, source

[1] Cf. Paul Baudouin, *Neuf mois au gouvernement*, p. 339.

de nos malheurs ; réfugiés des départements de la zone nord, qui vont regagner leurs foyers, sachant pour la plupart qu'ils ne vont retrouver que des ruines ; hommes politiques qui lui précisent le processus de désorganisation qui a envahi le corps de l'État, par la paresse, le laisser-aller, l'absentéisme et parfois le sabotage systématique.

C'est au souvenir de telles indignations, de telles souffrances, de tels dégâts qu'il faut se reporter pour expliquer le caractère inflexible des premières lois qui furent adoptées au début de cette période. Telles les lois du 17 juillet sur les conditions d'accès à la fonction publique, la loi du 31 juillet instituant une Cour suprême de Justice et les poursuites contre les responsables de la défaite. Peut-être faut-il d'ailleurs, attribuer au manque de travail en équipe, qui a été signalé plus haut, les dispositions imparfaites et critiquables de ces textes ? Une discussion plus prolongée en eût sans doute atténué les défauts, et la modération eût rencontré l'acquiescement du Maréchal, partisan de la mesure en toutes choses. Il ne faut pas omettre, d'autre part qu'au Conseil des ministres Pierre Laval apportait à cette époque dans la discussion tout le poids de son autorité de vice-président et d'ancien chef du gouvernement pour durcir toutes mesures qui stigmatisaient les tares des dernières années du régime discrédité par la défaite.

Ainsi s'approche la fin de l'été de 1940, dans une alternance entre de terribles inquiétudes et quelques signes de bon augure.

Ce fut d'abord l'alerte grave du 16 juillet, sous la forme d'une lettre du président de la Commission allemande d'armistice, posant l'exigence exorbitante de mettre à la disposition de la *Wehrmacht* des bases aériennes et navales en Afrique du Nord. Soutenu par ses ministres unanimes, le Maréchal n'hésite pas à répondre par un refus catégorique, en vertu de la souveraineté française intacte dans l'Empire, et à s'en tenir fermement aux termes de la Convention du 25 juin.

C'est à la suite de cette alerte, fort heureusement dépourvue de suite que, sur le conseil de M. Paul Baudouin, ministre des Affaires étrangères, le Maréchal se décide à envisager le cas où Hitler en viendrait à rompre l'armistice, étendrait la zone d'occupation et menacerait nos côtes méditerranéennes et algériennes. Le 4 août, au cours d'un entretien secret avec l'amiral Darlan et M. Baudouin, le Maréchal approuvant dans cette éventualité la rentrée en guerre de l'Empire aux côtés des Britanniques prescrit que l'amiral gagnera l'Afrique du Nord pour y exercer, au nom du Chef de l'État, l'autorité gouvernementale [1]. Et les unités de la flotte basées sur Toulon devront rallier l'Algérie sur un ordre de l'amiral.

Puis viennent le durcissement des mesures allemandes à la ligne de démarcation, limitant la circulation des personnes et des denrées ; la pression angoissante du blocus britannique annihilant toutes nos importations ; le début de nos difficultés en Indochine sous la poussée du Japon. En revanche, c'est avec joie que le Maréchal accueille le 17 août l'envoyé que le président Roosevelt a choisi pour l'assurer de la bonne volonté des États-Unis, disposés à faire parvenir en France les produits de première nécessité. Plus que tout autre il a confiance dans l'amitié américaine dont il n'a cessé d'être honoré depuis plus de vingt ans, et dont le général Pershing, son ancien compagnon d'armes, s'est fait fréquemment l'interprète. Sa mémoire est encore fraîche des détails de l'accueil qui lui a été réservé en 1931, comme ambassadeur extraordinaire de la France aux cérémonies du cent cinquantième anniversaire de la victoire de Yorktown.

Mais plus qu'en ce réconfort apporté d'outre-mer, le Maréchal puisait sa confiance et ses espoirs dans les sentiments de fidélité, de compréhension et de reconnaissance qui lui étaient chaque jour exprimés. Limpidité de l'air, gravité de l'âme, pureté de l'élan, a écrit du Moulin de Labarthète, cherchant à rendre sensible l'atmosphère de ces premières semaines, qui tempéraient les duretés de l'occupation. À la stupeur accablée des jours de l'exode succédait un apaisement. Sous l'impulsion du gouvernement, des résultats inespérés étaient obtenus dans le moindre temps : mise en route de quatre millions de Belges et de Français vers leurs foyers, les communications essentielles rétablies, un ordre presque normal restitué. Les appels simples et affectueux du Maréchal, en ces temps troublés, avaient opéré un rassemblement des esprits, éveillé une volonté de

---

1 « Malgré notre insistance, le Maréchal, toujours prudent, refuse de signer l'ordre de mission que je viens d'écrire : « Je ne veux pas de papier, mais vous devez considérer mon ordre comme définitif. Je ne reviendrai pas sur cette décision. D'autre part il doit être bien entendu qu'elle restera strictement entre nous trois. Personne d'autre ne doit la connaître. » (P. Baudouin, *Neuf mois au gouvernement*, p. 278).

revivre. Chacun se sentait prêt à travailler hardiment et patiemment, dans l'harmonie et la réconciliation, à l'établissement d'une France meilleure. Organisation des camps de jeunesse, répression de l'alcoolisme, encouragements donnés à la famille, retour à la terre, renouveau des sports, compagnonnage. Dans la personne du grand vieillard aux manches étoilées s'incarnait une foi sincère, s'affirmait une espérance en des lendemains réparateurs. L'occupant, allemand ou italien, s'en montrait surpris et inquiet, l'étranger s'en rendait compte, et jusqu'aux républiques sud-américaines les yeux étaient fixés sur cette aurore d'un redressement français [1].

Chapitre II : SEPTEMBRE 1940

De fort bons esprits ont souvent dit que si le gouvernement du Maréchal s'était borné à se considérer comme un Conseil de gérance, chargé d'expédier les affaires courantes, il n'aurait pas suscité l'opposition qui se dressa progressivement devant lui. Jugement hâtif et sans doute inexact.

Conseil de gérance, tel était bien ce Cabinet du 6 septembre, ne comprenant, à l'exception de Pierre Laval, que des techniciens, non parlementaires : neuf, ministres travaillant en liaison avec cinq secrétaires d'État, dont la venue au Conseil n'était qu'exceptionnelle. Avec quelle ardeur et quelle confiance se remirent-ils à la tâche ! Qu'ils se rappellent la première réunion, dans le jardin du Pavillon Sévigné, sous la tonnelle, au soir d'une journée de chaleur ! Le Maréchal était satisfait : neuf interlocuteurs, c'était raisonnable.

Quant à l'expédition des affaires courantes, il faudrait ne pas oublier dans quelle atmosphère de drames successifs les semaines du mois de septembre s'écoulaient après les graves préoccupations du mois d'août. Elle est dépeinte d'une façon précise dans le beau livre de M. Yves Bouthillier, ministre des Finances, exactement sous le titre *Le Drame de Vichy*, et singulièrement dans les chapitres mon-

---

1 Le 27 août 1940, Mussolini écrivait à Hitler : « Par suite d'un extraordinaire phénomène psychologique (qui tient probablement à l'orgueil français), la France ne se considère pas comme battue. Elle compte sur la résistance britannique et sur l'aide américaine. Ce qui se passe en Afrique du Nord démontre les intentions françaises. Il est nécessaire de surveiller la France et de lui imposer des conditions de paix qui la rendront inoffensive. »

trant le gouvernement « face à l'ennemi » et aussi « face à l'allié ».

Aux difficultés croissantes, créées par le contrôle allemand à la ligne de démarcation, venaient s'ajouter la décision inadmissible imposant au Trésor français le règlement des exportations vers l'Allemagne, le *diktat* fixant le montant des frais d'entretien des troupes d'occupation, le rattachement des départements du Nord et du Pas-de-Calais au commandement militaire de Bruxelles, enfin l'installation de deux gauleiters à Metz et à Strasbourg.

Il fallait bien, tout de même, franchir la ligne de démarcation pour ravitailler en céréales les départements du Midi déficitaires, assurer la répartition des matières premières. On ne pouvait admettre sans discussion ce règlement financier qui confondait les troupes d'occupation et les unités allemandes en opération. L'article 3 de la Convention d'armistice reconnaissait sans discrimination l'exercice de l'autorité française sur les territoires occupés ou non occupés : il fallait la rétablir au plus tôt sur ces départements du Nord et sur la zone dite interdite.

Enfin les menaces qui planaient sur les populations de Lorraine et d'Alsace réclamaient toute la sollicitude du gouvernement.

La lutte était chaude à Wiesbaden, où le général Huntziger, président de la délégation française, avait déposé nos véhémentes protestations, avant de revenir à Vichy, le 14 septembre, pour prendre les fonctions de ministre de la Guerre.

Au moment de la signature de l'armistice, la navigation commerciale avait été provisoirement suspendue. Une reprise partielle du trafic maritime était dès lors soumise, dans chaque cas, à une autorisation préalable des Commissions de Wiesbaden et de Turin. Dès le mois d'août, nos représentants avaient réussi à obtenir le rétablissement des importations indispensables en provenance de l'Algérie. Mais le renforcement du blocus britannique, étendu à nos côtes de Méditerranée et d'Afrique du Nord, soumettait ce début de ravitaillement d'outre-mer à des conditions techniques d'exploitation presque insurmontables. Les Services de la marine marchande réorganisés depuis la défaite au sein de la marine de guerre avaient pour franchir tous ces obstacles à livrer journellement un combat opiniâtre. Sous l'impulsion de l'amiral Auphan, ils avaient la conviction d'accomplir une œuvre de salut national [1].

La situation en Indochine menaçait de s'aggraver. L'essentiel avait été sauvé à la fin du mois d'août, par la signature d'un accord politique avec le Japon. La souveraineté française était reconnue sur nos territoires d'Extrême-Orient. Le pavillon français continuait à flotter. Mais l'amiral Decoux, gouverneur général, se heurtait aux ambitions et à la mauvaise foi des chefs des armées japonaises ; il fallut à ce moment tout son sang-froid sur place et la fermeté du gouvernement du Maréchal pour en avoir raison.

Et voilà que l'inquiétude se reportait sur notre domaine africain : le Tchad et le Cameroun entraient en dissidence. Ainsi était remise en jeu cette unité de l'Empire qui avait pu être maintenue dans les premières semaines après l'armistice grâce aux paroles apaisantes prononcées par le Maréchal.

Certes, après les nouvelles de la chute de Paris et du repli de nos troupes au sud de la Loire, les divers éléments de la France d'outre-mer s'étaient révélés en désaccord avec la métropole. Mal instruits de l'écrasante supériorité matérielle de l'ennemi, ils se refusaient à admettre l'impossibilité de poursuivre un redressement militaire sur les théâtres extérieurs. La signature de l'armistice les avait fait se révolter contre le sort, puis les conseils de sagesse et l'appel à leur loyalisme avaient malgré tout été entendus.

Mais, dès le 22 juin, le ton des allocutions prononcées à Londres, au micro de la BBC, s'était modifié : des paroles excessives et nettement mensongères étaient lancées sur les ondes. En France les calomnies proférées par le Premier Ministre britannique, les outrages clamés par le général de Gaulle à l'adresse du Maréchal et des chefs de notre armée ne réussirent pas à ébranler la confiance accordée ; l'opinion publique avait gardé son sang-froid.

Le Maréchal comprenait combien il était explicable qu'il n'en fût pas de même, dans nos territoires d'outre-mer, où personne n'avait eu la vision directe de l'exode des populations, de la ruée des divisions blindées, de la maîtrise aérienne de l'ennemi.

Si le général réfugié à Londres s'était borné à développer le sens de son appel, prononcé le 18 juin : « *J'invite les officiers, les soldats français..., les ingénieurs et ouvriers spécialisés qui se trouvent*

---
1 Amiral Auphan, *La Lutte pour la vie (1940-42)*, Paris, Les Îles d'or, 1947.

en territoire britannique ou viendraient à s'y trouver, à se mettre en rapport avec moi…, qui ne l'aurait approuvé de tout cœur ! S'il s'était attaché à créer auprès des Britanniques les « forces libres » uniquement levées pour combattre sous les couleurs françaises jusqu'à la défaite de l'ennemi, quelle grande page d'histoire il eût écrite ! Mais les harangues de fin juin, juillet, août 1940, émanaient d'une tout autre inspiration.

Comment, a écrit le général Weygand, *un officier qui connaissait cette armée et ses chefs, qui avait servi tout près du plus glorieux d'entre eux, et exalté ses vertus, a-t-il pu travestir ainsi la vérité, et n'a-t-il pas songé aux conséquences tragiques de ses proclamations !*

Personnellement, je ne pouvais m'empêcher d'évoquer le souvenir de deux séjours que j'avais fait à Londres, avant, la guerre, en mission du secrétariat permanent du Conseil supérieur de la Défense nationale.

Dans le courant d'avril 39, notre section de liaison auprès du Comité de Défense impériale nous avait fait savoir que ce Comité demandait la venue à Londres d'un délégué qualifié du chef d'état-major général de la Défense nationale. Il s'agissait de prendre contact avec l'organisme britannique, centralisant toutes les questions d'information et de propagande en vue de conjuguer les moyens matériels et d'unifier les méthodes des deux nations.

Désigné pour cette mission par ordre du général Gamelin, je me rendis à Londres le 26 avril, et, dès le premier contact avec la section de l'état-major impérial, il me fut aisé de donner l'accord de principe de notre secrétariat permanent. Les idées directrices des Britanniques concordaient avec ce que nous avions nous-mêmes préparé. Ma mission prit fin après un entretien avec une haute personnalité qui avait exprimé le désir de me rencontrer avant mon départ.

Je me rendis à nouveau à Londres, au début de juin, pour parapher les conventions, qui devaient prendre plein effet au moment éventuel de la déclaration de guerre. J'eus de nouveaux entretiens avec cette haute personnalité, un des hommes les mieux informés de l'Empire britannique, et j'ai gardé un souvenir très précis de ses déclarations. Il me disait :

« Nous avons maintenant la certitude que la guerre est inévitable.

Nous sommes décidés à la mener jusqu'au bout, quelles que soient l'ampleur et la durée qu'elle puisse exiger pour parvenir à la victoire finale. Il ne faut pas se dissimuler que ce sera une lutte implacable. Nous avons consacré tous nos efforts pour dominer l'adversaire sur mer et dans l'air ; il faut que la France rassemble toutes ses ressources pour maîtriser l'ennemi sur terre. La guerre s'étendra certainement à d'autres parties du monde. Pour la soutenir et la conduire jusqu'au bout, nous allons employer les organes de propagande dans des proportions que l'on ne peut soupçonner. La radiodiffusion va se révéler cette fois une arme aussi importante que l'artillerie, presque aussi puissante que l'aviation. Le harcèlement du moral ennemi sera sans cesse renouvelé, de manière à saper la résistance de la troupe et à ébranler la confiance des populations. Nous avons naguère obtenu de puissants résultats en Europe centrale par des moyens similaires, mais moins parfaits, en 1917 et 1918. Tout est prêt maintenant pour exercer une action infiniment plus décisive. »

Les conventions furent appliquées. De septembre 1939 à mai 1940, la collaboration franco-britannique se poursuivit dans ce domaine avec des résultats moyens. Les grands espoirs que nos alliés fondaient sur l'action destructrice du moral des troupes se heurtaient à une propagande allemande aussi fortement organisée. Survinrent nos revers. En me séparant avec émotion, le 22 juin à Bordeaux, de mes collègues britanniques, qui prenaient passage sur les torpilleurs emmenant le personnel de l'ambassade, je ne pouvais imaginer que, dès cette même date, les puissants moyens de la *British Broadcasting Corporation* allaient diffuser dans le monde entier une campagne agressive à l'égard du gouvernement formé par le maréchal Pétain.

Quoi qu'il en soit, je n'ai pas le souvenir que le Maréchal ait éprouvé, au cours de ces premiers mois, une réelle inquiétude à l'égard de ce que l'on se bornait à appeler la *dissidence*. Il observait les événements de son regard profond et froid. Il avait sanctionné la condamnation à mort du général de Gaulle, prononcée par le Conseil de guerre de la XIIIe région ; se contentant d'ajouter cette note brève qui précisait que la condamnation ne pouvait être que de principe : « Il n'a jamais été dans ma pensée d'y donner suite. » Pouvait-il agir autrement ? L'article 10 de la Convention d'armistice était là : « ... De même le gouvernement français empêchera que des membres de l'armée ne quittent le pays et que des armes... ne soient transportées en Angleterre... » Il ne fallait pas qu'un tel exemple fût trop manifestement suivi.

Quand le nom du général était prononcé dans la conversation, le Maréchal ne manquait pas de porter sur son ancien subordonné, sur son obligé de naguère, ce jugement laconique, toujours le même : « Ce serpent que j'ai réchauffé dans mon sein. » Mais à l'égard des quelques autres, qui avaient suivi la même voie et pour se battre, c'était différent ; je l'ai toujours entendu prononcer des paroles sympathiques concernant les combattants qui réussissaient à s'évader d'Allemagne ou quittaient secrètement la France pour continuer la lutte.

C'est dans le même esprit qu'il manifestait dans la suite une compréhension attristée, mais indulgente à l'égard des citoyens des petites colonies, très éloignées de la métropole, ou à l'égard des « Français de l'étranger » qui rallièrent la dissidence. Géographiquement indemnes, confiants dans la puissance britannique sur mer, ils croyaient que cette nouvelle guerre allait se dérouler comme celle de 1914 ; ils se sont refusés à admettre qu'une nouvelle bataille de la Marne n'avait pu être gagnée en 1940 contre les coups de bélier des Stukas et des blindés. Habitués à bomber la poitrine chaque année au 14 juillet, en recevant leurs hôtes au Cercle français ; ils ne pouvaient avoir d'autre réaction que celle de prôner, pour les autres, la levée en masse. Ainsi le voyait clairement à Bordeaux, à l'heure de l'armistice, le cher Jean Giraudoux, voyageur perspicace :

« L'univers eût aimé que la France se sauvât par l'anéantissement à cause de la haute idée qu'il avait d'elle... Toute une France qui résistait à Lausanne, à Boston, à Bogota, surgissait depuis le 10 mai autour de la France qui cédait et qui vivait... Plus de pays, plus d'habitants, et la France était sauvée.

Plus grave était la dissidence du Tchad et du Cameroun, qui devint par la suite, pour la continuation de la lutte, d'un tel prix pour les Alliés ; elle risquait d'ébranler tout le bloc de l'Afrique française et d'y attirer les Allemands.

*
* *

Chapitre II

À partir du 9 septembre — ce même jour où le Maréchal tenta de modifier l'Acte constitutionnel donnant sa suppléance à Pierre Laval — une nouvelle méthode est mise en pratique pour alléger la charge du Chef de l'État. Chaque Conseil des ministres — et il y en a normalement deux par semaine — est précédé d'un Conseil de Cabinet où, sous la direction du vice-président, sont étudiés la totalité des questions en cours de règlement par les ministres et secrétaires d'État, le résultat de leurs voyages, leurs projets de loi. Ainsi la coordination nécessaire est assurée par cet échange de vues, précis et sincère, et les lignes principales de l'action gouvernementale peuvent être aisément dégagées par ce Conseil de quatorze membres.

Le Maréchal voyait, avec une satisfaction non dissimulée, ses ministres techniciens se consacrer non seulement à la solution rapide des problèmes posés par l'occupation, mais encore à des réformes constructives.

Le 13 septembre, Jean Achard est nommé secrétaire d'État au Ravitaillement, et M. Pierre Caziot, soulagé de cette lourde charge, pouvait se consacrer entièrement à la consolidation de notre structure agricole. Pour les Colonies, l'amiral Platon agissait en liaison étroite avec M. Paul Baudouin afin de colmater l'affaire d'Indochine, et l'on réussissait à enrayer une crise qui risquait d'être dramatique, grâce à l'intervention personnelle de l'empereur nippon. Le Maréchal suivait d'un œil attentif les rapports favorables de Jean Berthelot sur la réparation des ouvrages d'art et des réseaux ferrés. Il était réconforté par les comptes rendus de l'amiral Darlan sur la reprise de notre trafic maritime, au moment des premiers franchissements du détroit de Gibraltar par les navires en provenance de Casablanca.

Les instructions de mission du général Weygand étaient rédigées en complet accord avec lui et définissaient la grande mission, qui lui était confiée, pour garantir la sécurité des territoires et maintenir sans fissure le bloc de nos possessions africaines restées fidèles. Les vues claires du général Huntziger sur la constitution de notre armée d'armistice étaient entièrement conformes aux désirs du Maréchal ; et, pour les affaires intérieures, la présence de Marcel Peyrouton, son passé de grand administrateur, sa connaissance des milieux politiques, la fermeté de son caractère, enjoué et ouvert, lui inspiraient une confiance profonde, fondée sur un sentiment de sécurité.

Malgré les soucis quotidiens de la lutte contre les servitudes de l'occupation, bien des raisons portaient donc le Maréchal à une certaine sérénité.

Sérénité brusquement et gravement troublée par l'alerte de Dakar. L'ultimatum du général de Gaulle, le 23 septembre, a été repoussé. Il est suivi par l'ultimatum britannique, faute insigne commise par la Grande-Bretagne qui risquait de faire accourir les Allemands pour la défense de nos possessions africaines. La brillante résistance de Dakar, le bombardement de Gibraltar par représailles, la confusion des Britanniques à la suite de cette agression suggérée par les gaullistes et qui se soldait par un cuisant échec, mettent un terme à cette alerte pleine de gravité.

Ainsi, penchée sur ses travaux, l'équipe ministérielle s'appliquait à faire vivre le pays. Équipe homogène et pourtant divisée : malgré l'apparente courtoisie qui animait ces Conseils de Cabinet, l'on sentait une opposition foncière entre la méthode d'approche que le vice-président pratiquait à l'égard des Allemands et la conception de ses collègues décidés à se maintenir sur l'application stricte de la Convention d'armistice.

Cette opposition remontait aux derniers jours du mois de juillet, lorsque Pierre Laval avait réussi à persuader au Maréchal qu'il était avantageux d'engager à Paris des pourparlers avec celui qui n'était alors que « le chargé d'affaires auprès du haut commandement militaire en France ». Puis, après une absence de quelques jours, Ahetz était revenu avec le titre d'ambassadeur. Dès lors, des tractations suivies entre le vice-président du Conseil français et cette ambassade n'avaient cessé de faire double emploi avec les discussions régulières engagées à la Commission d'armistice de Wiesbaden.

Porté à considérer ses collègues plus jeunes comme incompétents ou manquant d'expérience en matière de haute politique, Pierre Laval suivait sa route personnelle. Combien de fois avons-nous entendu, dite d'un ton à la fois bourru et souriant, la repartie : « Taisez-vous donc. Vous n'y entendez rien. » Mais les ministres n'en restaient pas moins fermes sur leur position consistant à se maintenir sur la réserve vis-à-vis des Allemands, tout en s'efforçant de

Chapitre II

conserver à l'égard de la Grande-Bretagne une attitude qui permît de ne pas couper les ponts.

C'est au cours de cette période où, malgré tout, fonctionna d'une manière harmonieuse l'alternance des Conseils de Cabinet et des Conseils des ministres, que se révéla de jour en jour la voie assurément regrettable où Pierre Laval commençait de s'engager. M. Yves Bouthillier a mis en lumière, en termes volontairement durcis, dans le premier volume de son *Drame de Vichy*, la fissure entre la position de prudence mesurée où le Maréchal était bien décidé à se maintenir, en complet accord avec les ministres qui lui en signalaient constamment les avantages, et d'autre part cette politique personnelle que Pierre Laval a voulu conduire.

J'estime que c'est dans cette attitude indépendante, comme dans le rôle joué par lui lors du remaniement du 6 septembre, que l'on peut discerner la double erreur commise par Pierre Laval en 1940.

La première fut qu'il crut alors le Maréchal beaucoup plus affaibli par l'âge qu'il n'était en réalité. Les silences du Maréchal, l'apparente insouciance avec laquelle il accueillait les explications qui lui étaient fournies sur les pratiques administratives, son ignorance de la vie politique et parlementaire, lui firent croire que le cerveau n'était plus aussi actif que naguère. Il n'a pas soupçonné la profondeur de l'attention du Chef de l'État, la continuité et l'étendue de sa méditation.

En second lieu son intervention au nom du Maréchal, à la séance privée de l'Assemblée nationale le 10 juillet et les applaudissements qui avaient accueilli sa déclaration : « Je suis ici devant vous pour défendre le pouvoir civil » l'amenèrent à penser qu'il avait reçu lui-même une investiture. Il alla jusqu'à tenir pour certain — j'en ai eu dans la suite plusieurs manifestations — que, touchant la promulgation de la nouvelle Constitution, une part de responsabilité lui avait été attribuée. Dans l'article unique de la Loi constitutionnelle : L'Assemblée nationale donne tous pouvoirs au gouvernement de la République sous la signature et l'autorité du Maréchal… le gouvernement de la République c'était lui. C'était d'ailleurs dans le même esprit qu'il avait pesé sur la décision du Maréchal pour que la suppléance et éventuellement la succession lui fussent données. N'était-on pas fondé à entrevoir dans le domaine du possible que dans un temps plus ou moins long, au cours de cette période d'armistice, la santé du Maréchal ne résisterait pas à l'effort cérébral qu'exigeaient la conduite et la responsabilité des affaires ? D'où l'idée que sa suppléance serait effective — les Allemands ne se faisaient pas faute d'y faire allusion — et qu'il lui adviendrait d'avoir à conduire seul et par délégation définitive le destin du peuple français. « Sacré Pierre ! nous disait Anatole de Monzie, avez-vous remarqué que, dans les circonstances graves, il lui faut toujours, pour prendre une place prépondérante dans le gouvernement, s'y imposer aux côtés d'un de ses aînés... C'est lui qui est allé chercher Joseph Caillaux à Mamers pour la formation du deuxième Cabinet Painlevé en avril 26... C'est lui qui a aidé Briand à former son huitième Cabinet, en se contentant du sous-secrétariat de la présidence après avoir été ministre des Travaux publics... C'est lui qui s'est entremis pour téléphoner à Tournefeuille afin de rappeler le président Doumergue au lendemain du 6 février... Il fallait encore que ce fût lui qui intervînt pour nous amener à Vichy au nom du Maréchal ! »

Dans la clarté qui illumina les derniers beaux jours de septembre, le Maréchal, prêtant l'oreille aux suggestions du vice-président, mais écoutant aussi les critiques des autres ministres ou leurs réserves, semblait s'enfermer davantage dans une méditation personnelle. Il était satisfait des résultats de la nouvelle méthode de travail. Il avait une vision claire du profit que l'on pouvait attendre des activités coordonnées de ses collaborateurs. L'accord apparent qui semblait animer l'équipe ministérielle lui permettait de reprendre haleine après les journées de crise.

Mais entre temps étaient intervenus deux faits qui devaient avoir sur la suite des événements une influence considérable.

Dans les derniers jours du mois d'août et dans la première semaine de septembre, le Maréchal avait eu, à diverses reprises, des entretiens avec le colonel Fonck, qui jouissait d'une faveur particulière auprès de lui, en souvenir de ses exploits de la Guerre. Par des allusions brèves en conversation, je me rendais compte que le Maréchal se demandait s'il ne serait pas possible de recourir à une négociation directe au-dessus des discussions des experts à Wiesbaden ou des conversations de l'ambassade à Paris. Peut-être pourrait-on obtenir d'importants allégements de nos servitudes ? Le sort de tous nos prisonniers en Allemagne, dix-huit cent mille officiers, sous-officiers et soldats, hantait ses nuits. Leur absence, surtout celle des agriculteurs, pesait lourdement sur les efforts faits pour permettre à la France de vivre. Or Fonck avait la possibilité d'atteindre de hauts personnages du régime nazi, grâce à ses relations avec les anciens attachés de l'Air qui avaient séjourné à Paris. Le Maréchal finit par lui dire qu'il songeait à le charger de faire les démarches nécessaires pour demander, par l'intermédiaire de Gœring, que fût accepté le principe d'une entrevue entre Hitler et lui-même. Fonck retournant à Paris, puisqu'il ne venait à Vichy que pour de courts séjours, une phrase de convention fut choisie pour lui transmettre, le moment venu, l'ordre d'exécution.

Et soudain, le dimanche 15 septembre, le Maréchal me pria de transmettre à Fonck, parmi quelques phrases banales, la prescription conventionnelle : « Je vous prie de me donner des nouvelles de vos parents dans les Vosges. »

D'autre part M. Louis Rougier, professeur à la Faculté des lettres de Besançon, venu à Vichy pour un court séjour, avait eu des entretiens avec M. Henri Moysset et avec M. René Gillouin. Ainsi qu'il l'a rapporté dans son livre *Mission secrète à Londres*, il fut ensuite reçu en audience par le général Weygand et par M. Paul Baudouin. Enfin le vendredi 20 septembre, au cours d'un entretien très discrètement arrangé par Gillouin pour éviter l'inscription de M. Rougier sur l'agenda des audiences, celui-ci expose au Chef de l'État la façon dont il compte s'acquitter de sa mission bénévole à Londres. Et dans le grand bureau du rez-de-chaussée du Pavillon Sévigné, peu avant la réunion du Conseil des ministres, le Maréchal signe sur sa carte de visite les simples mots qui recommandent M. le professeur Rougier à la bienveillante attention de nos représentants diplomatiques et consulaires.

Ces deux faits ont naturellement échappé à la curiosité des chasseurs de nouvelles et des bavards déambulant sous les arceaux du parc de l'établissement.

Chapitre III : LA GRANDE MÉDITATION

En apparence le Maréchal ne changeait rien aux habitudes de sa vie quotidienne ; son emploi du temps restait rigoureusement le même. Il méditait. Quand le colonel Fonck a reçu l'ordre de s'acquitter de sa mission, le Maréchal s'est borné à me signifier qu'il exigeait le secret absolu ; seul avec moi, le général Brécard connaissait l'objet de la démarche. Aucune allusion n'en a été faite au vice-président, ni au Conseil des ministres.

De jour en jour, le Maréchal en est venu à penser que la guerre serait longue, et qu'il fallait s'attendre comme au cours de la Grande Guerre de 1914 à une extension du conflit. La tentative de débarquement en Angleterre s'est heurtée à des difficultés que le commandement allemand n'avait pas soupçonnées. La grande offensive aérienne qui devait donner le champ libre aux opérations navales s'est traduite par des pertes croissantes ; les meilleurs équipages de la *Luftwaffe* ont été sacrifiés ; tout permet de préjuger que l'offensive va à bref délai se terminer par un échec. Les dépêches d'agences annoncent des mesures inattendues ; le service militaire obligatoire est instauré aux États-Unis ; un crédit important de dépenses d'armement est voté par le Congrès ; la République américaine cède à la Grande-Bretagne un lot considérable de destroyers, en échange d'une cession à bail de diverses bases navales et aériennes, et cette contrepartie laisse préjuger son souci d'être prête à participer à des opérations navales ; enfin le Japon se dispose à signer avec l'Allemagne l'accord qui va le faire entrer dans le pacte tripartite.

Ce milieu de septembre est pour le Maréchal une période de réflexions profondes ; c'est pour cela qu'il a voulu se reculer vis-à-vis du règlement des affaires quotidiennes. Depuis plus d'un mois, il a reçu en audience, parmi ses visiteurs, des personnages éminents, des esprits très divers. Constamment il revient à sa préoccupation majeure, l'angoissante question de faire vivre la France : comment desserrer l'étau du blocus britannique, comment forcer l'occupant à diminuer ses prélèvements alimentaires, ou ce pillage des matières et des approvisionnements industriels ?

Il concentre sa pensée sur la situation de la France en face des deux belligérants actuels et en face des nations qui peuvent entrer à leur tour dans le conflit.

Depuis les hauts commandements qu'il a exercés, il est habitué à sonder à l'avance les éléments d'une situation. Mieux que personne, il connaît ce que représentent la puissance des armées allemandes, les insuffisances des armées italiennes malgré l'ambition démesurée de celui qui exerce le pouvoir depuis plus de quinze ans.

Il observe la situation des Britanniques, protégés par l'excellente organisation de leurs forces aériennes de défense, encore capables d'exercer la maîtrise des mers, mais totalement impuissants sur le continent. Son intimité de naguère avec le général Pershing, son voyage aux États-Unis en 1931 lui ont donné des lumières sur le comportement américain.

Cinq jours après l'ordre transmis à Fonck, il a donné prudemment son accord à la mission du professeur Rougier. C'est le moment où, sans qu'il y paraisse, le Maréchal va prendre en mains une négociation personnelle et monter, pièce à pièce et morceau par morceau, une manœuvre stratégique d'une ampleur insoupçonnée avec tout l'attirail des savantes préparations.

Les deux démarches amorcées, ses deux décisions prises, le Maréchal se met au travail.

Suivant sa méthode coutumière, et sous réserve que le secret essentiel soit strictement protégé, touchant les moyens qu'il emploie, il désire expliquer aux Français les raisons qui le guident sur la voie dans laquelle il va s'engager.

Depuis plus d'un mois il a gardé le silence ; il tient à résumer tout le travail qui vient d'être accompli par le gouvernement. Il ne songe pas à dissimuler les soucis que lui causent le sort de nos prisonniers, celui des populations de Lorraine et d'Alsace, et l'infortune des cultivateurs des Ardennes et de l'Aisne, massés aux barrières de la zone interdite. Il veut faire connaître les mesures qui vont être prises pour lutter contre le chômage à l'approche d'un hiver qui sera rude, l'octroi d'importants crédits pour financer les grands travaux, quinze milliards.

Normalement, c'eût été un message semblable aux précédents : allusions au passé récent, encouragements en vue du proche avenir. Mais, cette fois, ce n'est pas d'un seul message qu'il s'agit. Il a jugé qu'il convenait qu'il y en eût deux, conjugués l'un avec l'autre ; le premier assez bref, attirant l'attention sur l'importance du second. Il contiendra trois phrases particulièrement significatives : « Les exigences du moment ne doivent pas nous faire perdre de vue la grande voie qui s'ouvre devant nous, et sur laquelle nous planterons les jalons de la reconstruction française. » Puis : « Dans un message que les journaux publieront demain, et qui sera le plan d'action du gouvernement, je vous montrerai ce que doivent être les traits essentiels de notre nouveau régime... » Et enfin : « Je vous demande, mes amis, de lire attentivement ce message. Méditez-le... »

J'ai été témoin, durant cette fin de septembre et ces premiers jours d'octobre, de la minutie avec laquelle il pesa tous les mots de cet « Appel à la nation » qu'il veut lancer. Diverses personnes furent appelées à collaborer avec le Maréchal pour la rédaction du texte, qui, presque achevé, resta sur sa table plusieurs jours, soumis à des corrections successives. Pour son directeur du Cabinet civil, Henri du Moulin, pour ceux des ministres appelés à préciser certains aspects de la politique intérieure et de la politique économique, il ne s'agissait comme auparavant que de rendre compte du travail accompli, et de préciser le cadre du programme de l'avenir, ainsi que le Maréchal en avait plusieurs fois souligné l'opportunité. Lui, seul, en attendait davantage.

Je ne sache pas que Pierre Laval, qui fît plusieurs séjours à Paris, à cette époque, s'y soit intéressé en quoi que ce soit, et je ne puis me rappeler sur quelle suggestion précise le Maréchal fut amené à emprunter le début de ce message, une partie du cadre et quelques sentences bien frappées, à un certain manifeste qui avait été présenté à la séance préliminaire de l'Assemblée nationale, le 10 juillet 1940 [1].

Écrite dans la fièvre des journées qui précédèrent la séance de l'Assemblée, cette déclaration reflétait l'état d'âme d'hommes sincères, disposés à reconnaître loyalement les fautes du récent passé, conscients des avertissements que certains hommes courageux avaient osé émettre et désireux de se lancer hardiment dans la voie d'une rénovation du pays. Quand elle avait été présentée à la séance officieuse de l'Assemblée, le matin du 10, il fut décidé que la lecture n'en serait pas faite, afin d'éviter une discussion qui eût

[1] L'auteur principal en était, disait-on, Gaston Bergery. Le manifeste était signé par dix-huit députés qui s'étaient signalés antérieurement comme ardents partisans de l'accomplissement d'une révolution « nécessaire ». À l'approche de la séance, d'autres parlementaires, au nombre de cinquante et un, représentant tous les partis politiques, y avaient adhéré.

risqué d'être longue et confuse. Mais son texte fut annexé à la sténographie de la séance.

Lorsque son texte fut, quelques jours plus tard, signalé à l'attention du Maréchal, il n'y a aucun doute qu'il en avait loué l'inspiration et la rigueur dans l'analyse des fautes commises, sans adopter pour cela toutes ses conclusions, dont certaines étaient discutables.

Les emprunts que le Maréchal fit à cette déclaration ne furent d'ailleurs que fragmentaires, et le plan de l'Appel est tout différent du modèle qui l'inspirait.

Le Maréchal fut amené à insérer beaucoup de choses dans son Appel qui devait avoir de si extraordinaires conséquences. De même qu'en 1917, dans la rédaction des directives générales adressées à ses grands subordonnés, il avait expliqué la situation du moment, défini son plan et la méthode qu'il préconisait pour le réaliser, ainsi en octobre 1940, c'est à toute la nation qu'il veut communiquer et faire comprendre le plan d'action de son gouvernement.

Mais en même temps, et par une sorte de balancement, plein d'arrière-pensées, il y insère des paragraphes qui concernent bien moins nos concitoyens que nos voisins, le vainqueur du moment, l'allié de la veille, et les neutres, surtout ceux qui vont peut-être tôt ou tard entrer dans la lutte. Sa pensée était bien claire. Hanté par la menace d'asphyxie qui pèse sur la France, et qui risque de s'aggraver d'autant plus que la guerre sera plus longue, il a compris que son devoir immédiat était de briser cette guerre économique imposée à notre pays, le blocus britannique comme les pillages allemands et italiens. Et dans le fond de sa pensée, ce qu'il désire obtenir c'est d'entamer une conversation avec les uns et surtout avec l'autre, celui qui nous menace le plus.

Ainsi sous couvert d'un long message qui fait suite aux précédents, c'est-à-dire dans une manifestation qui entre normalement dans ses attributions de Chef d'État, il veut envelopper le grand dessein qu'il a conçu, car il voit plus haut et plus loin que la question immédiate du desserrement du blocus et des pillages. Comme ancien commandant en chef des armées françaises, ce qui s'impose à son esprit c'est que les forces allemandes ne peuvent pas rester indéfiniment l'arme au pied. L'armistice sauveur a préservé pour un temps l'Afrique du Nord, mais elle reste menacée. Avant tout, il faut affermir son immunité ; à tout prix il faut éloigner de notre sol ces divisions massées à proximité des Pyrénées. Qu'adviendrait-il de nous et de notre allié d'hier si elles recevaient l'ordre de les franchir et de traverser l'Espagne ?

La conclusion s'impose. Les Allemands sont chez nous, corrects en apparence, mais chaque semaine plus âpres à exercer leurs prélèvements, plus exigeants dans les charges qu'ils nous imposent. Les Britanniques sont en difficulté, bien que l'offensive aérienne soit nettement en régression, car ils sont à pied d'œuvre devant la tâche écrasante de reconstituer leurs forces. En tout cas, ils sont incapables de faire quoi que ce soit sur le continent. Les États-Unis sont loin ; malgré les mesures de vigilance que vient de prendre le président, leur opinion publique ne semble pas soupçonner le drame de l'Europe ; rien ne permet encore de préjuger à quel moment pourrait intervenir l'abandon de leur neutralité. Il faut faire comprendre aux Allemands qu'ils ont le plus grand intérêt à nous ménager sous peine de voir l'Afrique française passer à la dissidence. Si, au contraire, l'occupation prend un caractère un peu plus souple, l'Afrique du Nord écartera la tentation de rentrer trop prématurément dans la lutte. Si donc Hitler est assuré de la stabilité totale de son front à l'ouest, peut-être sera-t-il tenté de chercher ailleurs, en Europe, l'emploi de forces immenses actuellement dans l'inaction. Voilà ce qu'il faut tâcher de faire comprendre, dans un discours traitant, en apparence, surtout de politique intérieure et économique, mais où il est possible d'insérer quelques phrases à l'usage de l'étranger.

Je crois que bien peu de personnes ont soupçonné ces vues de haute stratégie militaire, qui hantaient en ce mois de septembre les méditations nocturnes du maréchal Pétain.

On s'était laissé aller à ne plus voir en lui que le Chef de l'État, se penchant sur les problèmes pratiques d'un gouvernement soumis à la Convention d'armistice. Il venait de parler de la politique sociale, de l'éducation, des problèmes de la famille et de la jeunesse. L'opinion moyenne oubliait que, tout naturellement, le grand soldat qu'il était réfléchissait longuement en face de la carte, cherchant à deviner quel pouvait être le cheminement de la pensée stratégique chez l'adversaire momentanément vainqueur. Le Maréchal sait, de longue expérience, que l'obsession du commandement allemand a toujours été la crainte d'être entraîné à faire une guerre simultanée sur deux fronts. Le théâtre atlantique est pour le moment seul en action. Un jour peut-il venir, dans un avenir proche, où il soit possible de lui susciter un adversaire à l'Est ?

Il faut relire ce message en se rappelant qu'à ce moment l'envoyé secret qui a quitté Vichy au lendemain du 20 septembre est en route pour Londres. De même la proposition d'entrevue, qui a été confiée au colonel Fonck, mettra un certain temps à parvenir à son destinataire. Les deux démarches doivent s'équilibrer. Pour que l'entretien entre Chefs d'État ait lieu, il faut en amorcer la matière. Pour que la rencontre, forcément spectaculaire avec le Chancelier allemand ne heurte pas trop brutalement les gouvernements anglo-saxons et leur opinion publique, il faut garder le contact avec eux.

Il y a de tout dans ce message : à l'usage des lecteurs français, tout d'abord, le rappel de la faiblesse et des tares de l'ancien régime politique, le rappel de son impuissance : « Ce n'est pas en réunissant des divergences que l'on parvient à la cohérence ; ce n'est pas en totalisant des bonnes volontés que l'on obtient "une volonté" ». C'est ainsi que l'on fut conduit, sans oser consulter les Chambres, à une guerre presque perdue d'avance. « Nous n'avions su ni l'éviter ni la préparer. C'est sur cet amas de ruines qu'il faut aujourd'hui reconstruire la France. »

Puis touchant la politique extérieure vient l'affirmation d'une idée maîtresse, l'unité nationale : « Le régime nouveau défendra tout d'abord l'unité nationale, c'est-à-dire l'étroite union de la métropole et de la France d'outre-mer. » Quinze jours après la courageuse défense de Dakar, c'est cela qu'il faut faire entendre aux Britanniques, profondément blessés d'avoir été mêlés à une équipée fâcheuse.

Mais, ainsi que M. Louis-Dominique Girard l'a bien marqué dans son *Montoire, Verdun diplomatique*, puisqu'il en a donné le titre à la partie centrale de son livre, la phrase tentatrice à l'adresse du Chancelier nazi est la suivante : « *Le régime nouveau... remettra en honneur le véritable nationalisme, celui qui, renonçant à se concentrer sur lui-même, se dépasse pour atteindre la collaboration internationale. Non pas collaboration avec le vainqueur, collaboration de la France "dans tous les domaines, avec tous ses voisins"* » quand l'heure de la paix, encore lointaine, sera venue. Le Maréchal ne craint pas de faire une allusion hardie à l'avenir, de parler du problème des futurs rapports franco-allemands. Sous peine de suicide, les nations du monde occidental doivent renoncer à ce qui risque d'aboutir tous les vingt-cinq ans à une hécatombe des hommes en âge de porter les armes.

L'un des vainqueurs, avec l'illustre Foch, de cette grande guerre de 1914-18, le Maréchal, n'a pas oublié le refus opposé par le Sénat américain à la ratification du traité de Versailles, ni le rejet de tout traité d'assistance entre les alliés d'alors. Il n'a pas oublié que ce furent des crédits américains et anglais qui ont permis le redressement et la modernisation si rapide de l'industrie allemande, ni ce qu'ont été les interventions financières qui nous ont frustrés des réparations. De là le trait légèrement mordant sur l'intention de se libérer des amitiés ou inimitiés dites traditionnelles. Il ne faut pas que, dans l'avenir, pour ramener à la raison le peuple qui, par deux fois, s'est montré le perturbateur de l'Europe, on en vienne à recourir toujours à la piétaille française qui grogne, mais se bat bien. Cela dit rapidement en quelques phrases, le message développe avec plus de détails le programme du gouvernement en politique intérieure, l'étude du problème social, l'économie coordonnée.

Message trop abondant peut-être, mais qui estompait, comme sous un rideau de fumée, les mots brefs qui, destinés à accrocher l'attention du véritable destinataire, risquaient de déplaire momentanément à des esprits insuffisamment réfléchis.

Le premier message fut prononcé à la radio le 8 octobre ; le second, véritable « Appel à la nation », fut publié par les journaux du 11 octobre et télégraphié à l'étranger. Il faut le répéter : si l'appel avait été uniquement destiné aux Français, il n'eût pas été jugé opportun de le faire précéder de ce préambule du 8 octobre, contenant la phrase : Je vous demande, mes amis, de lire attentivement ce message. Méditez-le. Et cela signifiait : « Il n'est pas comme les autres. Il y a une arrière-pensée sous certains mots. Réfléchissez : on ne peut pas tout dire en présence de l'occupant. Faites attention. »

Les réactions furent diverses. Sur le moment, aux États-Unis, le président F. D. Roosevelt et le secrétaire d'État s'en alarmèrent : ils virent dans ces propos une sorte de reniement définitif de l'amitié traditionnelle de la France. La réaction britannique fut moins vive : elle était tempérée par les efforts inlassables que faisait M.

Paul Baudouin pour renouer discrètement des liens avec le *Foreign Office*. Au cours de ces premiers jours d'octobre même, un contact amical s'établissait à Madrid entre notre ambassadeur, M. de La Baume et son collègue britannique, sir Samuel Hoare.

Du côté de l'Allemagne, il n'y eut pas de réaction immédiate ; l'ambassade ne fit aucun commentaire, mais la suite des événements allait montrer que certains passages du texte publié avaient retenu l'attention du Chancelier.

Dans la métropole et les territoires d'outremer, cet appel qui, par ses termes directs, véridiques et sincères, aurait dû inspirer confiance aux Français, et surtout les inciter à la patience, souleva des mouvements de surprise. Trop d'esprits, aux divers échelons de la société, furent choqués par les mots de « révolution nationale » et d'« ordre nouveau ». Certains s'étonnèrent de retrouver précisément dans le texte une similitude générale d'inspiration avec la Déclaration qui avait, été soumise le 10 juillet à l'attention de l'Assemblée nationale. Il semble qu'il n'y avait pas lieu de critiquer le Chef de l'État sur ce point. Bien qu'il ne dissimulât pas son blâme à l'égard de la dernière législature de la IIIe République, il avait voulu marquer son accord avec le sens général d'une déclaration sincère et qui, au lendemain du désastre, n'était pas sans fierté.

Lorsque certains de ses auteurs étaient venus en juillet lui proposer, comme il a été dit, la création d'un Parti unique, il les avait poliment congédiés, sur le conseil éclairé de Henri du Moulin de Labarthète. Plusieurs d'entre eux avaient été envoyés pour procéder à des enquêtes dans un certain nombre de départements de la zone libre, à titre de *Missi dominici*. Et deux mois plus tard en manière de remerciement courtois adressé aux soixante-neuf signataires de la Déclaration, il adoptait une partie de leur texte, pour tout ce qu'il contenait de juste dans l'analyse de la déchéance française et de l'irréalisme de notre diplomatie. Il approuvait la phrase exprimant la saine volonté d'une régénération nationale : « Le gouvernement n'évitera de devenir, dans l'esprit du peuple et dans un avenir prochain, le gouvernement de la défaite que s'il a le courage de devenir à plein le gouvernement de la renaissance nationale. »

Mais les mots d'« ordre nouveau » et surtout de « révolution nationale » furent accueillis à contresens. Alors que le Maréchal insérait avant tout dans ces deux vocables le sens d'un redressement intellectuel et moral, dont il avait déjà parlé brièvement dans son Appel initial du 25 juin, le jour de l'entrée en vigueur de la Convention d'armistice, l'opinion s'inquiéta sans cause d'un éventuel alignement de la conscience française sur l'idéologie totalitaire. Rien n'était plus injuste. Pas un mot des allocutions du Chef de l'État ne permettait de le laisser supposer. Au contraire, n'avait-il pas sans cesse affirmé l'attachement d'une France nouvelle à son double héritage de culture gréco-latine et d'humanisme chrétien, ainsi que le refus de toute imitation servile des expériences étrangères ?

Louis-Dominique Girard a intitulé l'un des chapitres de son livre : *le Maréchal prononce des paroles sages que les Français ne comprennent pas*. C'est ainsi. Habitués par les errements du régime parlementaire à entendre discuter sur la place publique, au jour le jour, les moindres événements de politique intérieure ou extérieure, l'opinion ne fut pas capable de saisir qu'en période d'armistice le gouvernement ne pouvait pas faire connaître le détail de ses tractations quotidiennes. Un programme de longue haleine était nécessaire, un certain secret était indispensable.

Rares furent les hommes courageux qui eurent la sagesse de répéter à leurs concitoyens que le gouvernement était seul à posséder, par ses sources officielles ou ses organes secrets, des lumières auxquelles le public ne pouvait participer. Dans une épreuve aussi sévère que celle que traversait la France une seule attitude était louable, celle de garder sa confiance en celui que l'immense majorité du pays avait acclamé. Mais trois mois se sont écoulés depuis cette acclamation.

Si, dans les villes et les campagnes, les sentiments de reconnaissance de fidélité et d'attachement sont restés dans l'ensemble aussi vifs qu'aux premiers jours, en revanche de petits îlots épars d'insoumission ont commencé de se former.

Certes, ainsi qu'il l'avait dit à l'heure où il demandait l'armistice, le Maréchal se savait certain de l'appui loyal des anciens combattants, de la reconnaissance des réfugiés qu'il a sauvés du désespoir, de l'adhésion de tous ceux qui ont compris la grandeur de son sacrifice et le prix de sa présence à la tête de l'État. Mais après l'arrêt de la débâcle et la fin de l'exode, de retour dans leurs logis, bien des fuyards, oubliant leur récent désarroi, ont retrouvé leur égoïsme d'antan, leurs vieilles habitudes.

Les parlementaires, quoique toujours meurtris dans leur dignité par l'écroulement du régime disparu, et conscients de toutes les lourdes fautes qui eussent dû être évitées, ne peuvent se résigner à être mis à l'écart.

Depuis le mois de juillet, le petit nombre de fonctionnaires qui ont été frappés par les nouvelles prescriptions réglant l'accès à la fonction publique, accuse le gouvernement de vengeance partisane.

Dans toute la région parisienne, il y a la rancune du Français moyen, individualiste farouche, habitué à la lecture de « son » journal quotidien ; la servilité d'une certaine presse, soumise à la censure ou à l'inspiration de l'autorité occupante, le plonge dans le dégoût et alimente sa colère du matin.

Dans la zone occupée, le sort cruel des Juifs soumis soudain à une législation nouvelle s'exhale en lamentations. Sur le moment ils ne se sont pas rendu compte que le texte, publié par le gouvernement, était moins sévère que n'eussent été les prescriptions de l'autorité nazie si, comme l'avaient suggéré certains, les ministres du Maréchal avaient abandonné aux Allemands l'odieuse application des lois de Nuremberg. L'humiliation était réelle pour les autorités françaises, le sacrifice écrasant pour les victimes. Malheureusement la défaite était là : quel moyen de résister ?

D'autres accusaient le gouvernement de fouler aux pieds la liberté de pensée, après qu'une loi eut prononcé la dissolution des sociétés secrètes, et qu'un serment de non-appartenance eut été demandé à tous agents civils et militaires de l'État. Mais, sous une apparente soumission, des mots de passe circulaient dans l'ombre, affirmant que le phénix renaîtrait de ses cendres, que jamais le légionnaire romain n'avait arrêté l'aube de Pâques et que sur le tumulus d'Hiram, un jour prochain, l'acacia refleurirait.

Il y avait surtout, à l'égard de cette voix grave, parlant d'un « ordre nouveau » en présence de l'occupant, la généreuse indignation de tous ceux qui, dans leur réaction impulsive, se révoltaient contre l'injustice du sort à la suite de nos revers. Ils invoquaient nos gloires militaires passées, la haine sainte à l'égard de l'envahisseur, le souvenir des volontaires de l'an II. « Vaincre ou mourir » peut être à juste titre la devise inscrite sur les étendards des troupes de choc, dans une armée de métier, à qui est confiée la mission sacrée de combattre jusqu'au dernier pour la défense d'une place forte ou la sauvegarde d'une position essentielle. Elle ne saurait être la devise d'une nation désarmée, sous peine de consentir à sa descente au tombeau.

Ainsi souffraient, repliés sur eux-mêmes, beaucoup de citadins, rendus chaque jour plus amers par les difficultés de l'existence, par les soucis du ravitaillement, par la raréfaction des transports en commun à l'heure de se rendre au travail.

La clientèle stalinienne était sans doute à cette époque la moins houleuse parmi la population des grandes agglomérations urbaines, en raison de sa stupéfaction d'avoir à obéir à des mots d'ordre lui prescrivant de pactiser avec la soldatesque de l'ennemi. Mais parmi les anciens lecteurs de *L'Humanité*, les paroles de sagesse et d'encouragement du Maréchal ne pouvaient susciter qu'un bien faible écho.

Chapitre IV : « UN PAREIL INSTRUMENT DE GUERRE ! »

En vérité, cet important message du 11 octobre, qui aurait dû, suivant le conseil du Maréchal, être médité, interprété même, en tout cas accueilli avec attention pour tout ce qu'il contenait de sérénité apaisante, survenait à un moment particulièrement défavorable.

L'hiver approchait. La mélancolie des journées d'octobre pesait cette année-là plus durement que jamais sur les esprits d'une population humiliée. Les mesures de rationnement, imposées au cours de septembre, semaient l'inquiétude. On commençait à ne plus penser qu'à la nourriture. De jour en jour, des pronostics pessimistes nous étaient apportés. On disait que la misère et les rigueurs de la disette conduiraient la population de Paris et des grandes villes à des extrémités de désespoir, que des émeutes éclatant, et se tournant contre l'occupant, entraîneraient des représailles sanglantes.

Désarroi moral. Susceptibilité de Paris, ne pouvant admettre que le siège du gouvernement fût provisoirement au sud de la Loire, et que celui-ci recourût à l'hospitalité dérisoire d'une cité thermale. Vichy !

Il y avait la révolte quotidienne des Parisiens à la vue des immenses pavillons à croix gammée, flottant au fronton des édifices publics ; ils étaient émus jusqu'aux larmes lors de la montée de cette musique militaire, scandant sa marche à l'Étoile, au long de l'avenue des Champs-Élysées. Il y avait cette immense inquiétude de la zone nord, aux prises avec l'occupant, heurtée par les premières réquisitions et par les exigences tatillonnes de la « *Kommandantur* » ; le pénible calvaire des réfugiés de la zone interdite, obligés de camper sous la tente aux centres de passage et anxieux de réaliser le regroupement familial malgré le vol du mobilier et du cheptel.

Désarroi. Mais aussi premiers murmures contre Vichy et contre le Maréchal, comme si par un miracle ce vieillard de quatre-vingt-quatre ans, en face de l'occupant, pouvait mettre fin à la pénurie des boutiques, aux queues sur les trottoirs, au régime du rutabaga, à la présence des « verts-réséda » et de la croix gammée. Privés de nouvelles, les Parisiens et les auditeurs de la zone occupée en venaient à ne plus écouter que la radio britannique.

Comme toujours, passé le péril, on oubliait les bienfaits résultant des décisions salvatrices de juin et de juillet : arrêt de l'exode, retour dans les foyers, travail et salaire accordées à tous ceux qui, sans ces mesures, eussent été voués à la misère, les travailleurs manuels comme les intellectuels, et les artistes.

À Vichy, durant les jours qui suivirent, l'équipe ministérielle accomplissait sa tâche, au rythme accoutumé. Les Conseils de Cabinet évoquaient les questions les plus variées, et toutes mesures étaient prises d'urgence pour assurer la vie économique et enrayer le chômage.

D'importantes avances étaient consenties aux cultivateurs. De grands travaux étaient entrepris pour le développement de l'agriculture, irrigation de la Crau, dessalement de la Camargue, réfection du sol des Limagnes.

Bien n'était simple. La circulation des matières premières se heurtait aux exigences allemandes ; les wagons et les locomotives qui roulaient vers l'Allemagne n'étaient pas restitués ; la situation du parc de matériel devenait angoissante ; les stocks de charbon diminuaient. Les achats massifs des Allemands risquaient de nous démunir du strict nécessaire. Les arguties des Italiens, à la Commission de Turin, continuaient à ralentir notre trafic algérien vers la Provence.

Il se manifeste qu'à l'approche de l'échéance du quatrième mois d'armistice il va falloir élever une protestation générale. La souveraineté française est en jeu. Les présidents de nos délégations à Wiesbaden et à Turin montrent que les occupants se refusent à nous donner d'équitables contreparties en compensation de toutes nos fournitures. Il va être nécessaire de faire entendre un cri d'alarme et de le prendre de haut vis-à-vis des mauvaises volontés allemandes et des agressivités italiennes.

Il est décidé de ne tenir qu'un Conseil des ministres par semaine afin de permettre aux titulaires des départements techniques de se rendre chaque semaine à Paris pour animer leurs services de la capitale et multiplier les contacts avec la zone occupée.

Le Maréchal lui-même consentit à prendre un peu de répit après la rédaction de son appel. M. Peyrouton, depuis quelques jours, lui suggérait l'idée de circuler en zone libre, pour prendre contact avec la population et apporter aux travailleurs de la campagne et de la ville le réconfort de sa présence. Le 14 octobre, il quitta Vichy pour toute la journée, et ce fut la touchante visite à la petite ville d'Ambert, si magistralement décrite par Henri Pourrat [1].

Déjà une fois, lors de la rentrée des classes, le 24 septembre, au cours d'une rapide excursion à la limite du Puy-de-Dôme, il avait fait une visite-surprise à l'école communale de Lalizolle, près d'Ébreuil : la classe avait continué, il avait interrogé les enfants et terminé par une petite allocution sur la probité du travail.

À Ambert, c'était en quelque sorte la continuation de sa méthode de commandement. Mais cette fois ce n'était plus dans l'appareil militaire des visites aux divisions et aux corps d'armée, dont il connaissait jusqu'au moindre détail. Par une matinée brouillée, cinglée d'averses, dans le décor austère de la mairie d'une sous-préfecture, le Chef de l'État fait connaissance avec le Conseil municipal et les notables, avec le contrôleur des contributions et l'instituteur. Entrevue d'abord émue et intimidée, si proche de la tristesse de notre écroulement. Mais après la halte à l'hôtel de ville puis à

---

[1] Henri Pourrat, *Le Chef français*, Marseille, Robert Laffont, 1942.

la Caisse d'épargne, c'est la visite aux moulins à eau qui actionnent les vieilles fabriques du papier d'Auvergne ; leur origine remonte au XIVe siècle. Et le Maréchal prend un vif intérêt à écouter tous les détails fournis sur cette rudimentaire manufacture, sur l'action de l'eau claire et le fonctionnement des maillets. Il s'attarde à causer affectueusement avec le maître papetier, avec les ouvriers, et en le voyant si droit dans son pardessus civil, montant allègrement, la canne à la main, le mauvais chemin du Moulin de Laga, un vieux paysan l'admire : « Il ne se donne pas son âge ! »

Un artisan tourneur lui offre une merveilleuse jatte en frêne de montagne, de la couleur d'une coque de noisette, toute lustrée de veines : « Voyez ces reflets, monsieur le Maréchal, c'est comme les frissons qui courent sur la peau d'un beau cheval. »

Le Maréchal revient à Vichy, heureux de ce contact où il a goûté ce qu'il admire le plus dans la vie, la persévérance et la perfection dans le métier, la maîtrise de l'artisan.

15 octobre. Les soucis l'accaparent à nouveau. Le ton monte à Wiesbaden. L'atmosphère y est pénible. Les Allemands se raidissent. Après quatre mois d'armistice, à l'approche du 25, le gouvernement rédige un mémorandum de protestation pour affirmer nos droits. Le curieux, c'est qu'au cours des entretiens ministériels, où l'on faisait valoir comme argument suprême l'éventualité de la dissidence de l'Afrique du Nord, le Maréchal, un peu lointain, poursuivant sa propre méditation, semblait n'y pas marquer un intérêt spécial.

Les jours s'écoulent : 17, 18, samedi 19 octobre.

C'est à ce moment que, pour la première fois, j'ai observé chez le Maréchal des signes d'impatience. Son allocution était prononcée, son appel publié et largement diffusé à l'étranger, la proposition secrète était faite, et la réponse du colonel Fonck se faisait attendre. Lui qui, à l'ordinaire, dans son bureau, ne laissait rien paraître de l'objet de ses réflexions, se levait fréquemment pour faire quelques pas, incapable de poursuivre une lecture commencée. À trois ou quatre reprises, tandis que respectant son silence je rangeais quelque rapport ou recopiais un résumé du Conseil, je l'entendis prononcer les mêmes paroles.

Il s'était éloigné de sa table de travail et, debout devant l'une des fenêtres, regardant au loin par-dessus les étranges coupoles des hammams de la cité thermale, il disait à mi-voix : « Que vont-ils faire ?... Quand on a rassemblé un tel matériel... Près de deux cents divisions !... » ou encore : « Un pareil instrument de guerre !... Il est sans exemple qu'on le maintienne à ne rien faire... Tôt ou tard il faudra bien qu'ils le portent autre part !... »

Pensait-il tout haut, contre son habitude, ou voulait-il, sans faire semblant de rien, qu'il y eût un témoin de ce qui était à cette date la préoccupation obsédante de sa pensée ?

Brusquement, le lundi 21 octobre, les événements se précipitèrent. Pierre Laval, qui était à Paris depuis le jeudi 17, revient à Vichy de bon matin. À 10 heures, il fait prévenir qu'il est obligé de repartir pour Paris, sans assister à la réunion d'armistice le matin, ni au Conseil de Cabinet du soir qui doit précéder l'unique Conseil des ministres de la semaine. J'apprends incidemment qu'il a fait joindre à ses bagages le carton contenant son chapeau haut de forme.

Le Conseil de Cabinet se tient l'après-midi sous la présidence de M. Baudouin. D'importantes questions y sont traitées, touchant divers projets d'ordre fiscal et monétaire, la codification du régime des prix. Le projet de budget de 1941 est préparé pour être ultérieurement soumis à un Comité budgétaire, présidé par le premier président de la Cour des comptes. Puis sont appelées une étude de l'organisation professionnelle de l'agriculture, et une nouvelle délibération sur la quotité du matériel roulant, dont la SNCF doit exiger le retour en zone libre.

Le Conseil des ministres, le mardi 22, se déroule dans le calme. Trois ministres sont absents, Laval, Peyrouton, Alibert. Aucune nouvelle n'est encore venue de Paris. Et soudain, dans la soirée, les télégrammes d'agences annoncent que le vice-président du Conseil, Pierre Laval, vient d'avoir en fin d'après-midi, une entrevue avec le Chancelier du *Reich*.

Chapitre V : EN CE 24 OCTOBRE 1940, DANS LA NUIT COMMENÇANTE...

De nombreuses versions ont été successivement publiées touchant les deux entrevues du 22 et du 24 octobre 1940, qui ont eu pour cadre la petite gare de Montoire-sur-le-Loir.

Je me garderai d'en refaire le récit. Je me bornerai à apporter quelques précisions sur certains aspects de cette semaine historique, qu'il m'a été permis d'observer aux côtés du Maréchal.

On se souvient des questions posées à Pierre Laval, au cours du procès de juillet 1945 par le président de la Haute Cour de Justice : avant tout, le tribunal voulait savoir comment le Maréchal avait accepté le principe de l'entrevue qui lui était brusquement proposée et s'il s'était rendu à Montoire avec la conscience qu'il allait se passer des choses importantes. Les chapitres précédents ont déjà précisé les origines de l'initiative du Maréchal dans le cadre du plan qu'il s'était fixé. Les lignes qui suivent n'ont pour objet que de mettre en lumière les raisons qui conduisirent le Maréchal à garder pour lui la majeure partie de son secret.

Pierre Laval est donc convoqué à Paris le lundi 21 octobre. Il rejoint l'ambassadeur Otto Abetz. Il savait depuis quelques jours qu'il devait prochainement rencontrer M. von Ribbentrop, ministre des Affaires étrangères. Il comptait traiter avec lui les questions majeures qui faisaient l'objet des réclamations adressées par nos délégués aux Commissions de Wiesbaden et de Turin. Il avait prévenu confidentiellement le Maréchal de l'imminence de cette entrevue.

Dans les conditions qui ont été dites au procès du Maréchal, après avoir fait route avec Abetz en direction de Tours, il apprend brusquement de son interlocuteur, une fois franchi le pont de la Loire, que c'était le chancelier Hitler lui-même qui allait le recevoir. La brève entrevue a lieu, à la tombée de la nuit, dans le wagon personnel de Hitler. En fin d'entretien celui-ci exprime le désir de rencontrer le Maréchal dans le plus bref délai.

Le 23 au matin, Pierre Laval, revenu dans la nuit à Paris, annonce par téléphone son arrivée à Vichy pour l'après-midi. Au Conseil restreint du matin, assistent seuls MM. Baudouin, Bouthillier, Belin et le général Huntziger, car l'amiral Darlan, MM. Alibert et Peyrouton ne sont pas encore rentrés de leurs tournées. Rien de précis ne peut être dit avant l'arrivée du vice-président. Les ministres apprennent seulement qu'une rencontre entre le Maréchal et Hitler est envisagée comme très prochaine. Il est inexact de dire que le Maréchal manifestait ce matin-là une inquiétude quelconque. En réalité, il jouait assez bien la surprise en face de l'imbroglio qui se présentait. Gardant le silence sur son secret personnel, il est au fond un peu froissé tout de même que le Chancelier ait voulu s'entretenir d'abord avec son ministre. Il n'en devine pas la raison ; la suite l'éclairera peut-être. Touchant l'entrevue annoncée, il confirme qu'il s'efforcera d'obtenir le plus qu'il pourra en vue de hâter la libération d'un contingent important de prisonniers, la levée d'interdiction du Nord et du Pas-de-Calais et un allégement des frais d'occupation. Il affirme aux ministres présents qu'il ne s'engagera que sous réserve d'une délibération approfondie du gouvernement.

Le Conseil des ministres se réunit à nouveau à 17 h. 15. Le vice-président est arrivé depuis une heure et vient d'avoir un court entretien avec le Maréchal. Sont seuls absents l'amiral Darlan et Peyrouton. Pierre Laval fait un récit rapide de son voyage-surprise, mais, parvenu au moment où, sur le quai de la gare, ébloui par le magnésium des opérateurs, il monte dans le wagon, sa narration est singulièrement brève. Voici les notes que j'ai prises : « Il était seul en face de Hitler et de Ribbentrop ; l'interprète Schmidt, bien connu de lui, assurait la traduction des paroles. Il y a eu un échange de vues. Il est confidentiel. Aucune conclusion n'est intervenue. La rencontre avec le Maréchal est prévue pour demain ou après-demain, peut-être pas au même endroit. Nous serons prévenus avant 23 heures. On l'a invité, lui, à accompagner le Maréchal, mais le Maréchal verra le Chancelier seul. Ce ne sera pas une négociation ; il ne sera pas fait de déclaration. »

Le Maréchal précise alors à nouveau qu'aucune décision ne s'ensuivra, sans que le gouvernement en ait délibéré.

« Les circonstances sont favorables aux maximum, ajoute Pierre Laval, il y a là une responsabilité décisive à prendre. » Pour sa part, il est « ultra-optimiste ».

Sa communication en resta là. Il demanda à se retirer. Le Conseil continua à siéger pour écouter M. Alibert dans la relation de son récent voyage à Paris. Ensuite on entendit M. Caziot, qui s'était rendu dans le Roussillon après les graves inondations résultant d'une pluie diluvienne : cataclysme tel que, de mémoire d'homme, on n'avait vu pareille destruction de toutes les cultures étagées sur les pentes. Enfin intervint une longue discussion, pesant le pour

Chapitre V

et le contre, touchant le séjour temporaire du gouvernement à Versailles, dont les autorités occupantes semblent avoir admis la possibilité. L e Conseil se sépara sans nouvelle allusion à l'absence prochaine du Maréchal.

Celui-ci, après un court entretien avec Paul Baudouin, fit appeler le général Huntziger et conféra pendant une demi-heure avec lui. Le dîner intime se déroula dans un demi-silence. Henri du Moulin, observant le Maréchal, a noté : « Je scrute longuement son regard. Il n'a l'air ni triste, ni satisfait, un peu pensif seulement. » Il ajoute qu'il m'a vu inquiet, fébrile. Ce n'est pas exact. Je partageais, sans rien dire, la surprise qu'avait éprouvée le Maréchal à l'égard de cette première entrevue accordée à Pierre Laval.

Comme nous sortons de table, survient le vice-président, accompagné d'un étrange personnage en uniforme allemand, un peu chauve, le visage glabre : c'est Achenbach, conseiller de légation. Le téléphone vient de leur apprendre que l'entrevue aura lieu le lendemain, quelque part au nord de la Loire : une voiture-pilote dirigera celles du Maréchal et du vice-président vers le lieu du rendez-vous.

Au cours de la soirée, comme je demandais au Maréchal si je devais l'accompagner : « Non, me dit-il, je n'emmène aucune suite militaire : je prends seulement Labarthète et Bernard Ménétrel. » Puis il me pria d'aller informer M. Baudouin qu'à son très vif regret, tenant compte de la vive opposition marquée par M. Laval à ce sujet, il ne peut songer à se faire accompagner par lui, bien que c'eût été non seulement naturel, mais en quelque sorte réglementaire.

Malgré le récit légèrement dramatisé que dans son livre le *Temps des illusions* du Moulin de Labarthète a fait de cette journée du mercredi 23 octobre, on saisit bien le calme réel du Maréchal par ce fragment de leur entretien, tard dans la soirée : « Le Maréchal est en robe de chambre, dans le bureau de Ménétrel. Il me contemple d'un œil étonné. « Vous n'avez pas envie de vous coucher ? — Il est un peu tôt, monsieur le Maréchal. Je ne sais d'ailleurs si je dormirais facilement. Toute cette histoire est effarante. — Je la trouve surtout bien compliquée. — Avez-vous réfléchi à tout ce qui peut se passer ? — Beaucoup plus que vous , mon ami, et j'ai déjà mon plan en poche. » Puis vient le fameux mot : « Il y a d'ailleurs des précédents. On ne vous a jamais parlé de Tilsit ? »

Le lendemain matin à 7 heures, au moment de monter en voiture, devant la curiosité un peu émue des assistants, le Maréchal gardait son allure sereine des grands jours. L'observant avec attention je me souviens d'avoir distingué dans ses yeux et sous la courte moustache l'ébauche d'un sourire de finesse rusée. C'était l'amorce du sourire qu'il avait au moment de lancer une repartie cinglante.

Durant la journée du 24 et celle du 25, à l'*Hôtel du Parc*, la vie habituelle est comme suspendue. Aux divers étages, ce ne sont que colloques et apartés, où percent la curiosité et l'inquiétude. Entretiens particuliers des ministres qui, bien plus qu'au cours des semaines de juillet, d'août et de septembre, se préoccupent de ces tractations avec l'ambassade allemande, sur lesquelles le vice-président leur accorde si peu de lumières. Curiosités impatientes de tout le personnel de l'information, presse et radio, qui réclame des textes à publier d'urgence, sur la rencontre qui va avoir lieu, qui vient d'avoir lieu.

Mais le Maréchal ne se presse pas dans son trajet de retour. Il a passé la nuit à la préfecture de Tours. Il revient à petites étapes ; il a visité Amboise, déjeuné à Azay-le-Ferron. Il s'arrête au château de Vandœuvres, où sont sauvegardées les collections de Chantilly. Il reçoit à Chateauroux un accueil improvisé, mais enthousiaste. Et à 19 h. 40, juste pour l'heure du dîner, il est de retour à l'Hôtel du Parc, calme, bienveillant, sans nulle apparence de fatigue.

Le samedi 26, le Conseil des ministres se réunit dès le matin, à 11 h. 30, mais le vice-président, qui est retourné à Paris après l'entrevue du 24, ne doit rentrer à Vichy que dans le courant de l'après-midi.

Le Maréchal se borne à faire un récit très succinct de l'entretien de l'avant-veille. Il dit que ce fut surtout de la part de Hitler un long monologue, mentionnant ses opérations victorieuses, insistant sur les immenses réserves de matériel et de matières premières dont dispose le *Reich*. Pour sa part, il ne s'est engagé à rien ; il a acquiescé à une collaboration de principe, dont les modalités seront étudiées à loisir par le gouvernement.

Le Conseil, sur l'invitation de M. Baudouin procède à un échange de vues touchant notre situation vis-à-vis de la Grande-Bretagne. La résistance anglaise, d'après les renseignements parvenus, a été opiniâtre sous les bombardements. Ceux-ci se sont en réalité révélés inefficaces. Il va falloir répondre aux télégrammes reçus la nuit dernière et dans la matinée même : à celui du roi George VI, à celui du Premier Ministre et à celui du président Roosevelt. Pour ce dernier, les termes en sont aussi sévères que ceux du roi George sont amicaux et modérés. Le second Conseil de la journée se réunit à 17 heures. Le vice-président vient de rentrer de Paris. Il commence immédiatement son récit en présence du Maréchal, calme et attentif, et des ministres figés dans leur silence désapprobateur.

Ce fut un exposé décousu, où les phrases cherchant à persuader ses interlocuteurs prenaient le pas sur le compte rendu des deux entrevues successives, au point qu'il était impossible de distinguer l'une de l'autre. Sans avoir réussi à prendre en entier le déroulement de ces phrases, je certifie l'exactitude des notes suivantes prises au courant du crayon :

« Nous devons faire paraître au plus tard dans quarante-huit heures un communiqué sur des réalités substantielles. Il va falloir construire : ceci regarde particulièrement le ministre des Finances, le ministre de la Guerre et la vice-présidence du Conseil.

Il faut se rendre compte de cette chose formidable, le vainqueur venant offrir la collaboration au vaincu. Les conditions atmosphériques n'ont pas permis jusqu'ici l'opération du débarquement. Mais la victoire sur l'Angleterre est acquise. Les Allemands font un effort gigantesque. La course de vitesse est très nettement en leur faveur. Or la guerre coûte cher. Les vaincus paieront. La France paiera, a dit le Chancelier, à moins qu'elle n'accepte de collaborer avec nous. En Afrique. Le général de Gaulle s'y est installé. Demain il peut essayer encore autre chose. Il faut s'attendre à des hostilités de fait. Par nos forces seules, pour le moment. Pour se battre, il faut avoir la liberté de ses mouvements. Les Allemands et les Italiens ne feront plus d'opposition dès lors quant au matériel qui nous est nécessaire pour nous défendre. C'est une option : collaborer. Dans ce cas, c'est l'Angleterre qui paiera. Si, par malheur, l'Angleterre faisait un compromis, c'est nous qui paierions.

Nous devons défendre au maximum notre patrimoine. Dans la conversation avec Hitler, on a parlé paix. Il y aura des modifications de territoires, mais au total notre Empire n'y perdra pas. Il peut y avoir échange de la Tunisie contre la Nigeria.

Nos colonies ont été arrosées par le sang de nos soldats. Les indigènes nous sont attachés. En maintenant la souveraineté politique, on peut passer sur le plan économique. Si nous maintenons l'Empire colonial, la métropole sera à l'abri. Je crois que cet homme a rêvé de faire une Europe toute nouvelle. Si nous nous écartions, nous assumerions une effroyable responsabilité : nous aurions une paix dure. L'initiative est ainsi prise par Hitler.

La plus grande discrétion nous est imposée : ce sont des méthodes diplomatiques à part. Le 22 octobre, j'ai su que je devais voir Ribbentrop. Je n'ai été prévenu de l'entrevue avec Hitler que 50 kilomètres avant d'arriver. Pour la deuxième entrevue, on avait dit que le Maréchal serait seul avec Hitler. On a quitté les voitures. Sur le quai, j'ai suivi : je suis monté.

On a parlé d'une coalition : Grande-Bretagne, États-Unis, URSS contre l'Allemagne, l'Italie et le Japon. Mais une très prochaine entrevue est prévue avec Molotov. Il va donc y avoir là un nouveau secteur actif, et l'Angleterre va perdre.

Il faut défendre nos intérêts. En Afrique, nous nous défendrons. Si cela comporte des développements, on verra. Abetz a souhaité de voir un jour des soldats français et des allemands combattre coude à coude. C'est son rêve : il a l'ambition de se faire aimer. Ce sont des sentiments très sympathiques.

Hitler nous protège contre ses alliés trop envahissants. Quant à l'Espagne, il y a eu incompréhension. Sans nous humilier nous devons nous adapter suivant notre méthode. Avant la guerre, a dit Hitler, tout était possible avec la France. Il a dit aussi qu'en 1918 le sang des Allemands avait arrosé les colonies allemandes. Il a affirmé que la sensibilité de la France serait respectée, si en fin de compte l'Angleterre est perdante. Il faut terminer la guerre le plus tôt possible. Quant aux sentiments d'anglophilie en France, on a l'espoir que, si la guerre dure, il y aura assez d'avantages pour la France. Mais l'Angleterre pourrait faire la paix.

Nous ne voulons pas d'une paix de vengeance, a dit le Chancelier. La destruction de la Grande-Bretagne offre d'autres possibilités. J'ai déjà cherché une paix avec la France, a-t-il ajouté. Les relations franco-allemandes vont donc dépendre de la fin de la guerre. C'est de l'attitude de la France que tout va dépendre : une attitude positive et non une attitude d'attente. Il y a concernant l'organisation de l'Afrique une conception plus européenne. La France en Afrique sera bien traitée : c'est déclarer que l'Afrique est un prolongement de l'Europe. L'option est donc à saisir. »

Pierre Laval arrêta là son exposé. Un lourd silence suivit. Puis l'amiral Darlan fit des réserves : « On suppose la marine prête. Mais à l'heure actuelle la marine n'a plus les approvisionnements nécessaires pour se battre. Il faut reprendre en mains le matériel. »
M. Baudouin fit observer qu'on se trouvait devant la nécessité de répondre aux télégrammes des gouvernements britannique et américain. Le vice-président n'en voyait pas l'urgence, ajoutant qu'il était convaincu que lorsque l'Allemagne se rapprocherait de l'URSS l'attitude des États-Unis évoluerait. L'étude des télégrammes de réponse fut remise au lendemain.
M. René Belin manifesta l'inquiétude que la France fût ainsi amenée un jour à combattre l'Angleterre. Le Maréchal intervint aussitôt pour affirmer que rien de semblable n'avait été envisagé et qu'il ne pouvait en être question.
L'atmosphère était pesante. J'observais de toute mon attention cette étrange conjoncture, le Maréchal possesseur de son secret et le gardant, le vice-président convaincu d'avoir personnellement ouvert les portes de l'avenir par la première entrevue, les ministres cherchant à imaginer quel avait pu être l'enchaînement exact des événements qui venaient de se dérouler à une allure si rapide. Qui avait pris l'initiative de ces rencontres ? Qui était le vrai meneur du jeu ?
Ils ne pouvaient songer à désavouer le Maréchal, en constatant son comportement personnel, ni soucieux, ni satisfait, comme s'il voulait leur faire partager son calme et leur suggérer que l'entrevue assurément délicate s'était au fond très bien passée. D'ailleurs, ainsi que l'a très précisément noté M. Bouthillier, le Pierre Laval de ce compte rendu du samedi 26 octobre n'était plus le même que le Pierre Laval du mercredi 23. Celui-ci, en sortant du bref Conseil des ministres, avait, dans un entretien particulier avec le général Huntziger et le ministre des Finances, commenté avec un optimisme véhément l'occasion inespérée que rencontrait la France en voyant le vainqueur se tourner vers elle.
Dans son exposé du 26, au contraire, dans ses efforts de persua-

sion à l'égard de ses collègues, il était moins sûr de lui. Il apparaît, d'après les documents que nous possédons aujourd'hui, que malgré lui il mélangeait trois éléments :

– 1° Le court échange de vues qu'il avait eu le mardi 22 avec Hitler et où celui-ci lui avait confié des généralités très optimistes sur la situation générale, en le priant à la fin de proposer au Maréchal l'entrevue du surlendemain.

– 2° L'entrevue du 24 octobre, où Hitler avait parlé une bonne partie du temps, où le Maréchal s'était borné à émettre trois ou quatre observations réticentes et où lui-même n'avait pris la parole qu'une fois.

– 3° Les abondants commentaires qu'il avait dû échanger avec Otto Abetz et Fernand de Brinon, lors de leur trajet de retour à Paris, touchant les développements que lui-même et cet étrange ambassadeur nazi pouvaient envisager en vue d'un rapprochement franco-allemand définitif.

Concernant la première entrevue, j'en viens à penser que les Allemands, Hitler et Gœring, puis Ribbentrop et Abetz, avaient flairé un piège dans le fait, à leurs yeux inexplicable, que le Maréchal eût fait sa proposition d'entrevue à l'insu de son vice-président du Conseil.

Quoi qu'il en soit, nous sommes à l'heure actuelle, depuis 1950, en possession du livre de souvenirs de Paul Schmidt, interprète attitré des grandes rencontres internationales. *Livre empreint d'une grande honnêteté de pensée et d'expression*, a écrit M. François-Poncet.

De l'entrevue de Laval avec Hitler, il dit peu de choses.

« Dans une atmosphère assez amicale en présence de Ribbentrop, il n'apparut aucun élément nouveau. Elle servit presque exclusivement à préparer une rencontre avec le maréchal Pétain, qui eut lieu deux jours plus tard au même endroit. »

Au contraire, dans son récit de l'entrevue du 24, au lendemain de la rencontre de Hendaye entre le Chancelier allemand et le général Franco, nous pouvons suivre le fil exact du dialogue, enregistré par l'observateur perspicace, rompu par une longue pratique à cette tâche spéciale.

Il faudrait citer intégralement tout le passage où abondent les

Chapitre V

fines remarques sur l'attitude des personnages. Bornons-nous à en retenir, pour l'histoire, les notations suivantes :

« En ce 24 octobre 1940, dans la nuit commençante, sous la lumière des falots éclairant le quai de la petite gare, il était difficile, au premier regard, de distinguer le vainqueur du vaincu. Bien droit malgré son grand âge, dans sa tenue toute simple, Pétain eut presque un geste de souverain en tendant la main au dictateur, tout en le fixant d'un œil inquisiteur, glacial et pénétrant…

Les deux hommes se serrèrent silencieusement la main, sans qu'un sourire vînt éclairer leur visage. En leurs personnes, la France et l'Allemagne semblaient s'affronter. Tous les assistants, y compris les sentinelles présentant les armes, sentirent passer le souffle de l'Histoire.

"Personnellement, je le sais, vous n'avez pas voulu cette guerre… La France a été vaincue…" Et Pétain n'eut pas de réaction quand je lui traduisis ces paroles.

"L'énergie avec laquelle la flotte française s'est défendue à Mers-el-Kébir, sans reculer devant de graves pertes en hommes et en matériel… La France continuera-t-elle à défendre son Empire colonial, comme à Dakar ?…"

Pétain ne répondit pas. Hitler redemanda avec insistance ce que ferait la France si l'Angleterre l'attaquait de nouveau. Le Maréchal déclara alors que son pays avait trop souffert moralement et matériellement pour se lancer dans un nouveau conflit. Manifestement irrité, Hitler s'écria d'un ton hostile : "Si la France ne veut pas se défendre elle-même et nourrit encore des sympathies pour les Anglais, elle perdra son Empire et se verra imposer des conditions de paix aussi dures qu'à l'Angleterre." — Jamais une paix de représailles n'a eu de valeur durable dans l'Histoire, répliqua le Maréchal d'un ton glacé.

"Si la France est décidée à m'aider…" Pétain saisit habilement l'occasion de se dérober en demandant comment Hitler envisageait le traité de paix "pour que la France connût son destin et que les deux millions de prisonniers pussent revenir dans leurs familles". Ce fut au tour de Hitler d'éluder.

Pétain insista pour un retour prochain des prisonniers, sur la situation intolérable de la France séparée en deux zones, sur la charge écrasante des frais d'occupation. Hitler ne se formalisa pas, fit l'éloge du soldat français, des grandes qualités des paysans, de la beauté architecturale de Paris. Les bons rapports des prisonniers avec la population en Allemagne "étaient de très bon augure pour la collaboration entre les deux peuples". Ce fut alors que le mot "collaboration" fut prononcé. Laval intervint pour rappeler les efforts déployés par lui en vue d'un rapprochement, reprenant ses déclarations de l'avant-veille...

L'entretien tirait à sa fin. Pétain revint sur la question des départements du Nord, fut moins net en ce qui concernait l'Alsace et la Lorraine, désirant seulement à ce qu'il semblait sonder les intentions de Hitler à ce sujet.

Le dictateur se borna à lui répondre qu'il avait besoin de réfléchir à toutes ces questions et qu'il lui ferait connaître par écrit sa position... Pétain écouta tout en silence. Pas une seule fois il n'eut un mot aimable pour Hitler ou pour l'Allemagne. »

Et Paul Schmidt conclut :

« Je n'ai compris qu'après la guerre l'attitude que le Maréchal avait eue à Montoire en apprenant que, le jour même de cette entrevue fameuse, le professeur Rougier discutait en son nom avec Churchill. Aujourd'hui, quand je compare le compte rendu de cet entretien de Londres, autrement plus concret, avec celui de Montoire, et en tenant compte des événements ultérieurs, je suis enclin à conclure que le maréchal Pétain fut le vainqueur diplomatique de Montoire. »

On voit, d'autre part, combien l'exposé que Pierre Laval avait fait à ses collègues le 26 octobre était peu clair et peu fidèle, quand on y juxtapose l'extrait des souvenirs impartiaux de Schmidt.

Le Maréchal était lui-même dans l'impossibilité de donner à ses ministres des apaisements, touchant les espoirs qu'il fondait sur sa manœuvre stratégique. Non seulement son négociateur de Londres n'était pas encore sur le chemin du retour, mais une autre face de sa diplomatie personnelle n'était pas encore tout à fait éclaircie. En effet, dans les derniers jours de septembre, un secours d'une importance capitale était venu seconder ses propres initiatives, et lui avait permis d'agir dans un secteur dont il n'avait pas initialement prévu l'action conjuguée. C'est cette assistance inespérée qui lui

Chapitre V

permit de voir clair dans le jeu de l'ennemi, et de se mouvoir au cours de cette crise avec l'aisance souveraine d'un chef qui tient en mains tous les éléments d'une situation. On va voir, par ces nouveaux détails, les raisons profondes qui ancraient le Maréchal dans la pratique de plus en plus ferme du secret absolu, même à l'égard des membres les plus discrets de son entourage.

Ces détails, qui sont empruntés à un livre de souvenirs écrits par le colonel Fonck, ouvrage qui doit paraître un jour prochain, ont été cités pour la première fois dans la *Requête en révision pour Philippe Pétain*, déposée le 13 mai 1950 par les vaillants défenseurs du Maréchal entre les mains du garde des Sceaux.

Dans la seconde quinzaine de septembre, à l'approche de la signature solennelle du Pacte tripartite, entre l'Allemagne, l'Italie et le Japon, l'ambassadeur nippon en France avait été convoqué à Berlin pour seconder son collègue, l'ambassadeur Kurusu. Dans l'euphorie de cet événement, Hitler s'était laissé aller à confier aux deux diplomates son intention de fermer la Méditerranée à la Grande-Bretagne, en traversant l'Espagne et en franchissant le détroit de Gibraltar pour agir en Afrique du Nord. L'Espagne et la France seraient amenées à se ranger aux côtés de l'Allemagne.

De retour à Vichy, le diplomate japonais, ami sincère de la France, fit part de ce secret au colonel Fonck avec qui il était lié. Conduit par celui-ci, il fut reçu par le Maréchal le vendredi 27 septembre. Je n'assistai pas à l'entretien et, bien que j'entretinsse des relations d'amitié avec Fonck et M. Renzo Sawada, je ne fus pas mis au courant de la confidence. Le Maréchal, sur les éclaircissements fournis par Fonck, envisagea de tirer immédiatement parti de l'avertissement qu'une circonstance providentielle lui fournissait. Il convoqua M. de Lequerica, ambassadeur d'Espagne à Vichy, le priant d'aller le communiquer discrètement de sa part au général Franco. Il précisait que, quant à lui, se renfermant dans l'application des clauses de l'armistice, il refuserait toutes facilités de transit des troupes allemandes aux passages des Pyrénées, de même qu'il ne se prêterait d'aucune manière à une pénétration en Afrique.

Quatre jours plus tard, M. de Lequerica était de retour à Vichy apportant les remerciements du Caudillo et l'affirmation qu'en accord avec la position ferme, prise par le Maréchal, il n'associerait pas l'Espagne aux projets de Hitler.

On sait maintenant par les Mémoires publiés et la relation du colonel Fonck, que le général Franco sembla donner des gages à Hitler au cours des pourparlers du début d'octobre. Il remplaça son ministre des Affaires étrangères, le colonel Begbeder, par son propre beau-frère, Serrano Suner qui, à tort ou à raison, passait pour avoir des tendances germanophiles. Mais, en reportant la prise de fonctions effective de celui-ci au 25 octobre, il se réservait de prendre une part prépondérante à la négociation qui était prévue pour le 23. On sait enfin qu'en faisant dépendre son consentement à une cobelligérance d'un ensemble de conditions qui furent jugées inacceptables par Hitler il fit si bien que la conversation de Hendaye s'immobilisa dans une impasse. Le général Franco se fixait prudemment sur le terrain d'un examen de la situation, comportant une promesse d'assistance dans un délai plus ou moins proche.

Ainsi le résultat qu'avait souhaité le Maréchal était entièrement atteint. Bien que Hitler revînt de Hendaye les mains vides, et que le Maréchal ne se fût engagé à rien de précis, il pouvait en résulter dans l'esprit du Chancelier la persuasion que les deux nations de l'Europe occidentale étaient bien décidées à rester inactives : aucune manifestation agressive de leur part ne semblait à craindre pour le moment. Au contraire, il comptait bien que les Français resteraient en mesure de défendre l'Afrique du Nord contre toute intervention étrangère, comme à Dakar.

Pour notre allié britannique, le résultat était loin d'être médiocre. Au moment où l'offensive aérienne sur leur sol en venait à s'épuiser, le fait d'écarter toute menace sur la Méditerranée occidentale et sur Gibraltar leur donnait le temps de souffler, avant d'entreprendre la reconstitution de leurs forces. D'ailleurs, deux jours plus tard, l'attention mondiale était détournée vers un autre théâtre : c'est en franchissant la frontière allemande que parvint à Hitler un message de son ambassadeur à Rome, annonçant que les Italiens étaient à la veille d'envahir la Grèce.

À Vichy, le début de l'épilogue eut lieu dans la matinée du lundi 28 octobre, lors d'un Conseil réuni hâtivement pour permettre à Pierre Laval de retourner à Paris. En présence du Maréchal, M. Paul Baudouin communiqua à tous ses collègues la résolution qu'il avait prise depuis cinq jours de résigner ses fonctions de ministre des Affaires étrangères. Il désapprouvait la politique adoptée à

Chapitre V

l'égard de l'autorité occupante ; il n'a pas admis d'être tenu à l'écart lors de l'entrevue qui vient d'avoir lieu. Il insiste devant le Maréchal pour que la désignation de son successeur, qui ne peut être que le vice-président Pierre Laval soit signée le jour même, alors que le Maréchal eût préféré attendre quelques jours, avant de rendre la nouvelle officielle.

Le Maréchal y consent, mais il renouvelle sa volonté de ne pas admettre que Paul Baudouin quitte le gouvernement. Il s'en est déjà entretenu avec lui et plusieurs de ses collègues et, désire lui donner les fonctions de ministre secrétaire d'État à la présidence du Conseil. Il en est ainsi décidé.

Le dernier acte de Paul Baudouin, comme ministre des Affaires étrangères, dans la charge qu'il a courageusement et habilement remplie, est de signer la mise en disponibilité de M. François Charles-Roux, ambassadeur de France. Celui-ci a refusé de conserver ses fonctions de secrétaire général du ministère, ne voulant pas collaborer avec Pierre Laval, et malgré l'estime affectueuse que lui porte le Maréchal. Il rédige pour ses collègues présents à ses côtés à Vichy une note pleine de dignité, leur expliquant les raisons de sa décision, exprimant le désir que son départ ne soit pas suivi d'autres abstentions et les invitant à poursuivre avec discipline leurs activités pour le bien du service.

Ainsi se terminait cette semaine historique qui, du lundi 22 octobre au lundi suivant, avait été si fertile en surprises. L'équipe ministérielle va se remettre au travail, dans de bien étranges conditions. Son homogénéité apparente n'existe plus. Pierre Laval, entièrement orienté vers la réalisation de ce qu'il croit être la voie de l'avenir dans une Europe pacifiée, va suivre sa politique personnelle sans supporter aucun conseil, sans même consentir à entendre la moindre suggestion : « Laissez-moi faire… Vous n'y entendez rien. » Les ministres, et en particulier ceux qui, dans son sillage, vont participer aux prises de contact avec l'ambassade allemande, sont bien décidés à observer ses démarches et à ne pas souscrire à des concessions irréparables.

Le Maréchal conscient d'avoir rendu la semaine précédente un immense service à son pays, domine ces premiers remous de son regard lointain et, pour beaucoup, impénétrable. Il laisse encore passer un jour avant de faire à ses concitoyens la communication que tout le monde attend.

Et c'est le mercredi 30 octobre qu'il déclare à la radio : « Français ! J'ai rencontré jeudi dernier le Chancelier du Reich. Cette rencontre a suscité des espérances et provoqué des inquiétudes. Je vous dois à ce sujet quelques explications… C'est librement que je me suis rendu à l'invitation du *Führer*… Une collaboration a été envisagée entre les deux pays. J'en ai accepté le principe… À tous ceux que de nobles scrupules tiendraient éloignés de notre pensée, je tiens à dire que le premier devoir de tout Français est d'avoir confiance… L'armistice au demeurant n'est pas la paix… Cette politique est la mienne. Les ministres ne sont responsables que devant moi. C'est moi seul que l'Histoire jugera… »

Ces paroles, dans leur simplicité lapidaire, ne pouvaient manquer de soulever des commentaires contradictoires et des réactions passionnelles. Et pourtant tout est dit, sauf l'allusion au secret de l'entrevue qu'il a lui-même provoquée.

L'armistice n'est pas la paix. Il faut tenter de vivre en attendant des jours meilleurs. Malgré la brusquerie des événements, les décisions ont été pesées, même celles qui choquent ceux que de nobles scrupules écartent de toute pensée d'adhésion. Il faut relire ce message, y compris les phrases qui n'ont pas été reproduites ci-dessus afin de ne pas allonger la citation. Pour maintenir une unité de dix siècles, dans le cadre d'une activité constructive du nouvel ordre européen — cet « ordre nouveau » qui a choqué beaucoup d'esprits dans l'Appel du 11 octobre — il faut songer à l'avenir. Tôt ou tard une solution devra être trouvée pour résoudre la question du mur mitoyen avec l'Allemand.

Dans les jours qui vont suivre, les invectives des uns alterneront avec les acclamations presque unanimes des populations dans les provinces visitées. Le gouvernement va cheminer, dans une alternance de réconforts et de tensions, pour aboutir un jour proche à la crise inéluctable.

À l'heure présente, en 1952, quand on évalue à tête reposée l'influence décisive que les entretiens conjugués de Hendaye et de Montoire ont exercée sur l'échec des plans de Hitler et sur l'obtention de la victoire future, on est bien forcé de s'incliner devant la sagesse prévoyante des paroles que le Maréchal prononçait en pleine conscience de sa responsabilité.

À la fin du chapitre qu'il a consacré à l'entrevue historique, Henri du Moulin de Labarthète, dont tous ses amis ont déploré la fin prématurée, au retour d'un douloureux exil, trace ces mots au moment de poser la plume : « Le vocabulaire politique allait s'alourdir d'un mot nouveau, qui couvrirait bientôt toutes les compromissions, toutes les trahisons... Qui nous donnera le secret de Montoire ? »

Ce brillant esprit, « noblement français, Gascon disert, observateur, scintillant de verve », a écrit de lui Marcel Peyrouton, « plein de foi, désintéressé, jouant la partie avec une insoupçonnable sincérité », a néanmoins, dans cette occasion fait preuve d'inattention et de manque de pondération.

Il est l'objet d'une confiance particulière, puisque le Maréchal l'emmène au lieu du rendez-vous. Bien plus il est honoré la veille d'une confidence significative : « J'ai déjà mon plan en poche... Il y a des précédents... Tilsit... » N'aurait-il pas dû réfléchir au lieu de s'agiter ?

Il voit, au matin du 24, le Maréchal sortir de son bureau la démarche assurée, l'œil vif. Il le voit au moment de l'entrevue, sur le quai de la gare, franchissant allègrement la première voie, puis, après l'entrevue, parfaitement calme, ironique même, faisant l'éloge de l'interprète Paul Schmidt : « Il s'exprime dans un français excellent, beaucoup plus pur que le vôtre. » Et, pas un instant, du Moulin ne soupçonne que le Maréchal s'est trouvé en mesure de dominer la situation. Je sais bien que le Maréchal, qui parfois critiquait son goût du bavardage, n'a pas cru pouvoir lui confier le secret initial de la proposition de rencontre. Ainsi, par son livre écrit trop prématurément, d'un seul jet, pour être un des premiers à publier une chronique de Vichy, il aura contribué à égarer l'opinion de beaucoup de Français qui, depuis 1946, n'ont pas eu le loisir ou la possibilité de se reporter à d'autres Mémoires, à d'autres publications.

Porté à ne voir dans le Maréchal que l'ancien ambassadeur à Madrid, auprès duquel il avait servi, et surtout que le Chef de l'État, peu expert en politique, — il a laissé Claude de Boisanger dire devant lui : « Le Maréchal racontera des bêtises », — il n'a pas soupçonné que c'était l'ancien chef des armées françaises qui ne craignait pas de se confronter à Montoire avec l'homme qui avait pris en mains la conduite stratégique de la guerre allemande. Il n'a pas cherché à imaginer quelle pouvait être, au cours des semaines précédentes, la méditation d'un chef octogénaire qui avait eu trois millions d'hommes sous ses ordres et qu'il voyait à certains moments penché sur ses cartes.

Trop enclin à critiquer, dans le service quotidien, l'inexpérience du Maréchal en matière de droit administratif, il n'a pas soupçonné qu'un chef illustre et clairvoyant avait le droit de ne pas tout dire aux gens de son état-major si, pour réussir sa manœuvre, il sent le besoin de se réserver l'atout souverain du secret absolu.

Emporté par la véhémence de ses sentiments contre les Allemands et, par contrecoup, contre Pierre Laval, avec qui pourtant il lui arrivait de flirter, il a manqué de perspicacité.

Et pourtant c'était l'époque où, peu auparavant, le Maréchal avait eu l'occasion de définir, en quelques mots, pour couper court à une discussion inopportune, les qualités de mesure qu'il réclamait de son entourage : « Je comprends que l'on me présente librement des arguments personnels. J'admets très bien que l'on me contredise, pour m'aider à éclaircir une question quand j'en suis encore à chercher ma voie. Mais je souhaite que mes collaborateurs aient l'esprit assez nuancé pour me comprendre quand ils me voient bien décidé. Inutile alors de venir me casser les oreilles... »

Chapitre VI : LES « AU-DELÀ » DE MONTORE JUSQU'AU 13 DÉCEMBRE

L'entrevue du 24 octobre n'avait pas manqué de provoquer chez nos alliés de Grande-Bretagne une réelle émotion. Nous savons par le récit détaillé du professeur Louis Rougier que nous fûmes à deux doigts de subir de ce fait de cruelles représailles. M. Winston Churchill, égaré par des nouvelles tendancieuses, lancées par des agences sinon germanophiles, du moins antifrançaises, n'envisageait rien de moins qu'une expédition punitive de bombardement sur Vichy.

Une chance providentielle a fait que, précisément, le négociateur secret du Maréchal était arrivé à Londres le 22 octobre. Le jour même il était introduit auprès de sir Alexander Cadogan, sous-secrétaire permanent du *Foreign Office*, et se trouvait en mesure de

Chapitre VI

commencer dès le lendemain auprès de lord Halifax, puis dès le surlendemain auprès du Premier Ministre l'exposé de ses suggestions.

Dans ce premier contact entre un envoyé de Vichy et le gouvernement britannique, il fallut déblayer le terrain et ne pas revenir sur le passé récent. Churchill reconnut que l'attaque de Mers-el-Kébir avait été une nécessité de sa politique intérieure et que celle de Dakar avait été une erreur. Il était indispensable, aux dires de Rougier, d'éviter un second Dakar sous peine d'amener les Allemands à intervenir en Afrique française. Ce premier point acquis, la question du blocus alimentaire devait être abordée dans le même esprit. Il y avait avantage à fermer les yeux sur les importations provenant des ports algéro-marocains, pour que la population sous-alimentée ne continuât pas à tourner sa rancune contre la Grande-Bretagne.

Enfin Louis Rougier fit valoir les mauvais effets produits par les attaques de la radio de Londres contre la personne du Maréchal, à qui la majeure partie de l'opinion publique avait voué des sentiments de profonde gratitude. Ce premier échange de vues permettait d'entrevoir une solution favorable.

Mais le 25 au soir, la bombe des fausses nouvelles éclata. Des télégrammes de Berne publiaient l'esquisse d'un prétendu traité de paix entre l'Allemagne et la France. Ce fut vraiment, pour la manœuvre que le Maréchal avait conçue, une fortune singulièrement heureuse qu'« un certain M. Rougier » ait pu être rappelé le lendemain au n° 10 Downing Street et se soit trouvé, grâce à son sang-froid en mesure de calmer un Winston Churchill au comble de l'exaspération.

Le Premier Ministre sut apprécier les arguments directs de son interlocuteur : « Vous avez déjà jeté dans la gueule du crocodile la Pologne, le Danemark, la Norvège, la Hollande, la Belgique, la France et voilà que vous voulez y jeter encore l'Afrique du Nord ? »

Dès le lendemain, la situation était éclaircie au point que l'envoyé secret pouvait jeter sur le papier les bases d'un *modus vivendi*, l'esquisse d'un *Gentlemen's agreement*, préambule de l'apaisement qu'il était venu chercher.

À l'annonce de l'entrevue de Montoire, le président Roosevelt avait réagi dans le même sens que le gouvernement britannique.

Le ton du télégramme qu'il adressa au Maréchal, le 25 octobre, était, comme nous l'avons dit, particulièrement sévère sinon menaçant. Mais il supposait bien à tort qu'un accord entre la France et l'Allemagne allait mettre la flotte française à la disposition de l'ennemi : il n'en était pas question. De même qu'il avait été choqué par les termes volontairement employés par le Maréchal dans l'appel du 11 octobre, touchant la politique extérieure, une entrevue entre le Chef de l'État français et le dictateur allemand augmentait ses inquiétudes. C'était bien naturel, surtout en présence d'une opinion publique américaine harcelée par la propagande antifrançaise des organes de presse et par les attaques des émigrés français contre Vichy.

Mais les premiers apaisements qui furent transmis à Franklin D. Roosevelt par notre ambassadeur à Washington, les assurances formelles que le Maréchal lui-même fut amené à exprimer au chargé d'affaires américain, Freeman H. Matthews, quelques jours plus tard, concernant l'intégrité de la flotte française, ne tardèrent pas à le tranquilliser : il put ainsi saisir quelle était la signification de la ligne de conduite, prudente et mesurée, que le Maréchal adoptait.

Bien plus, à la suite de sa réélection triomphale du 6 novembre, c'est de propos délibéré que le président des États-Unis annonce son intention d'envoyer auprès du Chef de l'État français, comme ambassadeur, l'éminent amiral Leahy, son ami personnel.

Ainsi, par un heureux retournement d'une situation ambiguë, le mauvais effet qu'auraient pu produire les réponses évasives et sèches, préparées par Pierre Laval, aux télégrammes du roi George VI et de Roosevelt, se trouvait atténué. Le Maréchal avait laissé passer ces réponses, confiant dans les apaisements qu'il était en son pouvoir de donner. On comprend que les ministres, dans l'ignorance de la démarche faite à Londres, en aient été justement émus sur le moment.

Le 10 novembre, M. Louis Rougier est reçu par le Maréchal à son retour de mission. M. Paul Baudouin, qui a eu la tristesse de renoncer à ses fonctions de ministre des Affaires étrangères, prend des précautions pour que l'envoyé, dont il a favorisé le voyage, ne vienne pas à se trouver sur le chemin de Pierre Laval : il se retire dès le début de l'audience. Je reste seul auprès du Maréchal. Après un récit complet de ses démarches, M. Rougier fait part des espoirs sérieux que permettent de concevoir les entretiens qu'il a eus au *Foreign Office* et dans le Cabinet du Premier Ministre. Une pleine approbation lui est donnée par le Maréchal, et le protocole qu'il a rédigé est transmis en copie, sous le sceau du secret, à la direction des Affaires politiques. Quant à l'original, annoté de la main de M. Churchill, le Maréchal le glisse dans le tiroir spécial où il enferme, avec un soin méticuleux, ses documents personnels. Et l'on n'en parle plus : le secret absolu s'impose.

Du côté de l'ex-allié britannique et de celui des États-Unis, les difficultés antérieures étaient donc en voie de s'aplanir. On pouvait escompter que la dure période du blocus britannique allait prendre fin. La bonne volonté américaine, qui s'était manifestée au mois d'août et qui avait été contrecarrée par le gouvernement anglais, sur l'insistance des gaullistes, pouvait se révéler à nouveau bienfaisante. Bien plus, dès le début de décembre, la liaison établie entre M. Jacques Chevalier, secrétaire général de l'instruction publique, et son ancien ami d'Oxford, lord Halifax, par l'intermédiaire de M. Pierre Dupuy, ministre du Canada à Vichy, allait permettre d'apporter une confirmation et une sanction définitive à la trêve franco-britannique dont la mission de Louis Rougier constituait le prologue. Je dois ajouter que jusqu'à la veille du procès du Maréchal, j'ai tout ignoré de cette seconde négociation, tant il était attentif à fragmenter les éléments de sa diplomatie personnelle.

Quant à la face allemande de la manœuvre du Maréchal, elle va comporter au cours du mois de novembre, des prolongements contradictoires : les uns favorables au plus haut point, suivant la conception de son auteur, les autres troubles et inquiétants. Il en sera parlé plus loin.

Assurément, comme l'a écrit M. Bouthillier, le « Montoire » du Maréchal n'était pas le « Montoire » de Hitler — et d'Abetz —, il n'était pas davantage le « Montoire » de Pierre Laval et ce dernier n'était pas celui que pouvaient tolérer ou admettre les ministres du Maréchal.

En premier lieu, répétons que le bénéfice capital, et dont l'Histoire sera amenée à proclamer qu'il fut pour la France et les Alliés l'un des tournants de la guerre, a été l'échec du plan que Hitler comptait exécuter en venant à Hendaye et à Montoire.

Le mystère, qui a plané si longtemps sur ce qui s'était réellement passé au cours des deux entretiens, voilait la vérité.

Aujourd'hui, les Mémoires des principaux acteurs et des témoins de la semaine historique sont sous nos yeux. On ne peut plus ignorer l'immense service qu'avait rendu à la France M. Renzo Sawada, ambassadeur du Japon, ni la décision immédiate du Maréchal de faire part du renseignement au général Franco, en lui indiquant sa propre position. Ainsi est mise en lumière l'entente voilée entre les deux Chefs d'État à l'égard des pressions possibles, et cette entente amène Hitler à se heurter, incompréhensif, à l'attitude réservée du général.

Il faut lire dans le livre de Paul Schmidt, le compte rendu qu'il donne de l'entretien de Hendaye et la fine peinture qu'il fait des deux interlocuteurs en présence : « ... Tandis que Franco continuait à parler d'une voix calme, douce, monotone et chantante, rappelant celle des muezzins, Hitler commença à être de plus en plus inquiet... »

Il a fallu attendre au cours des années 1946, 1947, 1948, les publications successives des Mémoires de Galeazzo Ciano et de M. Serrano Suner, la diffusion du livre de Louis Rougier, la confirmation de sir Samuel Hoare sur la manœuvre de Tilsit, les allusions réticentes de M. Winston Churchill, les débats du procès de Nuremberg, les patientes recherches de Louis-Dominique Girard, enfin le récit complet du colonel Fonck, pour que, le 16 mai 1950, les défenseurs du Maréchal, Jacques Isorni et Jean Lemaire, aient jugé le moment venu de déposer entre les mains du garde des Sceaux [1] les raisons profondes et la signification de l'entrevue de Montoire.

En ce début de novembre, le premier résultat tangible est entre les mains du gouvernement : l'Afrique du Nord est, pour un temps, à l'abri de toute menace d'agression allemande, italienne, espagnole. Confiée au prestige et à la vigilance du général Weygand, elle va voir peu à peu ses effectifs militaires renforcés, son matériel d'armement débloqué, une nouvelle armée en cours de reconstitution, des formations secrètes habilement dissimulées aux regards des Commissions de contrôle. Un certain contingent d'officiers nommément désignés sort des *oflags* ; le général Juin quitte la forteresse de Köningstein.

Dans la métropole, on est en droit de s'attendre à ce que la pression

---
[1] *Requête en révision pour Philippe Pétain*, Paris, Flammarion, 1950.

Chapitre VI

des occupants s'atténue. L'administration française va reprendre ses droits ; des fonctionnaires peuvent enfin franchir le passage de la zone interdite. Les rigueurs de la ligne de démarcation s'assouplissent pour la circulation des personnes et des denrées. On commence à espérer que l'asphyxie n'est plus à redouter.

Mais avant d'en venir aux difficultés qui ne vont pas manquer de surgir à nouveau, je dois mentionner un événement diplomatique qui, sans passer tout à fait inaperçu en France, n'attira pas assez l'attention de l'opinion publique. Ce fut du 10 au 14 novembre la venue de M. Molotov à Berlin pour une conférence importante. Il s'agissait de mettre au point, devant le Chancelier, un correctif à l'accord germano-russe du mois d'août 1939, de régler les zones d'influence dans les Balkans, et, dans l'esprit tortueux de Hitler, d'orienter les activités du gouvernement soviétique en direction du golfe Persique.

Dans les deux semaines qui suivirent cette date du 10 novembre, je fus témoin de l'attention minutieuse avec laquelle le Maréchal se pencha sur les dépêches de nos postes diplomatiques de Bucarest, d'Ankara, de Sofia. Lui qui d'habitude se contentait du résumé quotidien, fourni par la direction des affaires politiques, exigeait qu'on lui fournît des détails complémentaires. Il examinait avec curiosité la carte des Balkans, les nouvelles frontières de Pologne, les localités mentionnées dans les télégrammes des agences. Et quand il put lire à des signes certains, lors des derniers comptes rendus, que la terminaison de la conférence de Berlin marquait un durcissement des rapports germano-soviétiques, son attitude de silencieuse satisfaction manifestait quel intérêt il portait au futur front oriental.

Il osait escompter le moment où serait recueilli le bénéfice de Montoire : Hitler constatant, après son échec contre l'Angleterre, qu'elle est elle-même pour un temps impuissante contre lui ; ayant dès lors les mains libres, si la France et l'Espagne restent en dehors de la guerre, pour se tourner vers l'Est où sont le blé de l'Ukraine et les pétroles du Caucase.

Quel eût été l'affermissement des espoirs du Maréchal, s'il avait pu apprendre, par une voie quelconque, deux nouvelles ! Le 12 novembre Hitler renonce définitivement au projet de débarquer en Angleterre ; le 5 décembre, il signe la décision de pousser l'étude des opérations contre la Russie des Soviets.

Au moment de l'édition du *Montoire, Verdun diplomatique*, le chroniqueur des études historiques d'un grand quotidien exerça sa verve ironique — comme il avait fait auparavant à propos du livre de Labarthète — sur la prétendue démonstration de l'auteur et sur l'attitude attribuée au Chef de l'État : « Pauvre bonhomme… singulièrement vacillant dans l'action… qui prétend finasser avec Hitler, l'abuser de vaines paroles… Machiavel à Vichy ! »

Je me permets de faire courtoisement remarquer à un historien que, lorsqu'on se propose de juger un événement historique, la règle essentielle est de se situer correctement dans le temps en évaluant les possibilités de l'heure. Quand il s'agit des actes d'un Chef d'État, j'ajoute qu'il conviendrait de méditer sur ce que son âge comporte d'expérience personnelle et d'information concrète au moment où il prend ses décisions.

Voilà l'ancien chef des armées françaises. De 1876, date de son entrée à l'École de Saint-Cyr jusqu'en 1914, il s'est instruit et formé ; il a instruit et formé la troupe et les états-majors, dans l'éventualité d'une guerre franco-allemande, la guerre de la revanche. De 1892 à 1914, il a partagé le réconfort que tous les Français puisaient dans l'alliance russe et les contacts d'états-majors ; au cours des hostilités de 1914 à 1917, il a éprouvé, plus que l'homme de la rue, la valeur du soutien que fournissaient sur le front oriental, les armées de l'empereur Nicolas II. Comment, dès lors, n'être pas amené à soupçonner que, durant ses méditations et ses insomnies de septembre et d'octobre 1940, il n'ait cessé d'appeler de ses vœux la réouverture de ce second front au profit des Alliés, et de s'efforcer d'agir personnellement dans ce sens ?

Au cours de novembre, il eût donc pu sembler que, malgré les soucis quotidiens, malgré l'approche d'un hiver rigoureux, les difficultés auraient tendance à s'aplanir.

Après l'émouvante visite faite à la petite ville d'Ambert le 14 octobre, le Maréchal, sur le conseil des ministres, consentit à s'absenter périodiquement de Vichy et à effectuer certains déplacements. Pour le séjour temporaire à Versailles, la date ne cessait d'en être reportée par les autorités occupantes. Il songea donc à reprendre contact avec les villes principales de la zone sud.

Le 5 novembre il est à Toulouse. Dès la sortie de la gare, une symphonie tricolore l'accueille et lui fait escorte jusqu'à la préfecture

Chapitre VI

entre deux haies fleuries. Les acclamations de la foule, les vivats aigus des groupements de jeunesse, les voix plus profondes des anciens combattants des deux guerres s'élèvent vers le Maréchal dont, à certains moments, le visage pâlit d'émotion. Présentation des autorités, visite à la cathédrale Saint-Étienne, réception à la vénérable académie des Jeux floraux, tout le cérémonial local avait, malgré les récentes épreuves, une fraîcheur de sentiments qui réconfortait. Et l'on était au 5 novembre. En conviant ses concitoyens à accueillir le Chef de l'État, la municipalité de Toulouse avait reproduit sur l'affiche le récent message : « Français ! j'ai rencontré jeudi dernier le Chancelier du Reich… À tous ceux que de nobles scrupules tiendraient éloignés de notre pensée, je tiens à dire que le premier devoir de tout Français est d'avoir confiance… C'est moi seul que l'Histoire jugera ! »

Le lendemain, 6 novembre, ce fut la visite de Montauban. Dans la détente d'une belle journée, le contact intime avec la population crée à nouveau cet équilibre d'amour et de confiance. Visite particulière à l'École d'agriculture, conversations avec les vignerons, éloges des travaux de la terre. Écoliers et étudiants improvisent un monôme et le Maréchal se mêle à leurs chants…

Mais la mi-novembre réservait plus encore. Le lundi 18 et le mardi 19 furent les deux journées lyonnaises. L'accueil à la gare de Perrache est grave, après que les troupes ont rendu les honneurs : ce qui frappe, c'est la dignité de ce cortège officiel où les trois ministres présents, le préfet, les membres du Cabinet militaire gardent leurs distances, marchant en bon ordre derrière le Chef de l'État. C'est une différence avec l'ordinaire fourmillement des cohortes présidentielles de naguère où les rangs étaient confondus. Vers le Maréchal monte la grande acclamation de la cité lyonnaise, pourtant connue pour sa réserve et sa froideur. Sur la place des Terreaux, devant l'hôtel de ville, des dizaines de milliers d'anciens combattants ont été rassemblés, la poitrine ornée de leurs médailles. Et la Marseillaise est chantée. Spectacle comme cette grande place historique, disent les témoins, n'en vit jamais d'équivalent. Sur la place Bellecour, la jeune armée de l'armistice a défilé en une présentation impeccable. Et le lendemain, à la primatiale Saint-Jean, où est célébré un office pour les morts de la guerre, le primat des Gaules prononce du haut de la chaire : « Pour relever notre patrie blessée, toute la France, monsieur le Maréchal, est derrière vous. » Dans la grisaille du décor lyonnais, devant les demeures austères, au long des quais, le cortège des autos circule, soulevant les acclamations de la foule et les ondulations tricolores des petits drapeaux agités par les enfants.

Au parc de la Tête d'Or, au pied de ce beau monument, qu'il avait lui-même inauguré dix ans plus tôt, le Maréchal dépose une couronne en hommage aux morts. Puis c'est la visite aux canuts, aux vieux quartiers des artisans ; à la Croix Rousse, tout le plateau est là, le service d'ordre est débordé.

Visite aux travaux de la future autostrade, au chantier des galeries du tunnel ; pose de la première pierre d'un pont du Rhône ; des conversations familières s'engagent avec les contremaîtres, les ouvriers.

Le lendemain, dans son allocution à la Chambre de commerce, le Maréchal ébauche le programme de réforme administrative qu'il va proposer. Longue visite à l'hôpital Desgenettes, à l'œuvre centrale des prisonniers, à l'École professionnelle de la métallurgie. Le rythme de la réception s'accélère sur des kilomètres de quais et de rues. À l'approche du départ, l'enthousiasme des Lyonnais atteint le paroxysme. Réclamé par la foule au balcon de la préfecture, le Maréchal souriant lui adresse ses adieux. Dans le dernier trajet des Brotteaux à la gare de Perrache, le long des haies ininterrompues de femmes, d'hommes et d'enfants, c'est la suprême acclamation après deux jours de ferveur collective.

Le Maréchal est de retour à Vichy à 22 heures, droit, calme, comme s'il ne s'était rien passé. Mais, le lendemain dans son bureau de l'Hôtel du Parc, après la réunion d'armistice, il retrouve la Maréchale et quelques membres du Cabinet militaire écoutant la radio. C'est le reportage de la visite lyonnaise. Le Maréchal s'assied : il entend les propos échangés aux chantiers du Rhône et à l'hôpital, il entend ses propres paroles après le chant de la Marseillaise par les apprentis... Il pâlit, ferme les yeux. C'est le dernier écho des journées de Lyon.

Il faut revenir aux soucis du gouvernement.

Hélas ! il n'en manquait pas.

Des informations troublantes sont arrivées de l'Afrique Équatoriale. Après l'échec de sa tentative sur Dakar, le général de Gaulle avait gardé le silence. L'entrevue de Montoire ne pouvait manquer de susciter chez lui de nouvelles manifestations oratoires. Le 27 octobre, il prononce au poste radio de Brazzaville une longue diatribe contre l'organisme sis à Vichy. Mais, alors que les allocutions du mois d'août se bornaient à dénoncer sans arrêt le crime de l'armistice et « la capitulation des vieux généraux vaincus », cette fois le ton change.

Le Maréchal avait commencé son appel du 11 octobre par la phrase : « La France a connu il y a quatre mois l'une des plus grandes défaites de son histoire… » Ce que l'on a appelé le manifeste de Brazzaville débute par ces mots : « La France traverse la plus terrible crise de son histoire… » Affirmant que des milliers de Français ou de sujets français — à l'extérieur de la métropole — ont décidé de continuer la lutte jusqu'à la libération — ce qui était très louable —, l'orateur déclare qu'il n'existait plus de gouvernement français proprement dit, qu'il fallait donc « un pouvoir nouveau » et que les événements lui imposaient le devoir sacré de l'assumer. Sur le moment, ce discours, annonçant la création d'un Conseil de défense de l'Empire et qui devait avoir des conséquences si graves, ne retint pas spécialement l'attention du Maréchal et des ministres ; je n'en ai noté aucun écho. Plus profonde fut l'émotion du gouvernement en apprenant, quelques jours plus tard, l'horreur des drames successifs de Lambaréné, de Libreville et de Port-Gentil, la fin héroïque du sous-marin Poncelet, la lutte fratricide du Bougainville et du Savorgnan-de-Brazza… Ainsi le sang commençait de couler entre frères d'armes, et cette Charte des Français libres, signée le 7 août par Churchill et de Gaulle, où il était affirmé que les engagés ne prendraient jamais les armes contre la France, était déchirée. La douleur du Maréchal fut profonde.

Quand on est séparé par la distance, les événements ne s'ordonnent pas suivant l'échelle réelle de leur importance. D'autres épreuves plus proches accaparaient l'attention du gouvernement. Le sort infligé à la population de Lorraine, après les mesures brutales du *gauleiter* Wagner en Alsace, réclamait une intervention. De prime abord, on ne comprit pas la lutte qui s'engageait contre les familles de langue française, mais, quand on apprit soudain les expulsions massives de ces malheureux et que l'on vit l'arrivée lamentable des trains d'expulsés à la ligne de démarcation, le gouvernement se consacra à cette tâche d'accueil. Les protestations, la preuve apportée des mensonges allemands n'arrivèrent pas à triompher de l'entêtement borné d'un Bürckel.

À la même date, la susceptibilité émotive de Paris était soumise à une nouvelle secousse. Le lundi 11 novembre, pour l'anniversaire de l'armistice, une manifestation de la jeunesse des écoles à l'Arc de Triomphe se heurte à une réaction brutale de la police et des éléments de *Gestapo* présents sur les lieux. Il avait été prescrit que le travail ne serait pas interrompu en raison du deuil de la patrie. Le recteur de l'Université eût été mieux inspiré en autorisant une commémoration intime, à huis clos, au lieu de fermer les portes des Facultés, ce qui eut pour effet de jeter les étudiants et les lycéens dans l'inévitable fermentation du boulevard Saint-Michel. Cette agitation, l'arrestation d'une centaine d'étudiants, la fermeture définitive des Facultés par l'autorité allemande contribuèrent à surexciter les sentiments d'opposition des Parisiens. Comme une loi récente du 28 octobre avait interdit l'audition de la radio britannique dans les lieux publics, rien ne pouvait mieux agir que l'attrait du fruit défendu.

Incompréhension des messages du Maréchal, révolte contre le mot « collaboration » à la suite de Montoire. Des sections de l'institut de France aux classes de l'enseignement secondaire la résistance des intellectuels s'organise. « ... Le mal s'aigrit ; la tête s'éveilla ; Paris se sentit ; il poussa des soupirs ; l'on n'en fit point de cas ; il tomba en frénésie... »

Les ministres qui revenaient de Paris, les visiteurs arrivant à Vichy, ne cessaient d'attirer l'attention du Maréchal sur cette situation. « Le cœur de Paris bat la chamade... » déclarait le colonel Fabry.

La décision est enfin prise. Après leurs tergiversations d'août, de septembre et d'octobre, les autorités allemandes prennent enfin leurs dispositions pour la venue temporaire du Maréchal en zone nord. Les troupes évacuent un quartier de Versailles : l'*Hôtel Trianon-Palace* et ses alentours sont libérés de tout occupant.

Il est prévu que, laissant à Vichy le corps diplomatique et l'organisation principale des trois ministères militaires, ainsi que la majeure partie de l'intérieur et des Colonies, le Maréchal se transportera avec les ministres et le minimum de son secrétariat et de son Cabinet. La date envisagée est le 15 décembre pour une étape d'une vingtaine de jours. Inutile de dire que Pierre Laval avait, dès le début, cherché à freiner cette intention pour conserver une sorte de monopole des liaisons avec Paris.

En face de cette préoccupation à l'égard du bouillonnement des esprits dans la capitale et la région parisienne, il est aisé de comprendre qu'une bien faible attention ait été accordée à un événement qui devait avoir dans la suite une si funeste influence sur le destin de la France.

Le 16 novembre, deux jours avant les émouvantes acclamations de la cité lyonnaise, le général de Gaulle avait lancé de Brazzaville une déclaration organique :

« Au nom du peuple et de l'Empire français,

Vu la loi du 15 février 1872 relative au rôle éventuel des Conseils généraux dans des circonstances exceptionnelles,

Vu les Lois constitutionnelles du 26 février 1875, du 16 juillet 1875…

Vu l'état de guerre existant entre la France et l'Allemagne…

Vu notre prise de pouvoir et la création d'un Conseil de défense de l'Empire par ordonnance en date du 27 octobre 1940… »

C'était sur le plan politique le *pronunciamiento* caractérisé d'un usurpateur, et, du point de vue du principe de légitimité démocratique, une monstruosité.

Infiniment plus grave était la crise latente qui, à l'insu de l'opinion française et tandis que la guerre devait encore durer quatre ans, allait progressivement miner le gouvernement légitime. Dès lors prenait naissance ce drame de la conscience française, la rupture de son unité.

D'admirables officiers de l'armée coloniale, de magnifiques représentants de la France d'outre-mer, une jeunesse brûlant du désir de s'engager allaient confondre leurs aspirations patriotiques avec les manœuvres souvent ténébreuses d'un groupe de conspirateurs. Et, dès lors, le gaullisme, dans lequel les Parisiens ardents et tant de Français entremêlaient leur haine de l'occupant, leurs sympathies britanniques et tous leurs espoirs, allait, de fautes en erreurs, conduire son chemin tortueux et faire perdre successivement à la France quelques-uns des chaînons de ce magnifique domaine d'outre-mer, qu'il avait précisément prétendu sauver.

Quelques jours après Montoire, Pierre Laval avait tenu à associer immédiatement le ministre des Finances et le ministre de la Guerre à des entretiens directs avec les Allemands à Paris. Il voulait matérialiser par des réalités concrètes le nouveau climat de collaboration économique. Mais les premières rencontres se révélaient décevantes.

Tout en reconnaissant que le *Führer* avait parlé et adoptant une attitude de conformité à ses vues, les hommes de la lourde machine des Services économiques, installés à l'*Hôtel Majestic*, maintenaient leurs exigences, leur formalisme étroit et souvent leurs brutales conclusions.

L'attitude à la fois optimiste et impérieuse de Pierre Laval, cherchant par tous moyens à activer les progrès de cette politique nouvelle, se heurta donc dès le début aux réserves prudentes des ministres qui ne voulaient pas s'engager à la légère, ni sans contrepartie.

M. Bouthillier, dans son premier volume du *Drame de Vichy*, M. Peyrouton dans ses souvenirs *Du service public à la prison commune*, M. Paul Baudouin dans son journal, ont noté d'une façon précise ou développé les conditions et les progrès de ce désaccord.

Deux fois sur trois, Pierre Laval n'assiste plus au Conseil des ministres ; il est retenu à Paris par ses tractations avec l'ambassade allemande. Il a eu le 9 novembre un entretien avec Gœring, sur lequel il a communiqué peu de détails. Le ton autoritaire qu'il prend à cette époque, l'attitude ambiguë qu'il garde en face des attaques venimeuses de la presse parisienne contre certains de ses collègues, l'imprudence impulsive avec laquelle il cède des avantages aux Allemands pour, suivant son expression « faire le gentil », créent de jour en jour une atmosphère difficilement supportable.

Ainsi la divergence qui remontait aux derniers jours de l'été n'a fait que s'accentuer. Successivement, les ministres, soudés les uns aux autres par une discipline spontanée de défense, viennent signaler au Maréchal la gravité de la situation. C'est Alibert et Peyrouton venant dépeindre les progrès de l'opposition au gouvernement dans la région parisienne et la nervosité de Paris. C'est Paul Bau-

Chapitre VI

douin montrant les dangers de cet essai de collaboration dirigé par un homme qui ne jouit pas de la confiance du pays. C'est le général Huntziger inquiet de l'orientation que prennent les contacts avec les représentants de la *Wehrmacht*. C'est enfin Yves Bouthillier déclarant inadmissible la conduite de Pierre Laval dans la question de la cession de l'avoir français dans les mines yougoslaves de Bor et son adhésion gratuite à la thèse allemande pour la livraison de l'or belge confié à la France.

Le Maréchal conservait son calme au milieu de tous ces remous.

Lorsqu'après un Conseil des ministres particulièrement chargé il descendait pour dîner en récapitulant le nombre d'affaires expédiées, il avait en se mettant à table un geste familier, toujours le même. Il passait lentement sa main droite sur le front, de gauche à droite, comme pour chasser les préoccupations et pouvoir jouir d'un moment de répit : « Allons, disait-il, n'y pensons plus… À chaque jour suffit sa peine. » Le geste de l'ouvrier à la mise bas de l'ouvrage, du cultivateur au bout du dernier sillon de la journée.

Il y avait, d'autre part, une étrange opposition entre les récits des agitations de la zone nord et la manifestation périodique de l'enthousiasme fidèle des populations de la zone non occupée. Terrible conséquence de cette ligne de fracture, séparant les deux régions.

Le 2 décembre, au soir, le Maréchal quitte Vichy pour se rendre en Provence. Au matin du 3, un court arrêt en Arles. Dans une demi-lumière, voilée par la brume, le chef des gardians offre au Maréchal la corde qui attache les chevaux en Camargue « symbole de leur attachement à la France et à sa personne » ainsi qu'un trident d'honneur [1].

L'accueil de Marseille fut un émerveillement. Le déferlement des acclamations de la foule, dès le grand escalier de la gare Saint-Charles et le long des allées de Meilhan, le bon ordre du peuple marseillais, massé tout au long des avenues, étaient impressionnants. Quinze mille anciens combattants de la cité et de la région acclament le Maréchal quand il paraît au balcon de la préfecture. Puis c'est l'hommage aux morts de l'armée d'Orient, devant le monument, la grande porte ouverte sur la Méditerranée, vers l'outre-

---

1 Le trident restera posé contre le mur de l'antichambre du Maréchal en guise de hallebarde pour chasser les importuns. M. Brochier, le digne huissier du Chef de l'État, n'eut pas à s'en servir.

mer. C'est la revue des troupes sur le quai des Belges, la visite aux grands blessés de l'hôpital militaire, enfin, sous un soleil éclatant, dans une féerie de couleurs, le Maréchal arrivant sur le parvis de la Major.

Le 4 décembre fut la journée de Toulon. L'accueil de la ville fut touchant de spontanéité affectueuse. L'arrivée du cortège officiel en vedettes devant l'imposante rangée des Forces de haute mer, amarrées aux appontements de l'arsenal, marqua une minute émouvante. Lors de l'inspection du *Strasbourg* le Maréchal prononça une courte allocution, très simple, mais qui alla au cœur des marins.

C'est au retour de ce beau voyage, dans le trajet de Toulon à Marseille, que le Maréchal, au cours d'un long entretien avec M. Bouthillier, admit le principe du congédiement de Pierre Laval et l'idée de confier le portefeuille des Affaires étrangères à M. Pierre-Étienne Flandin.

Ainsi allait prendre fin — et l'on ne pouvait imaginer que ce ne serait que pour un temps — cette association du grand soldat et de l'homme politique, destiné à affronter courageusement une mort affreuse, exigée par des juges indignes. Au commencement il y avait eu, entre eux, sympathie et même confiance. Le Maréchal, qui s'était tenu toujours en dehors de la politique, avait besoin d'un auxiliaire dans ce domaine. Il avait conservé le souvenir d'une parole qui fut citée, lors du procès du Maréchal, par le commandant Loustaunau-Lacau. Elle avait été dite au Maréchal par le président Doumergue en 1934, au cours d'un aparté, pendant une réception au Quai d'Orsay : « La République est pourrie... Ils n'ont plus personne... mais... » lui montrant Pierre Laval : « ... à la rigueur... il y a encore celui-là... ». À Bordeaux, en juin, il avait apprécié son énergie patriotique, au milieu du groupe des parlementaires, qui se refusaient à quitter le sol de la patrie. À Vichy il avait admiré le sang-froid et l'adresse politique de celui dont Anatole de Monzie écrivit dans la suite que « ses harangues aux suicidés du Parlement avaient été des merveilles de netteté logique, de bonhomie prometteuse et de mépris confraternel ». Enfin le Maréchal n'avait pu manquer d'apprécier l'expérience d'un homme qui, depuis 1925, avait appartenu à la plupart des formations ministérielles — quatorze fois ministre, trois fois président du Conseil. Il avait d'ailleurs

Chapitre VI

été son collègue au cours des neuf mois du gouvernement du président Doumergue.

Mais, dans la suite, ayant consenti à lui abandonner le soin de la majeure partie des négociations avec l'autorité occupante, il s'était inquiété de la désapprobation du général Weygand, de celle de MM. Bouthillier et Baudouin. La méthode de travail de Pierre Laval se heurtait à toute idée de conjugaison des efforts au sein d'une équipe ministérielle harmonieusement liée. À aucun prix il ne consentait à prendre connaissance d'un rapport ou d'une étude quelconque, si concis qu'ils fussent. Sa mésestime à l'égard du travail des services administratifs était difficilement admissible.

Le Maréchal a toujours été un chef qui se lassait vite des hommes quand il en venait à constater leurs limites. Et d'autre part, comme nous l'avons dit, Pierre Laval s'était mépris sur la signification des silences du Maréchal, qui cachaient une méditation toujours en éveil et la vigueur sous-jacente d'une volonté.

À la longue, l'opposition des deux caractères s'est accentuée. Ils ne parlaient pas la même langue. Une certaine outrance d'expression chez Pierre Laval a souvent choqué. Un jour, au cours d'une promenade, où nous avions parlé de tout autre sujet, après un silence de cinq minutes, le Maréchal m'a dit soudain : « Ce qu'il y a de décourageant avec M. Laval, c'est sa méconnaissance des valeurs spirituelles. »

Bref, il faudra désormais peu de choses pour emporter la décision finale, assurément lourde de conséquences, et pour amener la crise à son point d'éclatement. Jusqu'au dernier moment, le Maréchal temporisera pour choisir le biais par où il espère provoquer le moins de dégâts. La cause déterminante fut avant tout, comme l'a fortement marqué M. Peyrouton, ce début de négociations franco-allemandes, inspirées par Pierre Laval, dont l'une tendait, sous pression de la *Wehrmacht*, à une intervention militaire pour reconquérir la région du lac Tchad. Or le Maréchal s'interdisait tout ce qui aurait pu troubler la trêve intervenue avec les Britanniques, grâce au projet d'accord de M. Rougier, officiellement confirmé par l'échange de correspondance entre M. Jacques Chevalier et lord Halifax. Le général Huntziger n'avait pas cessé de montrer les dangers de l'engrenage où l'on cherchait à nous faire entrer.

Soudain le mercredi 11 décembre, alors que tous les préparatifs du déplacement du Maréchal et des ministres à Versailles étaient au point, M. de Brinon fait connaître que l'ambassade préfère que le Maréchal ne soit accompagné que de quelques membres de son Cabinet militaire. Et dans l'après-midi survient l'annonce ahurissante du transfert imminent des cendres du roi de Rome aux Invalides. Il était demandé que le Maréchal fût présent à Paris le samedi 14 pour accueillir le cercueil, lors d'une cérémonie purement française à l'intérieur des grilles.

La soudaineté de cette proposition, le caractère suspect du refus opposé à la présence des ministres ne manquent pas d'inspirer à l'entourage du Maréchal une juste méfiance, et le Maréchal en convient. Or, à deux reprises, dans les premiers jours de décembre Pierre Laval avait signifié à Paul Baudouin son dépit de ne pas pouvoir gouverner plus efficacement, son désir d'avoir les coudées plus franches. Son idée était de se faire nommer chef du gouvernement, le Maréchal gardant les attributions de Chef de l'État. De là à nous faire redouter qu'une semblable pression fût exercée sur le Maréchal, à Paris, hors la présence de ses ministres, il n'y avait qu'un pas.

Les détails de cette journée du 13 décembre sont bien connus par les récits de MM. Baudouin, Bouthillier et Peyrouton, par celui de Pierre Laval lui-même au procès du Maréchal et par un chapitre entier du livre de Labarthète. Je me borne à rapporter le détail suivant.

Le 13, vers 12 h. 30, le Maréchal m'entraîne sur les bords de l'Allier, pour faire quelques pas avant le déjeuner. Il me confirme qu'il est résolu à se séparer du vice-président le jour même. En quittant l'*Hôtel du Parc*, nous avions croisé Pierre Laval et Fernand de Brinon, arrivés à l'instant de Paris et désireux d'avoir avec le Maréchal un entretien sans tarder. Celui-ci est reporté au début de l'après-midi.

Je n'ai pas assisté aux conversations avec Brinon et avec Pierre Laval. D'après ce qui me fut dit le jour même, le Maréchal a semblé, sur le moment, consentir à se rendre à Paris. Voulut-il sonder une dernière fois les intentions du vice-président au sujet de la cérémonie projetée sous le dôme des Invalides ? Songea-t-il, s'attendant à la réaction des ministres, à lui donner le change avant de prendre une décision grave ?

Chapitre VII

Quoi qu'il en soit, l'alerte était donnée. Les ministres vinrent à 16 heures, dans le bureau du Maréchal, régler sans retour les conditions dans lesquelles allait s'accomplir le départ du vice-président.

Le Conseil de Cabinet, normalement prévu, se déroula comme à l'ordinaire de 17 heures à 18 h. 45. Les dés étaient jetés. Ainsi survint ce Conseil des ministres, convoqué inopinément à 20 heures, où fut prononcé le congédiement de Pierre Laval, le Maréchal se bornant, en définitive, à lui dire : « Vous n'avez pas la confiance du peuple français et vous n'avez plus la mienne. »

En descendant, un quart d'heure plus tard pour dîner, le Maréchal était un peu pâle, mais très calme. On parla d'autre chose. Mais la journée n'était pas terminée. Diverses dispositions furent prises : M. Laval fut conduit à sa résidence de Chateldon. Les communications téléphoniques étaient suspendues ; les trains se dirigeant sur Paris furent déroutés. Ce ne fut qu'au cours de la nuit, vers 3 heures, qu'un appel impératif de Paris nous parvint. L'ambassade allemande demandait des explications [1].

Chapitre VII : EN QUARANTAINE. LA DÉSIGNATION DE L'AMIRAL DARLAN

Le 14 décembre s'écoula dans la confusion des communications téléphoniques échangées entre l'*Hôtel du Parc* et Paris. Le général de La Laurencie, délégué général du gouvernement, transmettait une à une les réactions successives de l'ambassade allemande, où se mêlaient l'arrestation de Marcel Déat, la surprise en face de la modification de l'Acte constitutionnel n° 4, la cérémonie du roi de Rome et la requête urgente réclamant la présence du Maréchal à Paris. Finalement l'amiral Darlan et le général Laure reçoivent l'ordre de se rendre dans la capitale pour représenter le Maréchal lors de l'arrivée du lourd cercueil à l'hôtel des Invalides.

Après la cérémonie française qui se déroule à la chapelle Saint-Louis, c'est par les deux envoyés qu'Abetz recevra les premières explications le dimanche 15. L'amiral Darlan eut le lendemain avec Abetz un nouvel entretien, sur lequel nous aurons l'occasion de revenir. Tout se résume en l'annonce de l'arrivée imminente de

[1] Un correspondant de presse pro-allemand avait réussi, malgré les barrages, à se rendre à Moulins et à transmettre des informations à l'ambassade.

l'ambassadeur allemand pour le lundi soir à Vichy.

On se rappelle l'âpre discussion qui eut lieu ce mardi matin 17 décembre, dans le grand bureau du Maréchal au Pavillon Sévigné. Le Maréchal a prié Darlan de l'assister pour entendre ce que viennent exiger Abetz et Achenbach. Durant les quelques instants où je fus appelé, avant l'arrivée de Pierre Laval, je voyais le Maréchal, laissant de préférence la parole à l'amiral Darlan, observer de toute son attention les réactions des deux Allemands. Le ton monta quand le vice-président vint les rejoindre. Pierre Laval, ordinairement si maître de ses nerfs, se laissa aller devant les deux nazis à des invectives à l'égard du Chef de l'État, si violentes qu'elles permirent dans la suite de maintenir un refus définitif à la pression faite pour le rappeler au gouvernement. La phrase impie qui lui a échappé : « Je suis heureux d'avoir des amis allemands pour venir me délivrer, quand j'ai été trahi par les Français », l'a placé définitivement dans son tort. Et, en fin de compte, Hitler n'osera plus insister.

Le Maréchal, s'appuyant sur la fermeté de ses ministres et réconforté par l'arrivée de M. Flandin, cherchait avec patience le moyen de se tirer du mauvais pas où il avait bien fallu s'engager coûte que coûte. J'ai noté ses paroles en ouvrant le Conseil des ministres, à 15 heures, dans l'après-midi, après le déjeuner glacial auquel Abetz et Achenbach avaient finalement consenti à assister :

« J'ai eu un tort avec M. Laval. Je le confesse. C'est la faute de mon caractère temporisateur. Quand il a déraillé, j'ai attendu. J'escomptais toujours un fait capital, qu'il me promettait sans cesse, pour nos prisonniers, pour les frais d'occupation, pour les Alsaciens et les Lorrains. Si j'avais fait mon intervention plus tôt, il aurait été plus prudent. Quoi qu'il en soit, nous voici en face d'un ultimatum. Je ne veux pas prendre ma décision tout seul. »

La réponse unanime est de chercher à gagner du temps, de vérifier si Abetz n'agit pas de son propre mouvement, enfin de céder sur certains points pour éviter la rupture.

Finalement au cours de la soirée les exigences allemandes se réduisent à trois : constitution provisoire d'un Directoire — Darlan, Flandin, Huntziger —, remplacement de quatre ministres estimés indésirables — Peyrouton, Alibert, Caziot et Belin —, remplacement immédiat du général de La Laurencie à Paris, pour lui faire payer l'arrestation de Marcel Déat. La première et la troisième exigence sont acceptées ; la deuxième refusée, mais sous réserve d'une enquête. Le Maréchal admettait d'examiner dans quelle mesure les critiques faites par l'ambassade à l'endroit de ses ministres justifiaient de considérer leur éloignement comme utile au maintien des relations franco-allemandes. Mais le retour de Pierre Laval au sein du gouvernement restait exigible, en raison de l'affront personnel fait à Hitler en écartant l'homme d'État avec lequel il avait conféré à Montoire.

Après le départ d'Abetz, le gouvernement est pratiquement mis en quarantaine. Un décret signé le 19 décembre donne naissance au Comité directeur. Les journées du 22 et du 23 sont consacrées à la rédaction de la lettre adressée par le Maréchal au Chancelier dans l'espoir de mettre fin au désaccord sans perdre de terrain. M. Pierre-Étienne Flandin en assouplit les divers paragraphes.

Son début ne laisse pas de provoquer une vive surprise chez certains qui ignoraient encore les intentions du Maréchal :

« Vichy, le 23 décembre 1940.
Monsieur le Chancelier du Reich,
J'ai chargé l'amiral de la flotte Darlan, à qui je viens de confier la présidence du Comité directeur de mon gouvernement, et qui, dans mon esprit doit me succéder si je venais à disparaître, de porter cette lettre personnelle à Votre Excellence. Je tiens, en effet, à ce que soient dissipés tous les malentendus, s'il en existe, qui auraient pu s'élever entre nous à l'occasion du dernier remaniement de mon gouvernement... »

Suivait un long développement, signifiant que, malgré les services qu'il avait rendus, Pierre Laval, dont l'esprit d'indépendance et les méthodes de travail étaient critiquables, ne pouvait rester dans un Cabinet, sur lequel le Maréchal entendait bien exercer une autorité réelle.

L'amiral Darlan quitta Vichy le 24 décembre, ayant obtenu un *ausweis* pour franchir la ligne ; les nombreuses communications avec M. de Brinon, devenu sur la suggestion des Allemands et par une singulière ironie des choses, le délégué général à Paris, avaient finalement obtenu qu'il pût se rendre auprès du Chancelier.

L'entrevue eut lieu le jour de Noël près de Ferrière-sur-Epte au sud de Beauvais, dans le wagon-salon de Hitler, garé à la petite station de La Boissière-le-Déluge.

Comme le rapporte Paul Schmidt, interprète attitré des grandes rencontres, Hitler n'était pas du tout « en humeur de Noël ». Au surplus, la voiture-pilote qui guidait celle dans laquelle se trouvait l'amiral en compagnie du ténébreux Achenbach, fit une erreur de route à l'approche de Beauvais, ce qui causa un retard appréciable. L'amiral eut donc à affronter un Hitler vitupérant contre le vieux Maréchal, victime d'un entourage hostile et qui lui avait fait l'affront de refuser d'assister à l'arrivée des cendres du duc de Reichstadt. Et pour quelles raisons ? « Il avait craint de voir les Allemands saisir l'occasion pour le "kidnapper" ». « C'est une infamie gratuite (*badenlose ehrlosigkeit*) de m'attribuer de pareils desseins ! hurlait Hitler, fou de rage, alors que je me croyais si généreux pour la France par ce geste [1] ! »

Il parcourut rapidement la lettre du Maréchal, en la traitant de « louche ». Darlan eut à peine le temps de placer deux ou trois phrases. Il fit valoir qu'avant de connaître les conditions d'armistice il s'était demandé s'il coulerait la flotte ou la mettrait à la disposition des Anglais. Quand il en avait connu les dispositions, il avait compris que la France avait encore un rôle à jouer en Europe et s'était décidé à suivre le Maréchal en toute discipline. Paul Schmidt a noté que l'amiral ne dissimulait pas sa défiance à l'égard des Anglais.

Hitler mit fin brusquement à l'entretien : il attendait d'ailleurs une importante réunion de généraux.

Retenons dans les notes rapportées par Darlan la menace finale du Chancelier :

« Je déclare solennellement que je tente cette politique de collaboration pour la dernière fois. Si la France ne comprend pas la portée de mon geste, la leçon qu'elle a reçue et qui a conduit son

---
[1] Hitler avait quelque raison d'être furieux. L'expression de « guet-apens » que certains avaient employée signifiait seulement que l'on avait redouté que le Maréchal, privé de ses conseillers à Paris, renonçât à la présidence du Conseil sous la pression d'un ultimatum.

gouvernement à Vichy ne serait que peu de chose au regard de ce qui adviendrait. »

Et Paul Schmidt termine sa relation de l'entrevue par les lignes suivantes :

« Je rentrai en voiture avec l'amiral et constatai, non sans une certaine satisfaction intime, que toute la scène avait glissé sur le créateur de la marine française moderne, exactement comme un paquet de mer sur le "ciré" d'un vieux loup de mer. Tout souriant, il me raconta pendant le retour les histoires les plus drôles, tout à fait comme s'il ne s'était rien passé. Cette insouciance m'en imposa. »

Quand l'amiral revint à Vichy et rendit compte de sa mission, il fut clair que c'était lui qui serait chargé de poursuivre la négociation. Ce fut, en effet, au cours de ces journées troublées, que le Maréchal tourné vers l'avenir prit la décision de se décharger d'une part de ses activités sur celui de ses ministres auquel il avait songé de longue date.

C'était le chef militaire appuyé sur une force réelle, la flotte, laquelle matérialisait le lien unissant la métropole à la France d'outre-mer, la flotte qui avait été le pivot de la Convention d'armistice. Ce choix, cette préférence remontaient au début de 1940, quand le Maréchal, encore ambassadeur à Madrid, était venu au milieu d'avril inspecter discrètement sur la demande du président Paul Reynaud les quartiers généraux des forces de terre, de mer et de l'air. À ce moment la grave question du « limogeage » du général Gamelin se posait dans l'esprit du président du Conseil. Après avoir fait une visite tant à Vincennes qu'à La Ferté-sous-Jouarre ainsi qu'au point Z, quartier général de l'air, le Maréchal s'était rendu à Maintenon. Il avait inspecté en détail le G.Q.G. des forces maritimes, installé dans des baraques démontables sous les arbres centenaires du domaine des ducs de Noailles.

Pourquoi avait-on choisi Maintenon pour y planter le « Central opérations » de la marine, à 100 kilomètres de Paris, dans l'ouest ? Parce que, signale l'amiral Auphan dans son beau livre *La Lutte pour la vie*, là se trouvaient les boîtes de jonction des grands câbles souterrains reliant Paris aux régions maritimes de l'ouest. La transmission des ordres aux ports et aux stations radio de la marine était instantanée.

Le Maréchal avait admiré la parfaite organisation du quartier général, à la fois rustique et ultramoderne, donnant une forte impression d'ordre et de calme, comme à bord. De ce petit coin du pays chartrain, on correspondait par téléscripteurs avec Dunkerque, Cherbourg et Brest comme avec Marseille et Toulon. On obtenait dans un temps minimum une réponse de Fort-de-France, de Dakar ou de Saïgon. On parlait par fil direct avec l'Amirauté britannique à Londres. On manipulait à distance le grand poste de Nantes sur grandes ondes, et pour les ondes moyennes ou courtes l'émission était directe. Par exemple, un ordre de déroutement adressé à un convoi au milieu de l'Atlantique, lors de l'approche d'un sous-marin ennemi, fut une fois exécuté moins de dix minutes après que l'Auphan, sous-chef d'état-major chargé des opérations, en avait pris la décision dans son bureau. Avec cela on pouvait faire la guerre.

Le Maréchal, à la fin de sa visite, n'avait pas dissimulé à Darlan son réconfort de découvrir une réalisation technique aussi parfaite et lui avait fait compliment d'avoir l'honneur de commander des forces qui paraissaient prêtes à toute éventualité.

D'ailleurs, depuis 1918, au cours de l'après-guerre, le Maréchal avait suivi des yeux l'activité de la Marine dans ses efforts persévérants de renaissance. En diverses circonstances, durant les travaux du Conseil supérieur de la Défense nationale, au cours de son inspection des côtes en 1922 en compagnie de l'amiral Lacaze, alors que la Guerre cédait à la Marine la responsabilité de la défense côtière, en 1931 lors de son voyage aux États-Unis, il avait pris contact avec les marins. Il avait observé le vote régulier des tranches du programme naval, la modernisation du matériel, la solidité des cadres de spécialistes. Il appréciait la discipline et la bonne tenue des équipages, la technicité des officiers, l'équilibre du haut commandement.

Dès lors, dans l'esprit du Maréchal, ce n'était que justice de reporter une large part de cette œuvre sur celui qui, entre ses commandements à la mer, avait occupé, rue Royale, des postes importants,

Chapitre VII

auprès des ministres successifs et s'était trouvé en 1939 le commandant en chef des forces maritimes.

Il repassa par Maintenon le 5 mai, au cours d'une visite inopinée. C'est ce jour-là qu'il dit à Darlan : « Il faudra nous épauler les uns les autres. Je compte sur vous. » Le 11 juin, au G.Q.G. de Briare, le Maréchal prend Darlan dans sa voiture pour se rendre à la résidence du général Weygand. « Il me déclare, rapporte l'amiral, qu'il faut un gouvernement d'autorité, une sorte de consulat et que, *s'il est consulté* sur le choix d'un premier consul, il me désignera parce que j'ai mené mon affaire avec intelligence et autorité. »

Les événements avaient cheminé depuis ces dates de mai et de juin. Et la pensée du Maréchal, toujours en avance sur l'instant présent, avait cherché à poser sur l'avenir les jalons de sa méditation.

Lorsque la minute de la lettre du 23 décembre provoqua l'étonnement des premiers qui en eurent connaissance (« l'amiral… qui doit me succéder si je venais à disparaître ») je fus certes un des moins surpris. En effet, dix jours auparavant, un avertissement inopiné m'avait ouvert les yeux. Le 13 décembre, au soir, quelques minutes après le congédiement de Pierre Laval, alors que le Maréchal suivi de Paul Baudouin quittait la pièce 123 pour se retirer dans son bureau, M. Bouthillier se tournant vers ses collègues qui restaient debout, graves et songeurs, s'était écrié : « Et maintenant, coude à coude, tous derrière l'amiral ! » En effet, Yves Bouthillier était le premier à qui le Maréchal eût fait part de son intention, avant même que M. P.-E. Flandin eût refusé d'assumer la vice-présidence du Conseil.

Il faut noter que le Maréchal avait attendu son heure avant de dévoiler son projet. Rien jusqu'à ce jour ne l'avait laissé soupçonner. Dans le Cabinet du 12 juillet, Darlan, qui était le garant de la parole d'honneur donnée aux ministres britanniques, n'était que secrétaire d'État sous la haute autorité du général Weygand, ministre de la Défense nationale, après avoir eu le titre de ministre dans le Cabinet du 17 juin à Bordeaux. Lors du remaniement du 6 septembre, dans cet essai de concentration des portefeuilles, Darlan reprenait le rang de ministre de la Marine et devait orienter de haut le secrétaire d'État de l'Aviation. Le général Bergeret s'était rangé à son côté, d'abord inquiet de cette apparence de subordination, puis rapidement rassuré par l'initiative totale que Darlan n'hésitait pas à lui laisser. Le Maréchal avait même songé un moment à placer entre les mains de l'amiral les attributions générales du ministère de la Défense nationale ; par prudence il y avait renoncé, laissant la direction des services d'armistice et divers services annexes aux soins du général Huntziger.

Le 14 décembre, avant de rendre officielle sa décision finale, le Maréchal offre la vice-présidence du Conseil à M. Pierre-Étienne Flandin. Celui-ci se récuse, tout en acceptant la succession de Laval limitée aux Affaires étrangères, puisque la notification en a déjà été faite, sans qu'il ait été d'ailleurs consulté. Pour la vice-présidence, M. Flandin ne se sentait pas en pouvoir de l'assumer, n'étant pas d'accord sur la politique générale intérieure suivie jusqu'à ce jour. C'était donc à l'amiral Darlan que devait être confiée la présidence du Comité directeur. Était-ce judicieux ? Sur le moment j'en ai douté pour les raisons que j'exposerai plus loin.

* * *

Après l'entrevue de l'amiral Darlan avec Hitler, le silence s'était fait autour du gouvernement. Le Chancelier avait dit qu'il adresserait à bref délai sa réponse à la lettre du Maréchal. Depuis le 18 décembre, l'interdiction de franchir la ligne de démarcation avait été signifiée aux ministres ; trois jours après elle sera étendue à tout homme entre dix-huit et quarante-cinq ans.

L'année 1940 prenait fin dans une situation bien trouble. À nouveau le destin de la France se trouvait en suspens.

L'hiver était rude, Vichy enseveli sous la neige. Certains ont conservé un souvenir lumineux de cette période. « Journées glacées, mais pures » où l'on se félicite de la décision énergique qui venait de nous arrêter sur une pente dangereuse. Nous apprenions que le prestige du Maréchal avait considérablement rebondi en zone occupée. Et cela remédiait heureusement à la déconvenue résultant de l'annulation de la venue du Maréchal à Versailles.

Pour rompre le silence, dans trois derniers messages le Maréchal avait dit tous les mots qui pouvaient inspirer courage, confiance et don de soi. « À la jeunesse de France » le 29 décembre, dans ses souhaits pour l'année nouvelle le 31, et auparavant la veille de

Chapitre VII

Noël. « Mes chers amis, il n'est pas encore minuit. Mais déjà beaucoup d'entre vous veillent, comme ils veillaient au cours des années heureuses. Je viens leur tenir compagnie… »

Les jours passent.

Le Comité directeur expédie sans relâche les affaires courantes. Son travail s'organise. Le fonctionnement suivant est adopté : le Comité prépare les directives de l'action gouvernementale et les soumet à l'approbation du Maréchal ; lorsque celui-ci l'a donnée, les directives sont transmises aux secrétaires d'État en Conseil de Cabinet. Les textes législatifs ou réglementaires une fois établis, le Conseil des ministres en délibère.

Une telle méthode eût été susceptible de produire d'heureux résultats, si les attributions des trois personnes de ce triumvirat avaient pu être harmonieusement établies. Par sa distribution hiérarchisée, elle répondait à la conception personnelle du Maréchal. Mais la tâche du président Flandin n'était pas facile. On sentait combien sa position était délicate en face des deux ministres militaires et du Maréchal. En particulier, le rôle de M. Paul Baudouin, comme ministre secrétaire d'État à la présidence du Conseil se trouvait en porte à faux. M. Flandin exprima le désir de remettre de l'ordre dans l'information, qu'il estimait avoir été négligée par Pierre Laval ; à son avis, elle devait dépendre des Affaires étrangères. M. Baudouin, qui en était chargé depuis le 13 décembre, adressa sa démission au Maréchal. C'est un premier départ.

Le 7 janvier, la remise des lettres de créance de l'amiral Leahy, nouvel ambassadeur des États-Unis, fit une heureuse diversion aux soucis de l'heure. L'amiral apportait au Maréchal une lettre profondément amicale du président Roosevelt.

Entre temps, arrivaient de Paris, jour après jour, des émissaires officieux, Scapini, Alphonse de Chateaubriant, Benoist-Méchin, Abel Bonnard, d'autres encore, apportant des nouvelles pessimistes. Ils prédisaient des réactions d'une exceptionnelle gravité de la part des autorités occupantes, si M. Laval n'était pas rappelé au gouvernement. La presse pro-allemande de Paris avait déclenché contre « la clique de Vichy » une campagne d'une violence extrême.

Pour réagir sur l'opinion, en l'éclairant, le gouvernement poussait de manière active le projet comportant la création d'une Assemblée consultative, dont on avait, sur la suggestion de M. Flandin, souligné l'utilité dès le lendemain du 13 décembre. Assemblée consultative groupant les élites nationales, politiques et professionnelles, en mesure de donner des avis de compétence tout en évitant les débats de caractère politique. La loi créant un Conseil national sera publiée le 24 janvier. Brusquement, le 18, sans consulter son ministre des Affaires étrangères, le Maréchal se rendit en secret dans les environs de Vichy, à la petite gare de La Ferté-Hauterive, pour avoir un entretien avec Pierre Laval.

En cette occasion, le Maréchal avait-il été particulièrement ému par quelque pronostic sombre de l'un des divers émissaires ? Ou fut-il persuadé par Jacques Benoist-Méchin qu'il fallait à tout prix faire une concession ? Mystère. Eut-il, ainsi que je le crois, un scrupule d'honnête homme à l'égard de la rancune que Pierre Laval pouvait conserver à son endroit du fait de son congédiement, ou la prévision subtile qu'en cas de circonstance très grave il y aurait bénéfice à garder de son côté un homme dont il ne mettait pas le patriotisme en doute ? C'est possible.

Je n'ai pas tardé, aux côtés du Maréchal, à me convaincre qu'il était inutile de chercher à connaître sa pensée intime, quand il entendait la garder pour lui.

À la suite de l'entrevue, Pierre Laval fit publier un communiqué tendancieux, parlant d'« un long entretien au cours duquel les malentendus avaient été dissipés ».

M. Flandin n'hésita pas. Pour le maintien de l'autorité du Maréchal, pour la sauvegarde de son prestige vis-à-vis de l'étranger, le rappel de Pierre Laval n'était pas admissible. Il connaissait le résumé des paroles dites au cours de l'entretien, rédigé par du Moulin de Labarthète. Il fit devant les journalistes, y compris les correspondants étrangers, une courte conférence de presse, où il affirma la volonté inébranlable du Maréchal de ne pas rappeler M. Laval, pour le moment.

Les jours passèrent.

Périodiquement l'annonce de l'envoi prochain de la réponse du Chancelier était transmise en provenance de l'ambassade. Mais, en même temps, il était fait allusion à de graves mesures de coercition

Chapitre VII

si le gouvernement ne se soumettait pas. L'amiral Darlan escomptait que vers le 25 janvier, la période de quarantaine arriverait à expiration.

Les derniers jours de janvier s'écoulent. On attend toujours la lettre de Hitler. Elle ne viendra jamais.

Au reste, M. Flandin ne se faisait pas d'illusions. Quant à lui, il restait très ferme sur la position que le Maréchal ne pouvait admettre d'aucune manière que le libre choix de ses ministres lui fût disputé. En revanche, l'amiral Darlan et le général Huntziger, associés depuis plus longtemps aux préoccupations du Maréchal, touchant la nécessité de faire vivre le pays, d'éviter une crise du ravitaillement, de rendre des forces à la France, penchaient vers une attitude moins raidie.

Comme suite à l'engagement qu'il avait mentionné dans sa lettre à Hitler, le Maréchal consent le 27 janvier au remplacement de son ministre de la Justice par M. Joseph Barthélémy. Plein d'amertume, M. Alibert s'éloigne : deuxième départ.

Enfin le 2 février, après de longs pourparlers téléphoniques demandant le passage, l'amiral Darlan est autorisé à se rendre à Paris. Il était bien décidé à tout employer pour éviter le retour de Pierre Laval à un poste quelconque. Au Conseil des ministres, le 5 février, après son retour, malgré l'intervention énergique de M. Flandin, critiquant toute négociation relative au choix des ministres, le Maréchal se montra décidé à transiger pour sortir enfin de l'impasse.

L'amiral Darlan retourna à Paris afin de poursuivre cette négociation : elle devait aboutir le 23 février. Le 9, M. Flandin avait remis sa démission au Maréchal et le 10, le *Journal officiel* publiait l'Acte constitutionnel n° 4 *quater* attribuant à l'amiral Darlan la suppléance éventuelle et la succession du Maréchal en cas de décès.

Quelques jours plus tard, M. Peyrouton, trouvant amer d'avoir à supporter l'apparence de mise en tutelle imposée à son département, demandera à son tour au Maréchal de lui rendre la liberté.

Ainsi se terminait la crise qui avait été ouverte à une date que, dans toute la suite, Hitler, Gœring, Ribbentrop et la *Wilhelmstrasse* considérèrent comme funeste à leurs desseins. *Dreizehn Dezember* !

Il est néanmoins très fâcheux que l'on n'ait pas poursuivi cette expérience du Comité directeur et amélioré le rendement de ce triumvirat. Il eût fallu que les caractères de ses membres se fussent mieux pénétrés l'un l'autre et qu'une mutuelle sympathie se fût affirmée pour le bien de la grande tâche à accomplir. L'expérience de l'homme d'État qu'était M. Flandin eût été précieuse au Maréchal tant en matière de politique extérieure que pour l'éclairer sur les réactions de l'opinion dans les milieux locaux. Elle eût tempéré ou nuancé les réactions simplificatrices de l'amiral Darlan. Elle eût aidé le général Huntziger dans ses efforts pour constituer et affermir l'armée de l'armistice.

Malheureusement il n'y eut jamais au cours de ces huit semaines un rapprochement d'esprit suffisant entre le Maréchal et M. Flandin. Ils restèrent l'un et l'autre prisonniers de leur appartenance. Les deux caractères ne réussirent pas à cimenter une amitié. Ainsi s'explique la mutuelle réserve qui plana sur leurs relations. M. Flandin ne put prendre son parti d'une sorte de dissimulation et de méfiance du Maréchal à son égard.

Du fait de l'éloignement de la politique où il s'était tenu, il y avait déséquilibre entre le comportement du Maréchal et la formation de son nouveau ministre des Affaires étrangères. Sous-secrétaire d'État à trente et un ans, Pierre-Étienne Flandin avait appartenu à treize Cabinets ministériels. Après avoir été le collègue du Maréchal pendant les neuf mois du gouvernement Doumergue, il était devenu président du Conseil en fin 1934. Par son ascendance et son milieu familial, comme président de l'Alliance démocratique, comme leader de l'opposition dans la législature de 1936, il était l'un des hommes les plus considérables de la période s'étendant de 1918 à 1939. Ce fut grand dommage que le Maréchal n'ait pas consenti à atténuer en sa faveur le jugement sévère, la méfiance globale qu'il gardait à l'endroit des parlementaires. À ses yeux « ils avaient mal conduit leur affaire ; ils s'étaient révélés incapables de redresser l'esprit public ; c'était leurs faiblesses et leurs erreurs qui avaient conduit la France au point où nous étions tombés ».

À la fin de janvier, quand fut publiée la liste des membres du Conseil national, ému par les critiques acerbes et les railleries jalouses qui se manifestèrent alors, le Maréchal portera une appréciation sévère et un peu injuste sur la part que son ministre avait prise à ces désignations. « Par la faute de M. Flandin, dira-t-il, on

Chapitre VII

a complètement déformé ma pensée. » C'était la réaction excessive d'un militaire à l'adresse du Parlement des vingt dernières années de la IIIe République.

Portant un jugement sur la courte période qui vient de s'écouler, M. Yves Bouthillier, dont il faut relire les derniers chapitres, pleins de justesse, dans le premier volume du *Drame de Vichy*, s'exprime ainsi :

« La formule du Directoire n'eût pas été mauvaise. Elle aurait, en durant, donné au Maréchal un instrument à gouverner solide, réfléchi et souple, où le coup d'œil de l'homme de guerre chez Darlan se fût allié à l'extrême maîtrise de l'homme d'État chez Flandin. Avec le temps chacun prend sa place. Sans le temps, les improvisations succèdent aux discontinuités et personne ne trouve jamais la sienne. La funeste journée de la Ferté-Hauterive, en obligeant le président Flandin à se compromettre sans rémission aux yeux de Ribbentrop et de Hitler, tua le Directoire. Le Maréchal ne pouvait plus songer qu'à Darlan. »

*
* *

Beaucoup se sont trompés touchant cette confiance progressive accordée à François Darlan et l'ont attribuée à de basses intrigues. Certains même ont supposé qu'en tant que marin moi-même j'avais pu y participer dans la mesure de l'influence que je pouvais avoir sur les décisions du Maréchal. Rien n'est plus faux et je dirai pourquoi.

En premier lieu, le pauvre Raphaël Alibert. Celui-ci qui, au cours des journées dramatiques de juin et de juillet, avait été le confident et le collaborateur intime du Maréchal, n'avait pas tardé à voir diminuer son crédit. Incapable de saisir le fait que, dans ses hautes fonctions militaires, le Maréchal, impénétrable et secret, avait toujours eu l'habitude et le don de choisir l'homme qui lui paraissait remplir exactement le rôle convenant aux circonstances de l'heure, Alibert a attribué à des manœuvres tortueuses et aux démarches d'un ambitieux cette montée au pouvoir de Darlan.

En second lieu, du Moulin de Labarthète. Ce que je vais dire ne vise en rien à sous-estimer sa brillante intelligence, ses connaissances administratives étendues, sa notion de l'éventail des opinions, son dynamisme. Mais, possédé du désir de s'affirmer de jour en jour l'important conseiller politique, sinon le mentor unique du Maréchal, il a malaisément supporté que certaines choses lui soient cachées, qu'il ne fût pas dès le début autorisé à assister au Conseil des ministres, en attendant d'y prendre la parole lui-même. Il en conçut une animosité personnelle contre Darlan, de jour en jour plus vive ; nous aurons l'occasion de revenir sur ce point.

En troisième lieu, Baudouin. Ce remarquable esprit, animé, à juste raison, dès Bordeaux, du ferme propos de tout faire pour éviter la rupture complète avec les Britanniques, a stigmatisé exagérément les sentiments de défiance que Darlan ne dissimulait pas à l'égard de l'Angleterre. Les jugements qu'il a portés sur l'amiral de la flotte sont entachés d'excès.

Ni l'un, ni l'autre, ni à plus forte raison la masse des Français qui n'avaient aucun contact avec Vichy ne s'est rendu compte de ce qu'en période d'armistice, — d'un armistice qui, répétons-le, pouvait être rompu d'un jour à l'autre —, le Maréchal préférait avoir auprès de lui un militaire. Il avait temporairement renoncé à son idée, au début de son essai de gouvernement personnel, parce qu'il avait jugé opportun de confier pour un temps, — le temps d'installer le gouvernement —, la vice-présidence à Pierre Laval. Celui-ci congédié, le Maréchal, conscient de la difficulté qu'il avait en raison de son âge à suivre le lacis des tractations quotidiennes, se résignait à prendre un peu de recul et revenait à son idée première.

Ajoutons qu'une fois les conventions d'armistice signées, les premières semaines de juillet et d'août écoulées, il avait dû, au cours de sa méditation personnelle de septembre, porter ses regards sur les théâtres d'opérations où le conflit allait sans doute s'étendre. Il lui fallait considérer les points du globe où, de semaine en semaine, surgissaient des difficultés et des amorces de crise : l'Afrique occidentale, le Proche-Orient, l'Indochine, le Pacifique. Il ne s'agissait plus, hélas ! de la frontière du nord et du nord-est. Pourquoi dès lors s'étonner de ce qu'en face d'une situation aussi mouvante il fît appel à ceux que leur métier avait promenés autour des cinq parties du monde et confrontés avec les grands problèmes intercontinentaux : les marins ?

Mais il y avait autre chose.

En acceptant la tâche immense que l'Assemblée nationale lui

confiait le 10 juillet, le Maréchal envisageait assurément en premier lieu la mission impérieuse de faire vivre une nation, momentanément désarmée, en face des exigences d'une autorité occupante.

Mais quand il a dit le lendemain : « Notre programme est de rendre à la France les forces qu'elle a perdues », ce ne voulait pas dire que le gouvernement allait seulement s'efforcer de reconstituer les forces essentielles pour rentrer au plus vite dans le conflit. Son esprit envisageait déjà de s'attaquer aux causes profondes qui avaient déterminé notre écroulement, car il venait de dire : « J'ai besoin de votre confiance. Vos représentants me l'ont donnée en votre nom. Ils ont voulu comme vous, et comme moi-même, que l'impuissance de l'État cesse de paralyser la nation. » Il faut relire ce message du 11 juillet 1940, si précis, d'une langue si pure et d'une inspiration si ingénue, recommandant « ces règles simples qui ont de tout temps assuré la vie, la santé et la prospérité des nations ».

Agé de quatre-vingt-six ans, réunissant en lui l'expérience de trois générations d'hommes, il regardait plus loin que la conjoncture immédiate. Il entrevoyait déjà que l'Europe allait entrer dans une nouvelle conception du monde, qu'il fallait mettre un terme à cette hécatombe périodique entre nations de l'Occident, que le problème du mur mitoyen avec la Germanie réclamait impérieusement une solution.

Nous lui avions remis sous les yeux l'étonnante prophétie de Paul Valéry, qu'il connaissait fort bien. Elle avait paru en mars 1927, dans la *Revue des vivants*, huit ans après la diffusion de l'émouvante *Crise de l'esprit* :

« L'Europe aspire visiblement à être gouvernée par une Commission américaine. Toute sa politique s'y dirige. Ne sachant nous défaire de notre histoire, nous en serons déchargés par des peuples heureux qui n'en ont point ou presque point…

Les misérables Européens ont mieux aimé jouer aux Armagnacs et aux Bourguignons que de prendre sur la terre le grand rôle que les Romains surent prendre et tenir pendant des siècles sur le monde de leur temps…

L'Europe sera punie de sa politique ; elle sera privée de vins et de bière et de liqueurs. Et d'autres choses… »

Pour rendre à la France les forces qu'elle avait perdues, afin qu'elle pût affronter cette crise de la civilisation où nous plongeait la guerre fratricide, que l'on eût dû éviter, guerre dans laquelle nous étions entrés comme des somnambules, il fallait coordonner les efforts de tous les Français. Il était urgent de bander les ressorts de la nation, pour que notre pays consentît à se réincarner en une France nouvelle.

Comment s'étonner dès lors de ce que le Maréchal se tournât avec une préférence tenace vers le seul département ministériel qui avait, dans l'entre-deux-guerres, réussi contre vents et marées « à balayer devant sa porte ».

Je ne songe pas à dissimuler qu'au cours de plusieurs conversations confiantes j'avais, répondant à ses questions, entretenu le Maréchal du labeur accompli sans relâche rue Royale. Je lui avais expliqué comment l'étroite union des différents corps de la marine, l'ardente émulation des officiers représentant quarante promotions successives, étaient parvenues en partant d'une marine appauvrie par les pertes de la récente guerre, maltraitée par les amputations de la conférence de Washington, à lui substituer la flotte de 1939, telle que la France n'en avait pas connu de pareille depuis 1783. Par quels longs travaux nous avions abouti à la rédaction du décret du 22 avril 1927, portant organisation de la marine militaire.

Dans le rapport au président de la République, l'éminent ministre Georges Leygues rappelait que ce ministère dont les traditions remontaient à 1625, qui avait jadis dirigé les consulats, administré les colonies, la marine marchande et les troupes coloniales jusqu'à la fin du XIXe siècle, s'était transformé en un organisme strictement militaire. Mais tel quel il correspondait exactement aux nécessités nationales, après la constitution d'un grand Empire colonial, en présence du développement croissant du facteur maritime dans l'économie du monde, en face du caractère océanique de la politique internationale. La France se devait à elle-même de posséder une flotte capable de faire respecter ses droits. Et précisément ces commentaires rejoignaient la méditation du Maréchal sur le sort qui serait attribué à notre Empire, sur la position même de la France à l'heure imprévisible où la paix interviendrait.

Les questions d'organisation militaire l'avaient toujours intéressé, en particulier celle du commandement unique à réaliser en temps de guerre. Sans se rallier complètement aux vues des marins, il infléchissait un peu sa conception antérieure, ayant compris leurs réticences à se soumettre à un généralissime insuffisamment conscient de l'importance du facteur maritime. Au cours de son trop bref passage au ministère de la Guerre en 1934, il eût souhaité d'amorcer une refonte de l'organisation militaire, mais sur le point de s'atteler à cette tâche il avait reculé devant d'immenses obstacles. Que l'on se souvienne de la confusion des esprits lors des débuts du Cabinet Doumergue. À son entrée dans la salle des séances de la Chambre, le Maréchal, aux côtés du président du Conseil, avait assisté, pâle et interdit, au spectacle d'un gouvernement salué pendant cinq minutes par les cris de : « Assassins, assassins ! » scandés par l'extrême gauche. Il estimait que les circonstances ne permettraient pas de réclamer l'augmentation de la durée du service militaire. Il n'avait pas voulu créer de difficultés à son chef du gouvernement en proposant d'emblée un programme d'accroissement du matériel. Dans les mois qui suivirent, la rue Saint-Dominique ne s'était pas davantage hasardée à entrer en conflit avec l'administration des Finances pour briser le carcan de l'annualité budgétaire et du non-dépassement du budget précédent. Faute d'un programme d'ensemble, elle n'avait pas pu, comme la Marine, recourir au subterfuge des tranches budgétaires découpées chaque année dans un cadre solidement établi. D'ailleurs, en 1934, le Maréchal n'avait pas de raisons d'être spécialement inquiet. Depuis un an seulement Hitler avait pris possession de la Chancellerie. Les clauses militaires du traité de Versailles étaient encore en vigueur. Et la conception stratégique unanimement admise était qu'en cas d'hostilités nous devions attendre l'agresseur sur notre frontière organisée défensivement, en nous appuyant sur des réserves établies en profondeur. À quelles attaques politiques se serait exposé le Maréchal s'il avait alors pris position en faveur d'un réarmement global !

Dans la confiance accordée à l'amiral Darlan, le Maréchal superposait également ses souvenirs des séances du Comité de guerre ou du Conseil suprême auxquelles il avait pris part depuis le 20 mai. L'amiral de la flotte s'était fait remarquer par la précision de ses exposés, la clarté de ses réponses, la connaissance exacte de toutes les forces maritimes qu'il avait en mains. En deux ou trois circonstances, son sens de prévision des événements avait fait impression sur le Comité.

En résumé, tant par sa connaissance du théâtre mondial que pour les puissantes qualités d'organisateur de Darlan, jointes à la finesse gasconne qui n'était pas pour lui déplaire, le Maréchal avait tout lieu d'estimer en conscience que son choix était le meilleur. Et il prenait sa décision définitive en écartant les critiques acerbes que certains membres de son Cabinet ne manquaient pas de porter sans cesse sur les défauts de l'amiral de la flotte. Il y avait en particulier le reproche fait à ses sentiments non dissimulés d'anglophobie. Mais cela a besoin d'être traité à part. Ce sera l'objet du chapitre suivant.

Le Maréchal attendant la visite d'un ambassadeur
dans le jardin du Pavillon Sévigné (septembre 1940).

Chapitre VIII : VINGT ANS DE POLITIQUE NAVALE

Ce chapitre sera l'évocation d'une illusion perdue, celle d'une amitié profonde que l'épreuve révéla assortie d'ambiguïtés trompeuses.

Les hommes de ma génération, qui ont préparé le concours de l'École navale dans les années qui ont précédé 1900, ont été plus ou moins marqués par la crise de Fachoda en 1898.

L'obligation, où se trouva le gouvernement français, d'avoir à s'incliner, en raison de l'infériorité de nos forces navales, devant un ultimatum britannique, révélait soudain à une opinion publique stupéfaite que la possession d'un Empire colonial réclamait des soins vigilants et constants. À une France convaincue qu'un danger de guerre ne pouvait surgir que d'une crise continentale, le péril d'une querelle africaine était tout à coup dévoilé. Une règle de conduite était mise en lumière : si l'on veut soutenir un rang de grande puissance et garder la liberté de ses communications avec un domaine colonial, il est nécessaire de posséder la marine de sa politique.

« La France, a écrit M. Albert Sarraut, a acquis, pour ainsi dire, sans s'en douter son merveilleux domaine d'outre-mer. Mieux encore, elle l'a eu malgré elle.

L'aversion qu'on lui avait inspirée de l'expédition lointaine était telle qu'il a fallu en quelque sorte la mettre en face du fait accompli. La création, la constitution progressive de son domaine d'outremer n'a pas été pour elle, comme pour d'autres nations, l'Angleterre par exemple, le résultat d'un élan national épaulant et stimulant l'action gouvernementale dans la poursuite d'un plan prémédité, d'une politique logiquement et mûrement délibérée. Elle a été le fait et elle reste l'honneur d'initiatives individuelles, émanées de quelques hommes d'État, de quelques chefs militaires, qui ont agi autant dire isolément, dissimulant presque leur but et leurs desseins, jusqu'au jour où ils ont pu dire à la France en lui montrant le grand œuvre accompli : « Voilà [1] ! »

Cinq années suffirent pour renverser la politique extérieure. En mai 1903, la visite du roi Édouard VII à Paris, puis un mois plus tard celle du président de la République à Londres préludaient à la

---
1 Albert Sarraut, *La Mise en valeur de nos colonies*, Paris, Armand Colin, 1923.

déclaration d'une « Entente cordiale » entre la Grande-Bretagne et la France. Survenant après le réconfort de l'alliance russe, ce nouveau climat d'amitié avec les voisins d'outre-Manche réussissait à estomper le souvenir de l'humiliation récente.

Deux ans après, l'empereur Guillaume II, débarquant à Tanger, prononçait des paroles menaçantes et la France pacifique voyait d'année en année la querelle africaine prendre la forme d'une querelle d'Allemands : Casablanca, Agadir, le Congo… Puis d'autres présages apparurent dans les Balkans jusqu'au jour de l'assassinat de l'archiduc héritier d'Autriche.

Devant l'agression des Empires centraux, ce fut pour être fidèle à son alliance que la France entra en guerre en 1916, forte de son Entente et rassurée par la neutralité de l'Italie. Elle était confiante dans le succès final. Au cours des quatre années de lutte, la marine française, en étroite coopération avec les marines alliées, réussit à assurer le ravitaillement de nos armées et du pays, malgré les coups d'une tenace offensive sous-marine. Dès 1917, elle avait contribué à l'accompagnement des renforts américains.

Le 11 novembre 1918, lors d'un armistice « généreux jusqu'à l'imprudence », cette marine, appauvrie par toutes ses pertes, sortait de l'épreuve, entourée de l'estime du pays, bronzée par l'expérience et prête à rénover sa flotte.

C'est alors qu'apparurent les difficultés de la paix.

Le Sénat américain refusa de ratifier le traité de Versailles dont Woodrow Wilson était l'un des auteurs. Ainsi les États-Unis rompaient les premiers la solidarité du combat. Après la grande lutte coude à coude, les sacrifices sanglants de la France, tout le sang versé dans les Flandres par les soldats britanniques, on pouvait tenir pour assuré qu'une étroite entente franco-anglaise s'efforcerait d'assurer la stabilisation de l'équilibre européen.

Mais on ne tarda pas à constater combien la politique britannique se révélait peu soucieuse de cette tâche. Des 1921, la Grande-Bretagne, pressée de réduire la flotte de deux millions de tonnes qu'elle possède à la fin des hostilités, observe la puissance accrue des marines américaine et japonaise. De leur côté, les États-Unis cherchent à maintenir au plus juste prix leur position prédominante dans le Pacifique. Il était, dès lors, normal que les deux puis-

Chapitre VIII

sances jugeassent opportun de se réunir en conférence. Leur prise de contact devança de peu les projets de l'Assemblée de Genève qui, aux termes de l'article 8 du Pacte S.D.N., annexé au traité de Versailles, devait évoquer le problème général de la limitation des armements.

Question grave pour tout État que d'abdiquer une partie de sa souveraineté, en confiant à une conférence internationale le soin de fixer les armements nécessaires à sa sécurité. Initiative étrange que de convoquer à Washington une semblable réunion, alors que les États-Unis refusaient d'être membre de la S.D.N. due à l'invention de leur propre président.

Le gouvernement français ne manqua pas de formuler des réserves, faisant valoir aux États-Unis que la non-ratification de la paix de Versailles et leur refus d'un traité d'assistance obligeaient la France à compenser cette carence par le maintien d'une force armée puissante.

Le programme de la conférence de Washington prévoyait quatre points :

- 1)   Limitation des armements navals.
- 2)   Règles pour le contrôle des méthodes de guerre.
- 3)   Limitation des armements terrestres.
- 4)   Questions relatives au Pacifique et à l'Extrême-Orient.

Mais il était clair que le premier point marquait la préoccupation capitale de ses auteurs : aussi vit-on une importante délégation britannique arriver très à l'avance.

La conférence s'ouvrit le 12 novembre 1921. Lors des prises de contact, on remarqua que des conversations se déroulaient dans un profond secret entre délégués américains, anglais et japonais. Pendant ce temps, M. Aristide Briand, chef de la délégation française s'appliquait à persuader M. Hughes, secrétaire d'État, et M. Arthur Balfour, chef de la délégation britannique, du danger de réduire prématurément les armements terrestres. Eut-il une parole imprudente touchant le moindre intérêt des armements navals ?

Le 15 décembre, à la séance officielle d'ouverture, M. Hughes annonça avec satisfaction que la Grande-Bretagne, les États-Unis et le Japon s'étaient mis d'accord sur leurs tonnages respectifs des bâtiments de ligne, les *capital-ships* suivant la proportion 5-5-3 à maintenir entre leurs forces.

Quelques instants avant l'ouverture, M. Hughes, dans un bref entretien avec M. Albert Sarraut, devenu chef de notre délégation après le départ de M. Briand, lui signifiait que le tonnage de la France ne pourrait dépasser le coefficient 1,75. Aux justes protestations du ministre français, il fut répondu que si cette décision n'était pas acceptée, la France serait responsable de l'échec de la conférence et ferait figure d'« impérialiste » dans le monde.

Le regrettable malentendu venait de ce que le secrétaire d'État avait établi ses barèmes en fonction du tonnage existant à cette date, à la vive satisfaction des Anglais. Or c'était sur la suggestion des Alliés que la France avait réduit ses constructions navales pendant la guerre, arrêté la construction des cinq cuirassés type Flandre, afin de réserver aux besoins de l'armée toute l'activité de ses arsenaux. Pendant ce temps les Anglo-Saxons et le Japon avaient largement développé leurs flottes.

La délégation française s'inclina sur la question des *capital-ships*, réservant sa liberté dans le domaine des bâtiments défensifs (croiseurs, torpilleurs, sous-marins). Le sacrifice consenti n'empêcha pas les efforts faits pour imposer à la France, manifestement sous l'influence anglaise, une limitation de sa flotte légère à un niveau ne dépassant pas les trente-cinq centièmes de la flotte britannique.

Pendant huit jours les discussions furent orageuses. Une campagne de presse d'une violence extrême accompagnait la pression exercée. On chercha à interdire l'emploi des sous-marins. Lord Lee, premier Lord de l'Amirauté, n'hésitant pas à faire état d'une citation non seulement tronquée, mais contraire au contexte, d'un ouvrage du commandant Castex, stigmatisait les traîtrises françaises dans la conduite d'une guerre sous-marine. Devant la manifestation de notre bonne foi, l'on se borna à voter les résolutions d'un juriste américain, tendant à restreindre l'emploi du sous-marin.

Le 6 février 1922, le traité naval de Washington était approuvé en dernière lecture et la clôture prononcée. Cette conférence, où notre délégation, qui s'y était rendue confiante et loyale, avait fait

Chapitre VIII

constamment figure d'accusée, ne manqua pas de soulever une réaction de l'opinion française. Le pays comprit qu'un acte important de la vie internationale venait de se jouer, où la hiérarchie des puissances s'identifiait à celle de leurs flottes. Une France, victorieuse et dévastée, était presque traitée en nation inférieure, au moment même où on l'accusait d'impérialisme.

La ratification française n'intervint qu'un an plus tard sous de très expresses réserves.

La France, deuxième puissance coloniale du monde, se résignait, par force, à ne pas posséder pendant quinze ans la flotte correspondant à l'importance de ses lignes de communication avec son domaine d'outre-mer. On lui imposait une parité juridique avec l'Italie, dont les possessions extérieures n'avaient aucune commune mesure avec les siennes.

C'est à Washington, en 1922, qu'a pris naissance chez les marins de France un sentiment de légitime défiance à l'égard de la politique de l'Empire britannique.

Et pourtant quels vivants souvenirs gardaient-ils de la période de fraternité d'armes ! Le soutien mutuel aux atterrages de la mer du Nord, les exploits des bancs de Flandre avec la *Dover Patrol*, les attaques des Dardanelles, la lutte commune contre l'offensive sous-marine dans l'Atlantique et dans la Méditerranée, l'accueil de l'armée navale française à la base de Malte, toutes rencontres avaient créé des liens puissants entre les états-majors et les équipages. Et les Français ne ménageaient pas leur franche admiration pour les exploits des Falklands, du Dogger Bank et du Jutland.

J'ai eu l'honneur de servir durant quinze mois à bord d'un cuirassé britannique, l'ancien *Lord Nelson*, comme officier de liaison dans l'escadre de Méditerranée orientale. C'était pour un officier de marine français une expérience d'un bien puissant intérêt. Il est peu de choses aussi parfaites à observer que l'organisation équilibrée et l'activité diligente d'une force navale britannique en temps de guerre. Certains détails sont pleins d'originalité : l'ancienneté des traditions, la conservation de vieux vocables du temps de la marine à voiles, certains usages datant de l'époque de Jervis et de Nelson, la stricte discipline, et en revanche une certaine autonomie aux divers échelons de la hiérarchie, le rôle important de la maistrance, l'organisation des loisirs, l'attention accordée aux sports et aux distractions. J'ai admiré l'apparent laisser-aller de la routine quotidienne apte à se transformer, en quelques instants, dans l'atmosphère tendue des « postes de combat ». J'ai apprécié la chaleur affectueuse d'un grand « carré » de cuirassé, la confiance mutuelle, la puissante gaieté où l'on retrouvait ce que devait être jadis la Old merry England.

Dans toutes les marines, la cérémonie des couleurs à 8 heures du matin, en rade, est un spectacle émouvant. J'estime que le caractère de religiosité qu'elle manifeste à bord d'une grande unité britannique est incomparable. Quand, après l'appel des notes aiguës lancées par le bugle, la musique du bâtiment amiral fait entendre le lent déroulement des deux versets de ce véritable hymne religieux qu'est le God save the King, les sentiments de dévouement à la mère patrie et d'attachement à la Couronne reçoivent là leur plus belle expression.

J'ai conservé de cet embarquement un souvenir inoubliable. C'était l'époque où la guerre sous-marine faisait rage, où le chiffre mensuel du tonnage des navires marchands coulés mettait en péril l'approvisionnement des armées alliées, où l'on se demandait si nous n'allions pas « mourir à petit feu ». C'était l'heure où Verdun résistait à un formidable assaut, et chez ces marins insulaires, pourtant particularistes et fiers avant tout de la puissance navale britannique, dont dépendait à leurs yeux le sort même du monde, s'exprimait une reconnaissance débordante à l'égard de l'héroïsme français dont ils avaient douté. Par-dessus les malentendus passés et les luttes implacables des siècles jadis, de la guerre de Cent Ans au Blocus continental, s'affirmait le scellement d'une amitié qui semblait pouvoir défier le temps. Il y avait pour eux cette révélation que la France qu'on disait frivole se manifestait patiente et opiniâtre. N'ayant jamais subi d'invasion depuis huit siècles, ils se demandaient si une autre nation aurait supporté l'épreuve à laquelle la France résistait. Et maintenant les deux alliés se battaient côte à côte parce que le sort de l'univers était en question. Pendant quinze mois, dans la salle à manger de l'amiral, j'avais eu pour voisin de table le sympathique officier radio de l'état-major d'escadre, commander James F. Somerville Dso, celui-là même qui devait, vingt-trois ans plus tard, à la tête de la « force H », se présenter au large de Mers-el-Kébir pour notifier, à son corps défendant, l'ultimatum insensé.

Trois ou quatre ans après l'armistice de 1918, quand je rencontrai quelques-uns de mes anciens camarades, traversant la France pour se rendre aux conférences internationales, l'ambiance amicale n'était plus la même. La Grande-Bretagne tout entière blâmait l'opération de la Ruhr. J'entendis ceux qui étaient attachés au Comité de Défense impériale prononcer cette déclaration inquiétante : « Nous ne retrouverons pas, en composition et en vertu militaire, l'équivalent de notre corps expéditionnaire de 1914, cette troupe d'élite, *the first seven divisions* qui ont disparu entre Mons et Bapaume, entre Le Cateau et Ypres... Jamais plus nous n'enverrons l'élite de notre jeunesse se faire faucher sur les champs de bataille du continent... »

D'ailleurs la première des surprises, en France, n'avait-elle pas été l'étrange attitude du chef de la délégation britannique à la conférence de la Paix. Lloyd George, le rusé Gallois, n'avait-il pas répondu à Georges Clemenceau, qui portait un jugement sévère sur sa politique inamicale à l'égard de la France : « Eh bien ! mais... ne connaissez-vous pas notre tradition à nous autres Anglais ?... L'ami d'hier peut être l'ennemi de demain. »

Dans les difficultés de l'après-guerre, seule une étroite coopération franco-britannique aurait eu assez d'autorité pour tirer parti d'un traité « plus lourd de promesses que de réalités », pour plier l'Allemagne à ses obligations et pour persuader nos alliés de l'Europe centrale de prendre les mesures politiques qu'exigeaient leur équilibre et leur sécurité.

Dès 1924, dans le sein de la S.D.N., la réunion de la Commission préparatoire pour l'étude technique du désarmement mettait en lumière l'opposition des thèses britannique et française. À notre juste revendication de poser la sécurité comme condition préalable, la Grande-Bretagne, qui n'a pas de frontière terrestre, niait l'interdépendance des armements. Elle revenait sans cesse à sa notion de hiérarchie arbitraire des flottes. De session en session, de vaines discussions s'éternisèrent : arbitrage, sécurité, désarmement, arbitrage... Renonciation à la guerre : Pacte Briand-Kellog, 27 août 1928.

En 1930, une nouvelle conférence navale est convoquée à Londres. Son objet est de tâcher d'aboutir, entre les cinq principales puissances navales, à un accord sur les diverses catégories de navires, comme précédemment à Washington. Mais, cette fois, le ministère de la Marine et le ministère des Affaires étrangères ont étudié la question dans toute son ampleur. M. Georges Leygues, a réussi à situer le problème naval dans la politique générale de la France, en définissant ses besoins absolus. M. Briand puis M. André Tardieu apportèrent leur concours de président du Conseil pour éluder à nouveau l'offensive anglaise contre les sous-marins et combattre l'injuste parité avec l'Italie. En contresignant les maigres résultats de la conférence, concernant certaines définitions de déplacement type et l'échange futur de renseignements, la délégation française n'avait rien abandonné de sa position politique et technique. Le rôle de l'amiral Darlan, secrétaire de la délégation, avait été particulièrement actif.

Dans les années qui suivirent, l'Angleterre ne cessa d'intervenir dans les tractations particulières que la France engageait avec l'Italie, suivant l'invitation reçue à la conférence de 1930. Le négociateur britannique, qui n'était pas un officier de marine, s'ingéniait à brouiller les cartes par des procédés « dont la loyauté n'était pas la qualité dominante ».

Entre temps, depuis l'évacuation de la dernière zone rhénane, celle de Mayence, l'Allemagne avait relevé la tête. Elle s'engageait délibérément dans la voie qui va lui permettre de faire tomber une à une les servitudes qui lui ont été imposées. En dehors des fastidieuses discussions concernant la composition des flottes, la marine française s'inquiète des pactes qui sont successivement conclus pour l'élaboration du nouvel ordre européen. Il lui semble, quel que soit le vocable employé, — assistance, amitié, communauté d'intérêts —, que notre diplomatie a été guidée par des conceptions ne visant qu'affinités politiques ou potentiels militaires. À aucun moment l'idée de stratégie navale n'a été prise en con sidération.

La politique étrangère, a écrit M. Jules Cambon, n'est pas affaire de sentiment. Son objet est d'accommoder les faits accidentels aux lois permanentes qui président aux destinées des nations. Ces lois existent : elles ne dépendent pas de nous. Les intérêts des peuples ne varient pas. C'est la nature, leur situation géographique et leur caractère propre qui les déterminent.

Chapitre VIII

Pour remplacer la Russie défaillante, quatre nations ont été recréées ou renforcées par les territoires de l'ancienne monarchie austro-hongroise. En apparence elles sont susceptibles de fournir l'appoint de leurs forces militaires pour le maintien de la paix. Tchécoslovaquie, Pologne, Roumanie, Yougoslavie sont considérées comme les quatre piliers de l'Europe centrale. D'importantes missions militaires les ont aidées à constituer leurs armées.

Dans les contacts avec les états-majors, les marins sont frappés par le fait que leurs camarades semblent avoir sous-estimé la gravité de certains problèmes. L'armée française paraît croire qu'en cas d'hostilités on pourra compter sur une liberté des voies maritimes comparable à celle qui existait lors des opérations des Dardanelles ou de Salonique, avec une Italie alliée et quand la guerre sous-marine n'était qu'à ses débuts en Méditerranée. Faut-il voir dans ces conceptions diplomatiques et militaires une regrettable méconnaissance de l'importance du facteur naval dans la guerre totale ?

Sur ce sujet, le capitaine de vaisseau Vandier, prématurément disparu, qui avait été officier de liaison dans la *Grand Flect*, s'était exprimé ainsi dans ses conférences à l'École de guerre navale : « De tous les organismes qu'il remit en marche, la marine fut pour Napoléon la plus amère déception. Il apprenait par expérience à s'en servir, bien que jamais peut-être il n'en ait perçu le secret. Finalement, voyant lui manquer cet instrument de puissance pourtant indispensable à ses desseins, il porta sur la marine un jugement défavorable, jugement injuste, car bien des reproches qu'il lui adressait devaient être retournés à lui-même ; mais jugement dont, au dire des Anglais, la marine ne s'est jamais relevée devant l'opinion du pays et de l'armée. » Et il ajoutait à cette date, 1921 : « Quel homme d'État au grand cœur viendra nous venger de cette méconnaissance et replacera la marine à son rang, entre la diplomatie et l'armée, comme grands serviteurs de la patrie ? »

À l'époque où le rapprochement germano-italien commença de se manifester, l'amiral Durand-Viel, chef d'état-major général, inquiet, de l'orientation que prenait notre politique, avait fait établir une carte d'Europe. Celle-ci, sur laquelle les territoires du *Reich* et de la péninsule italienne étaient teintés en couleur sombre, matérialisait le barrage absolu, formé par les puissances de l'axe, entre l'Occident et la partie est de l'Europe centrale. Sur quelles possibilités de convois de ravitaillement être en droit de compter pour atteindre Gdynia au fond de la Baltique quand on est forcé de franchir les détroits danois ? Comment ravitailler Cattaro ou Salonique quand on est exposé à des attaques partant de la Sicile ? Cette carte fut parfois montrée au président de la République, aux ministres de la Défense nationale et des Affaires étrangères ; elle fut jugée « intéressante », mais la politique suivie n'en fut pas infléchie pour autant.

La mentalité terrienne, attachée au continent, se montrait attentive à additionner les nombres représentant des effectifs de divisions armées, mais n'accordait pas assez d'intérêt aux contours des frontières et aux voies d'accès maritimes ou ferroviaires. S'agissant de pays dont les ressources industrielles étaient limitées, les moyens de leur faire parvenir les compléments nécessaires auraient pourtant mérité un examen approfondi.

Dès 1934, un an après l'accession de Hitler au pouvoir, les événements vont se précipiter. Par deux fois à Genève, les sessions de la Conférence du désarmement ont pris fin sans avoir obtenu aucun résultat. En effet, dans la solennité des assises plénières ou lors du travail des multiples sous-commissions, des paroles en l'air et des discussions byzantines ont paraphrasé les armements de caractère offensif ou défensif, leur limitation par voie budgétaire, la définition de l'agresseur. L'Allemagne, accueillie comme membre de la SDN avec un siège permanent au Conseil, exige l'égalité des droits. Le 16 septembre 1932, elle a cessé de prendre part aux travaux de la conférence. Le 14 août 1933, par un habile coup de théâtre elle se retire de la Société des Nations. Enfin le 13 mars 1934, elle se déclare affranchie des clauses militaires du traité de Versailles.

Mais la Grande-Bretagne, qui ne s'est jamais intéressée à la question des armements terrestres, se montre soucieuse de prendre position à l'approche de l'expiration du traité de Washington. Par-dessus tout, elle tient à maintenir les proportions établies. Or la nouvelle prétention allemande, qui revendique de posséder tous les types de navires en service dans les autres puissances, vient compliquer le problème.

La marine française est bien décidée à n'accorder sa participation à une nouvelle conférence que sous les plus strictes réserves. Le Parlement français a d'ailleurs exprimé sa volonté que le traité de

1922 prenne fin en 1936.

Malgré les efforts faits par la Grande-Bretagne pour amorcer une reconduction, la France notifie sa dénonciation du traité dans les formes prescrites, un an à l'avance, le 1er janvier 1935. Elle suit en cela la décision prise par le Japon. Mais la Grande-Bretagne ne renonce pas à poursuivre son intérêt propre sur mer : quitte à continuer d'affaiblir la France pour compenser le réarmement allemand, elle entre en pourparlers avec le *Reich*. Et bien qu'elle soit à ce moment même en contact avec nos délégués en vue de la prochaine conférence, le 7 juin 1935, acceptant les propositions allemandes, elle nous met en face du fait accompli : une flotte du *Reich* égale aux trente-cinq centièmes de la flotte britannique doit être acceptée. C'est l'abolition unilatérale des clauses navales de la Paix de Versailles.

La France n'a pas refusé de continuer les pourparlers. Tout en soulignant l'imprudence, pour ne pas employer un autre terme, des négociateurs anglais, qui autorisaient pratiquement le réarmement de l'Allemagne sur mer, elle accepte de se rendre à la Conférence navale. Elle exprime néanmoins le désir que les concessions accordées soient accompagnées de solides contreparties renforçant la sécurité européenne.

La Conférence navale de 1936 se déroule dans une atmosphère inquiète ; certains événements survenus en Éthiopie venaient la troubler. Le Japon s'en retire, puis l'Italie incapable de signer un accord avec des puissances qui venaient de prendre des sanctions économiques contre elle. Un accord à trois (Grande-Bretagne, États-Unis, France) est finalement signé le 25 mars 1936. Il se borne à définir des limitations qualitatives, touchant les déplacements des unités et les calibres maxima ; des échanges de renseignements sont prévus. La fermeté de l'attitude de nos négociateurs permettait à la France de poursuivre la continuation de son programme naval.

Notre histoire maritime, en montrant les progrès de notre flotte renaissante d'alors, devra marquer la reconnaissance due à ceux qui furent ses ardents défenseurs, les ministres de la Marine Georges Leygues, Albert Sarraut, François Piétri, l'amiral de Bon, chef de la délégation navale à Washington, les chefs de l'état-major général Violette, Durand-Viel, Darlan. Leur tâche ne fut pas facile en ces temps où le Quai d'Orsay trouvait son inspiration politique dans l'atmosphère du pacifisme genevois. Mais les historiens de l'avenir auront quelque peine à expliquer pourquoi la politique britannique, fermant les yeux sur l'enchaînement des faits, s'est entêtée à ne poursuivre que des buts personnels. Ils constateront que, continuant à appliquer des « règles d'or » d'un autre âge, elle n'obéissait qu'à ses traditions de dominatrice du commerce mondial. Appliquée à maintenir, coûte que coûte, sa maîtrise en Méditerranée afin d'assurer la sécurité de la « route des Indes », elle n'a cessé d'envenimer, sur le plan naval, nos relations avec l'Italie, sur laquelle elle se targuait d'exercer une tutelle dans le temps passé.

Elle a détruit pièce à pièce les efforts faits à Genève, puis à Stresa, pour affirmer par le respect des traités, dont elle était signataire, le maintien des frontières et les assurances de sécurité. Croyant être assez forte pour empêcher l'Allemagne de se lancer dans de nouvelles aventures, elle a sapé par ses propres concessions les barrières opposées au redressement germanique.

Il apparaîtra inexplicable, à la lumière de ce qu'une guerre moderne exige de tonnage militaire pour escorter les convois essentiels de ravitaillement, que la Grande-Bretagne se soit appliquée, au cours de vingt ans, à poursuivre une politique tendant, sinon à l'inexistence, du moins au constant affaiblissement de nos forces navales, alors qu'il était écrit qu'elle aurait en 1939 à requérir leur précieuse assistance.

J'estime que c'est au cours de ces longues années de tractations diplomatiques et genevoises que les marins ont compris une chose qui apparaissait moins claire aux yeux des autres négociateurs. Se heurtant à une politique hostile qui visait à imposer à la marine française de faire les frais de toute tentative de conciliation, ils ont reconnu les traits du double visage de la Grande-Bretagne.

Par suite de l'évolution de ses liens avec le « Commonwealth des nations britanniques au-delà des mers », l'Angleterre fière de sa position insulaire est attenante à l'Europe, elle est d'Europe, mais la Grande-Bretagne est de moins en moins européenne. Il est notoire, à l'heure présente, que le centre de gravité de ce qu'on avait encore coutume d'appeler naguère l'Empire britannique ne se trouve plus sur les bords de la Tamise, mais quelque part au large, au centre des moyennes distances joignant Londres, Ottawa, Pretoria, Nairobi et Canberra. C'est un fait que les marins de France ont pu constater plus directement que leurs compatriotes, moins voyageurs, en visitant au cours de leur carrière les possessions britanniques, dominions autonomes ou colonies de la Couronne.

Se tournant vers l'histoire des derniers siècles, ils ont suivi les étapes de cette conquête, tenace et méthodique. Il faut reconnaître que dans le passé, au cours du moyen âge, les quelque quatre millions d'habitants des îles Britanniques eurent à lutter pour subsister sous un climat plus rude, sur une terre plus âpre, que les conditions dispensées aux continentaux des régions tempérées. Leur vocation maritime s'est affirmée vers la fin de la dynastie des Tudors. Le mot d'ordre de Walter Raleigh n'a pas cessé d'être suivi : « Quiconque commande les mers commande le commerce, quiconque commande le commerce des nations commande leurs richesses et, par conséquent, le monde lui-même. » Alors les croisières de Francis Drake, rival des Espagnols et des Portugais, vont forcer partout la liberté du commerce et asseoir son pays au banquet des heureux. C'est sous le règne d'Élisabeth Ière que s'est définie la stratégie navale des Anglais, après qu'ils aient été expulsés de leurs domaines du continent.

Le capitaine de vaisseau Vandier, dans sa belle étude de la marine britannique, portait ce jugement perspicace : « L'Angleterre depuis cette date a la même phobie du pape et de celui, Espagnol, Français ou Allemand qui prétend à l'Empire d'Europe… Elle s'oppose à toute hégémonie, mesure préventive de protection pour l'Empire qu'elle construit au loin… C'est à la fin de la guerre de Sept Ans qu'il fut décidé que le monde serait anglais et non français… Deux traditions naquirent de cette guerre. Pour la France, « le sort des colonies est réglé sur le Rhin ». Pour l'Angleterre, « s'emparer toujours des colonies, qui seront considérées par les États d'Europe comme dépouilles insignifiantes à côté des résultats continentaux de la guerre. »

Lucien Romier en conversation avec l'Amiral Fernet et le recteur Marcel Blanchard, rapporteur de la Commission de réorganisation administrative. Villa Strauss (Mai 1941).

Le Maréchal, quittant le Conseil national après la première séance de la Commission de la Constitution (Juillet 1941).

Chapitre VIII

Mais au XXe siècle le temps des grandes découvertes est révolu. Comme l'écrivait Paul Valéry, au moment de mettre en ordre ses *Réflexions mêlées* [1] sur le monde contemporain : « Toute la terre habitable a été de nos jours reconnue, partagée entre des nations... Le temps du monde fini commence... ». Penché sur son atlas, scrutant sans illusions l'avenir de l'Europe, il constatait sa décadence : « L'Europe avait en soi de quoi se soumettre, et régir, et ordonner à des fins européennes le reste du monde... Ses querelles de villages, de clochers, de boutiques, ses jalousies et rancunes de voisins... (lui) ont fait perdre cette immense occasion... »

Depuis le XVIIIe siècle, la politique britannique a reconnu que la France peut se révéler une rivale dangereuse lorsqu'elle n'est pas détournée de ses intérêts d'outre-mer par des complications continentales. Le gouvernement anglais juge même prudent d'entretenir çà et là quelque difficulté de nature à gêner l'action extérieure de son voisin. Et au temps du traité de Locarno, les Français qui avaient les yeux ouverts ont constaté cette attitude équivoque. Tandis que la bonne volonté des diplomates s'efforçait de reconstruire un équilibre européen basé sur une étroite coopération de la France et de l'Angleterre, d'autres agents de la politique britannique employaient des procédés empruntés aux traditions de la lutte contre l'ennemi héréditaire. En 1925, aux confins de Syrie, la révolte des Druses du Djebel était manifestement soutenue par des envoyés du *Colonial Office*, poursuivant le projet du royaume arabe du colonel T. E. Lawrence, naguère déjoué à Damas par le général Gouraud. Vers la même époque, le soulèvement d'Abd el-Krim révélait dans la zone de Tanger des complicités et de louches manœuvres, dont l'attache anglaise était trop fréquemment marquée. Enfin le gouvernement de Londres, hanté par le souvenir des années où les conquêtes de Napoléon firent trembler les bases de la puissance britannique, ne dédaignait pas lui-même de se cramponner à la vieille politique insulaire. À l'heure où nos escadres échangeaient avec leurs camarades basés sur Malte des visites d'amitié, de 1924 à 1930, nous apprenions par des voies secrètes que le thème des manœuvres de la flotte de Méditerranée visait couramment la rupture de nos communications maritimes entre l'Afrique du Nord et les côtes de Provence.

---
1 Paul Valéry, *Regards sur le monde actuel*. Paris, Stock, 1931.

Les secrets d'une telle politique ne sont pas aisés à pénétrer. Rudyard Kipling en a tracé une amusante esquisse, dans un de ses poèmes, où sa prosodie singulière aime à mélanger des définitions un peu lourdes avec des mots à effet. Le titre en est : *The Puzzler*, que l'on peut traduire à son goût par : « L'amateur de puzzle » ou bien : « Le déchiffreur d'énigme » ou encore : « Le poseur de colles », en empruntant le mot « colle » à l'argot des examens.

« *The Celt in ail his variants, from Builth to Ballyhoo,*
His mental processes are plain, — one knows what he will do

And can logically predicate his finish by his start,
But the English — ah ! the English ! — they are quite a race apart.
Their psychology is bovine, their outlook crude and raw, They abandon vital matters to be tickled with a straw,
But the straw that they were tickled with, the chaff that they were fed with,
They couvert into a weavcr's beam to break their foemaris head with.
For undcmocratic reasons, and for motives not. of State They arrive at their conclusions, largely inarticulate; Being void of self-expression they confide their views to none,
But sometimes in a smoking room, one learns why things were done.
Yes, sometimes in a smoking room, through clouds of « Ers » and « Hums »,
Obliquely and by inference, illumination cornes
On some steps that they hâve taken or some actions they approve,
Embellished by the argot of the upper-fourth remove.
In télégraphie sentences, half nodded to their friends,
They hint a matter's inwardness, and then the matter ends :
And while the Celt is talking from Valentia to Kirkwall,
The English — ah ! the English ! — don't say anything at all [1]. »

---
1 R. Kipling, *Songs from books*, London, Mac Millan, 1915.
    « Le Celte, en ses remous divers, de Builth à Ballyhoo,
    Son processus mental est clair, on sait ce qu'il a dans la peau,
    On peut prévoir la fin, d'après la logique de son départ.

Au cours de vingt années, la Grande-Bretagne a pris part à la recherche d'un équilibre européen, mais comme si elle redoutait une France trop forte en face d'une Allemagne trop affaiblie. Pour alimenter de fructueux échanges et assurer la marche des affaires, des crédits ont été accordés à la nation vaincue, qui s'est empressée de restaurer son industrie. L'Angleterre a toléré la carence des réparations, le réarmement allemand, l'occupation de l'Autriche et de la Tchécoslovaquie. Lors de l'entrée de la *Reichswehr* sur la rive gauche du Rhin, elle avait désapprouvé toute action de force.

Puis l'heure des échéances a sonné.

Une politique aberrante, faite de faiblesses et d'hésitations avec l'un, de menaces et de sanctions avec les autres, a réussi à rejeter l'Italie et le Japon dans le camp du perturbateur.

En mars 1939, une Grande-Bretagne, qui ne s'était guère intéressée au sort des « quatre piliers de l'Europe centrale » que dans la mesure de ses intérêts commerciaux, accorde brusquement sa garantie à la Pologne. Elle nous entraîne à sa suite, alors que depuis cinq ans le gouvernement polonais s'était singulièrement éloigné de nous.

Si les grandes démocraties anglo-saxonnes, qui naguère éludèrent l'idée d'un traité d'assistance, avaient fait avant 1939 l'immense effort qu'elles durent déployer deux ans plus tard, la guerre eût été

> *Mais les Anglais — Ah ! les Anglais ! — Ils sont toute une race à part.*
> *Leur psychologie est bovine et leur extérieur âpre et cru,*
> *Ils lâchent le point essentiel et sont distraits par un fétu,*
> *Mais le fétu qu'ils ont en mains et la paille qu'ils ont au bec*
> *Ils les transforment en gourdin et broient leur ennemi avec.*
> *Pour de personnelles raisons, non démocratiques, privées,*
> *Ils vont droit à leurs conclusions, largement inarticulées ;*
> *Dépourvus de toute expression ils gardent leur idée en tête,*
> *Mais au fumoir après dîner on apprend que la chose est faite.*
> *Oui, quelquefois, dans un fumoir, en nuées monosyllabiques*
> *Il illumination se fait par interférences obliques,*
> *Sur quelque geste ou fait nouveau, projet approuvé, sympathique,*
> *Enrubanné d'un peu d'argot de philo ou de rhétorique.*
> *En télégraphiques sentences, quasi mimées à leurs amis,*
> *Ils lèvent un coin du silence et le dialogue est fini.*
> *El tandis que le Celte parle de Valentia à Kirkwall,*
> *Les Anglais — Ah ! les Anglais ! Diable ! — ne disent rien. Nothing at all. »*
> (Traduction Antoinette Soulas. Paris, Denoël et Steele.)

évitée.

Au printemps de 1940, la France est presque seule pour supporter le choc des divisions blindées.

Comme l'a rappelé Pierre Varillon au début de son livre magistral [1], « lorsqu'à 16 h. 56, le 3 juillet, la première salve s'abattit sur les vaisseaux français, en rade de Mers-el-Kébir, il y avait cent vingt-cinq ans que la France et la Grande-Bretagne vivaient en paix. »

À Bordeaux, le 19 juin, après les assurances solennelles données par le maréchal Pétain et M. Paul Baudouin aux lords de l'Amirauté britannique et à lord Lloyd, l'amiral Darlan, assisté de l'amiral Auphan, avait pris l'engagement d'honneur que, quoi qu'il arrivât, jamais nos bâtiments de guerre ne seraient utilisés par d'autres que par nous.

L'opération « Catapult » n'en fut pas moins montée et exécutée le 3 juillet 1940 conformément aux ordres précis du gouvernement : saisie à l'abordage, de nuit et par surprise, de tous les bâtiments de guerre français qui avaient cherché refuge dans les ports de Plymouth et de Portsmouth ; saisie des navires de l'escadre française d'Alexandrie, noblement évitée, grâce à la haute conscience de l'amiral sir Andrew Cunningham et à la fermeté de l'amiral Godfroy.

Quant à la journée de Mers-el-Kébir, elle a ceci de tragique que son souvenir ne pourra de longtemps s'effacer de la mémoire des marins, tant français que britanniques [2].

Depuis que lord Cunningham, vicomte de Hyndhope, a publié ses souvenirs de guerre, l'Odyssée d'un marin, le lecteur se demande ce que signifie le passage, discrètement énigmatique, relatif au message reçu le 3 à 20 h. 14 par l'amiral : « L'Amirauté prend bonne note que le carburant commence à être retiré des navires français, mais les hommes d'équipage, et les spécialistes en particulier, doivent être immédiatement débarqués et transférés à bord

---

[1] Pierre Vahillon, *Mers-el-Kébir*, Paris, Amiot-Dumont, 1949.

[2] « L'histoire déterminera un jour quels sont les vrais responsables du 3 juillet 1940, et d'où vinrent les incitations qui pesèrent alors sur les décisions britanniques. » Ainsi s'exprime l'amiral Auphan, dans la brochure intitulée : *Histoire de mes « trahisons »* publiée en 1946.

des bâtiments marchands avant la tombée de la nuit. Que cela soit fait... SANS FAUTE » [1*].

Et l'amiral Cunningham ajoute : « Mon indignation fut grande. En outre, on nous ordonnait d'agir avant la nuit, et le message était envoyé de l'Amirauté à l'heure où le soir commence de tomber à Alexandrie. Étant donné qu'il nous était impossible d'exécuter cet ordre, nous décidâmes de n'en pas tenir compte. D'autre part je ne crus pas à ce moment-là que le message émanât de l'Amirauté même ; *je ne le crois d'ailleurs toujours pas* » [2*].

Quiconque a approché de la marine britannique sait que jamais dans un message, transmettant un ordre, on ne se permettrait d'ajouter : « Cet ordre doit être exécuté... sans faute. »

Chapitre IX : FIN DU GOUVERNEMENT PERSONNEL

Le 10 février 1941, dans l'après-midi, le Maréchal a signé l'Acte constitutionnel n° 4 *quater*, accordant la suppléance et la succession éventuelle du Chef de l'État à l'amiral Darlan [3]. En remontant dans son bureau, après la courte soirée qui a suivi le dîner, le Maréchal s'assied dans son fauteuil d'un air détendu. Il passe la main droite sur son front d'un geste habituel et me dit : « Voilà... Si je venais à disparaître, j'aurais remis le sort du pays entre les mains d'un homme qui a su conduire son affaire avec compétence et autorité. »

La veille, il a accepté la très digne lettre de démission de M. Flan-

---

[1*] Les majuscules et les italiques sont dans le texte de l'Amiral Cunningham.
[2*] Les majuscules et les italiques sont dans le texte de l'Amiral Cunningham.
[3] « Acte constitutionnel n° 4 *quater*

Article premier. — Si, pour quelque cause que ce soit, avant la ratification par la nation de la nouvelle Constitution, nous sommes empêchés d'exercer la fonction de Chef de l'État, M. l'amiral de la flotte Darlan l'exercera de plein droit.

Art. 2. — Dans le cas où l'amiral de la flotte Darlan serait empêché pour quelque cause que ce soit il serait à son tour remplacé par la personne que désignerait, à la majorité des voix, le Conseil des ministres. Jusqu'à l'investiture de celle-ci, les fonctions seraient exercées par le Conseil des ministres.

Art. 3. — L'Acte constitutionnel n° 4 *ter* est et demeure abrogé.
Fait à Vichy, le 10 février 1941.
Ph. Pétain. »

din. Il a signé le décret par lequel l'amiral Darlan est chargé de remplacer le ministre secrétaire d'État aux Affaires étrangères, tout en conservant le secrétariat d'État à la Marine et en assurant la charge de vice-président du Conseil. Ce début de réorganisation du gouvernement revêt une grande importance. Après la tentative de Pierre Laval pour faire nommer un chef du gouvernement, le Chef de l'État reste président du Conseil, conformément à la Loi constitutionnelle du 10 juillet. Il délègue, sous son contrôle, une initiative plus grande à son vice-président. Sa décision traduit la confiance qu'il lui a progressivement marquée depuis le 5 mai 1940. Elle est susceptible de lui permettre de prendre, encore plus qu'auparavant, un peu de recul dans la gestion quotidienne des affaires courantes et d'échapper à ce harcèlement des marchandages de Turin et des controverses de Wiesbaden.

C'est la fin du gouvernement personnel du Maréchal. La situation aurait pu être bien nette, étant entendu qu'il sera régulièrement informé et que toutes décisions de principe ou de réelle importance lui seront soumises. Tout eût été clair si le Maréchal avait su modérer sa méfiance naturelle, et si son entourage immédiat n'avait pas fait aussitôt un barrage, critiquant à l'envi cette emprise sur de grandes administrations et dénonçant « la dictature de Darlan ».

En effet, six jours après la promulgation de l'Acte constitutionnel, M. Peyrouton demanda pour la seconde fois au Maréchal d'accepter sa démission. Ce fut regrettable. Le bon sens, l'équilibre et la connaissance des hommes que possédait le ministre de l'Intérieur eussent été fort utiles au cours des délibérations du nouveau Cabinet. Il est vrai qu'au cours des premières conversations de l'amiral avec l'ambassade, des critiques violentes avaient été renouvelées à son égard ; son congédiement avait déjà été réclamé lors de la venue d'Abetz à Vichy. Ensuite M. Peyrouton avait souffert d'être subordonné à l'amiral Darlan durant les semaines où les affaires furent traitées par le Comité directeur. L'amiral eut-il le tort de lui faire sentir qu'il entendait, comme vice-président du Conseil, continuer à exercer une sorte de tutelle sur son département ?

Quand la demande de démission fut renouvelée, le Maréchal en fut affecté. Avec un peu d'émotion, il traita Peyrouton de « lâcheur ». C'était depuis six semaines le quatrième départ.

Le Maréchal se trouvait partagé entre deux impressions bien

contradictoires. D'une part ses habitudes de commandement lui faisaient apprécier ce surcroît d'autorité, répondant à la fois à son souci de l'unité de direction et à son penchant pour la simplification du cadre administratif. Il s'imaginait que, pourvu que les directives générales fussent énoncées avec netteté, les services ministériels sauraient assurer une exécution satisfaisante. D'autre part, les séparations successives amplifiaient, en ce mois de février d'un hiver rigoureux, l'impression de solitude au siège du gouvernement exilé à Vichy.

Il regrettait l'éloignement de M. Baudouin, dont les brillantes qualités, la souplesse d'esprit et la facilité de travail l'avaient séduit. Il lui gardait une vraie gratitude pour le sang-froid dont il avait fait preuve à la veille de l'armistice et à Bordeaux, pour l'adresse et la compétence avec lesquelles il l'avait aidé à résoudre les difficultés d'Indochine.

Le congédiement forcé de M. Alibert lui avait causé de la peine. Celui-ci lui avait été présenté par des amis sincères et éprouvés. À certaines heures, il s'était fié à lui. Mais c'est dans l'exercice du pouvoir que s'étaient révélées les limites de ce juriste distingué, desservi par un dogmatisme outrancier.

Il lui arrivera de regretter la démission de M. Flandin, en se rendant compte de l'ensemble de connaissances précieuses qu'il aurait apporté dans le gouvernement ; mais dans le court espace des six semaines de sa présence, sa méfiance et son jugement défavorable à l'égard des parlementaires pris en bloc furent les plus forts.

Ne faudra-t-il pas surtout déplorer l'erreur de principe que commirent les ministres qui s'éloignaient, manifestant trop de susceptibilité dans une sorte de querelle de préséance ? Il y eut là de leur part attachement excessif au souvenir du statut ministériel dans un Cabinet de la IIIe République. Les ministres, solidairement responsables devant les Assemblées de la politique générale du Cabinet et individuellement de leurs actes personnels, possédaient une certaine autonomie. La fonction de président du Conseil n'était même pas mentionnée dans la Loi organique du 24 février 1875, puisque c'était le président de la République qui présidait le Conseil des ministres. À Vichy, n'étant responsables que vis-à-vis du Maréchal, ils eussent dû se serrer autour de lui et se considérer comme les inspirateurs solidaires de ses décisions, sans chercher à être en personne responsables eux-mêmes. Dans ces conditions, quel inconvénient à ce que M. Peyrouton informât son vice-président du Conseil des faits majeurs de son département, s'il continuait à avoir accès auprès du Maréchal ?

Le départ de Marcel Peyrouton comporta donc la grave conséquence d'offrir à Darlan la tentation de joindre l'Intérieur aux quatre portefeuilles qu'il détenait. Cette rupture soudaine avec nos coutumes politiques fournissait à ses détracteurs, comme à l'opinion mondiale, le motif de l'accuser d'aligner notre pays sur les errements des États fascistes.

Telle fut sa lourde faute, d'ordre psychologique. Et ses adversaires, qui étaient nombreux, ne se privèrent pas de l'attaquer. On l'accusa d'avoir depuis de longs mois, par intrigue, écarté ses concurrents ; d'avoir, dès le 15 décembre, dans ses conversations avec Abetz, fait sa cour aux Allemands, pour recevoir l'investiture ; enfin d'avoir *manœuvré* à Paris, lors de la reprise des conversations.

Le moment est venu de ramener à de justes proportions cet assemblage de légendes, colportées avec une rapidité déconcertante. J'ai bien connu François Darlan. Nous appartenions à la même promotion 1899 du *Borda*. Nous nous étions particulièrement liés au cours d'une campagne à bord de la première *Jeanne-d'Arc*, de 1912 à août 1914. En 1920 je l'avais remplacé au commandement de la Flottille du Rhin. Je ne puis dire que j'étais de ses amis intimes, mais un camarade attaché à lui par des liens cordiaux et affectueux. J'ai bien discerné ses hautes qualités et ses légers défauts.

Quand j'avais appris soudain, le 13 décembre, l'intention du Maréchal à l'égard de Darlan, j'avais à part moi songé aux inconvénients d'une trop grande extension de son rôle. Autant j'approuvais qu'en situation d'armistice la suppléance du Chef de l'État lui fût confiée, ainsi que de larges attributions dans le domaine militaire, autant j'estimais que, touchant ses futurs rapports avec les administrations civiles, il y avait des réserves à faire.

C'était un chef. Dès le *Borda*, ce fils d'un garde des Sceaux du long Cabinet Méline était bien convaincu qu'il aurait une carrière favorisée. Plus tard, la présence de son beau-frère à la maison militaire du président Fallières, son attachement personnel au président Georges Leygues avaient renforcé sa confiance en son étoile. Très amicalement nous le considérions comme un dauphin de la IIIe

Chapitre IX

République.

Gascon plein de finesse et rusé, apte à juger de tout en termes volontairement simplifiés, bon officier, très bon marin, il avait exercé tous ses commandements avec autorité et plein succès : la Flottille du Rhin, l'aviso-école de pilotage, le croiseur-école d'application des enseignes de vaisseau, la Première division de croiseurs, à bord du Foch, la Deuxième escadre dans l'Atlantique. Légèrement paresseux, ce qui est une qualité chez un grand chef, bon vivant, assez éloigné de toute culture livresque, et même un peu défiant à l'égard des supériorités intellectuelles, cerveau simplificateur, il tranchait hardiment les difficultés. Du point de vue politique, c'était un radical autoritaire. Bien que propre neveu d'un prélat qui avait occupé le siège épiscopal de Digne, il affichait un anticléricalisme un tantinet vulgaire. De lui également, le Maréchal pouvait dire qu'il méconnaissait trop les valeurs spirituelles. Suivant la classification chère aux Français, il était nettement à gauche. Et cela était loin de déplaire au Maréchal qui, dans son ardent désir de restituer à ses concitoyens ce bien précieux, l'unité des esprits, visait à ne pas imprimer à son gouvernement l'apparence réactionnaire.

Au début de 1949, l'amiral Docteur, à qui Darlan était lié par une étroite amitié, a rassemblé une documentation importante, non pour entreprendre dès cette date sa réhabilitation, mais pour expliquer clairement ses actes et excuser certaines erreurs [1]. Les chapitres où il dépeint « Darlan, marin et intime », son rôle comme expert naval, la conduite des opérations de guerre de septembre 1939 au 17 juin 1940, sont d'un vif intérêt. Les chapitres suivants sur « Darlan, homme d'État », contenant d'importants documents — extraits de lettres, récits de conversations datées — font justice d'un grand nombre de légendes, dont beaucoup de gens se sont jusqu'ici contentés.

Les lignes qui vont suivre n'ont pas pour objet majeur de contribuer à une réhabilitation du rôle de l'amiral Darlan. Je m'en tiens à apporter mon témoignage pour mettre en lumière le jugement que le Maréchal portait sur son adjoint.

Darlan n'a pas « guetté son heure » ; on a vu qu'il était de longue date averti des intentions du Maréchal à son égard. « Il faut un

---

[1] Amiral Docteur, *La Grande énigme de la guerre : Darlan, amiral de la flotte*, Paris, édit. de la Couronne, 1949.

gouvernement d'autorité, lui a dit celui-ci à Briare le 11 juin, une sorte de consulat. Si je suis consulté sur le choix du premier consul, c'est vous que je désignerai, mon ami. »

Au cours de la première quinzaine de février, Darlan n'a pas « manœuvré » sinon conformément aux directives précises du Maréchal qui aurait même, à la rigueur, toléré le retour de Pierre Laval, pourvu qu'il se contentât d'un poste de deuxième rang.

Il n'a pas « supérieurement joué sa partie (1) » ni « joué dans le dos du Maréchal ». Il s'est efforcé de constituer un Cabinet dont Pierre Laval était exclu, et où se retrouvaient tous les techniciens en qui le Maréchal avait placé sa confiance : le général Huntziger, Pierre Caziot, Yves Bouthillier, René Belin, Joseph Barthélémy, le général Bergeret, Jean Berthelot, l'amiral Platon, Jean Achard, Jacques Chevalier.

Tous les secrétaires généraux des ministères, choisis depuis les mois de juillet et d'août 1940, sont maintenus : Dayras, René Fatou, Serge Huard, Xavier Vallat, Deroy, Moreau-Néret, Schwartz, Préaud, Lafond, Bichelonne, Million ; de même Lamirand, qui a été nommé en septembre ; de même Terracher et di Pace qui ont été désignés le 15 décembre ; de même Jean Borotra qui est depuis le 7 août commissaire général à l'Éducation générale et aux Sports.

Darlan n'a pas « constitué son propre ministère, sans que le Chef de l'État pût se permettre d'en discuter les moindres éléments [1] ». Ces éléments étaient ceux du Cabinet précédent. Les techniciens nouveaux ont été parfaitement reçus par le Maréchal à des dates voisines du 8, du 21 janvier, du 10 février selon mon agenda d'audiences. Ainsi ont été appelés aux nouvelles fonctions ministérielles ou administratives l'éminent Jérôme Carcopino pour le secrétariat d'État à l'Éducation nationale, Pierre Pucheu à la Production industrielle, Henri Moysset comme secrétaire général de la vice-présidence, Marion et Benoist-Méchin, secrétaires généraux adjoints ; Sabatier et Chavin, secrétaires généraux à l'intérieur; Jacques Barnaud, comme délégué général aux Relations économiques, François Lehideux à l'équipement national.

Voilà ce qu'on a appelé les manœuvres louches de « l'avènement de Darlan », et représenté comme un accaparement d'autorité au préjudice de celle du Maréchal. On a défini ce Cabinet, même aux

1 Cf. Henri Barthète, *Le Temps des illusions*, p. 138-139.

Chapitre IX

yeux des Américains, comme un jouet entre les mains de Hitler et d'Otto Abetz. Or sa structure répondait aux désirs exprimés par le Maréchal, qui avait souhaité pour l'exercice de son « commandement unique » une distribution de fonctions hiérarchisée. Organisé comme l'avait été le remaniement précédent, le Cabinet du 23 février, qui portait toujours le titre de « Cabinet du 6 septembre remanié », réunissait sous l'autorité du Maréchal, président du Conseil, un vice-président, quatre ministres et huit secrétaires d'État.

Par le fait, Darlan, vice-président, était ministre des Affaires étrangères, de l'Intérieur et de la Marine. Il supervisait l'Information et gardait son lien avec l'Aviation. Le général Huntziger, ministre de la Guerre, travaillait en liaison avec l'Éducation nationale [1], les Colonies, la Famille et la Santé. — Enfin M. Bouthillier, prenant en mains l'Économie nationale, dont M. Flandin avait décliné l'attribution, donnait l'impulsion au Comité économique qui groupait Finances, Production industrielle, Travail et Communications, avec les représentants des autres départements intéressés. C'était si l'on y joint le ministère de la Justice, la réplique exacte du triumvirat ébauché pendant la période de quarantaine, pour assister et soulager le Maréchal dans l'exercice du pouvoir.

Et Henri du Moulin, trop attaché aux formes traditionnelles de la IIIe République, pouvait ironiser sur ce qu'il appelait la vocation polyédrique du Maréchal. Il raillait ce goût de « la pyramide » par lequel celui-ci transposait sur le plan politique sa méthode de commandement militaire.

Le Maréchal, lui, dans sa ferme volonté de faire vivre le pays, tenait à mettre un terme à la suspension presque complète de relations entre l'autorité occupante et son gouvernement. De même qu'il s'était efforcé de ne pas aller jusqu'à la rupture, il a chargé

---

[1] C'était le Maréchal qui souhaitait une union assez étroite entre l'armée de terre et l'Éducation nationale. Beaucoup de gens ignorent qu'au mois de février 1934, c'était très sérieusement que le Maréchal avait demandé au président Doumergue de lui confier l'Éducation nationale. Il estimait nécessaire, ainsi que dix mois plus tard il l'a affirmé au dîner de la *Revue des Deux Mondes*, de doter la France d'un véritable système d'éducation nationale. Le point capital de celte politique était à ses yeux le resserrement des liens de l'école et de l'armée. Le président Doumergue prit la proposition pour une boutade et affirma que c'était au ministère de la Guerre que sa présence s'imposait pour l'apaisement des esprits.

Darlan de tâcher de se débrouiller, de se tirer d'affaire tant bien que mal, dans le domaine du possible, afin de sortir de l'impasse.

Le 10 février, en même temps qu'il me confirmait ce choix définitif de l'amiral Darlan pour la vice-présidence, le Maréchal me notifiait que mes fonctions de secrétaire général de la présidence du Conseil allaient prendre fin. Il le fit à la manière caustique et familière dont il usait avec les gens de son entourage : « Il faut toujours qu'il y ait quelqu'un qui écope… Alors vous écopez. » Et en me remerciant avec une pointe d'émotion du dévouement loyal avec lequel j'avais servi à ses côtés, il me demanda de rester à sa disposition pour diriger le secrétariat du nouveau Conseil national. Il ajouta : « Nous nous verrons moins souvent… En tout cas, quand nous nous croiserons, nous nous reconnaîtrons. »

Le lendemain même, la crise touchant à sa fin, il quittait Vichy pour passer quelques heures dans sa propriété de l'*Ermitage*, à Villeneuve-Loubet. Le 13 février il se rendit à Montpellier pour y recevoir le général Franco, qui traversait la France après avoir conféré avec Mussolini à Bordighera : dans la ligne de l'entente tacite d'octobre 1940, le Chef de l'État espagnol continuait avec un doux entêtement à éluder toute idée d'entrer en belligérance.

Après la promulgation des décrets du 24 février, portant réorganisation du gouvernement, l'amiral Darlan va se mettre au travail avec son équipe. Du fonctionnement de ce Cabinet, je n'aurai quant à moi plus rien à dire. Dans les nouvelles fonctions que je vais remplir auprès du Conseil national, je serai à l'écart de l'expédition des affaires courantes. Je sais que d'autres que moi, et bien plus autorisés, se proposent d'apporter leur témoignage sur cette période et sur la part que prit le Maréchal aux principales délibérations.

Mais avant de parler du Conseil national, dont le Maréchal attendait beaucoup, j'ai le devoir d'exposer un fait de grande importance, dont je fus témoin et qui devait entraîner des conséquences lointaines et bien regrettables.

Dès les débuts de l'installation du Cabinet, il est manifeste que l'amiral Darlan se heurte à une vague d'impopularité. Dans ce qui va suivre, je m'attache à ne pas faire de personnalités, sauf peut-être à l'égard de mon pauvre collègue du Moulin de Labarthète, dont trop de pages ont pris dans son livre l'allure d'un véritable pamphlet, qui n'épargna pas la personne du Maréchal. La question

Chapitre IX

est plus haute. Il y eut là un immense malentendu collectif à l'insu de ceux-là mêmes qui s'employèrent à répandre des potins calomnieux.

Le splendide hexagone qu'est la France est condamné par la géographie à pratiquer dans tous les temps une politique de frontière. Celle du nord est dangereusement ouverte. L'esprit nerveux et combatif du Français caractérise d'une part son inquiétude, mais aussi sa volonté d'assurer son existence en défendant ses limites, en tenant ses sûretés et ses places fortes. Or la France est baignée par quatre mers, et l'appel du large se fait entendre vers le nord, vers l'occident, vers le midi, vers l'orient. Au moyen âge Normands et Provençaux ont révélé leurs aptitudes nautiques. Dès la découverte de l'Amérique, Malouins, Dieppois, Basques chasseurs de baleines se sont fait connaître à leur tour. La France n'eut pas à balancer entre une vocation terrienne et une vocation maritime : par essence elle est terrienne, à l'extrémité de « ce petit cap du continent asiatique » ; elle doit avant tout se garder. Mais c'est Charles V le Sage qui avait raison en puisant une règle dans la Politique d'Aristote : « La flotte doit être proportionnée aux actions de la Cité. »

Car la Cité, ce n'est pas seulement la métropole, ce sont aussi les comptoirs au-delà des mers, les colonies sans lesquelles une nation de premier rang ne peut vivre. Mais la mémoire héréditaire conserve de mauvais souvenirs. Après l'échec du débarquement en Angleterre malgré les prouesses de Tourville à Barfleur et à La Hougue, les continentaux l'ont emporté sur les maritimes. La guerre de Sept Ans nous a coûté notre domaine colonial. Trafalgar a préparé Waterloo. Nos grandes acquisitions coloniales ont été anéanties, et le calvaire de nos colons dans le passé prophétise le danger qui menace les nombreux fils de la France d'outre-mer.

De tout cela résulte néanmoins qu'à l'approche du péril l'impérieuse nécessité de sauvegarder nos frontières a toujours placé l'armée de terre au premier rang des sollicitudes et de l'attachement de tous les Français. Après la moisson de gloire des conquêtes napoléoniennes, le pays a suivi des yeux le patient travail de pacification accompli par l'armée d'Afrique. Il a acclamé les troupes au retour de Sébastopol, de Magenta et de Solférino. Par-delà la défaite et l'invasion de 1870-71, il a réalisé la splendide Union sacrée de 1914. Il fut récompensé de sa patience et de son opiniâtreté par les enivrantes journées de Strasbourg et de Metz, dans une victoire qui n'était pas complètement la nôtre, puisque vingt-six nations y avaient plus ou moins contribué.

Par une habitude d'esprit plus que centenaire, l'armée de terre était ainsi sans contredit aux yeux du pays le premier des grands services. Ajoutons que dans le cadre de la guerre totale, l'armée de mer ne se sentait nullement diminuée de se tenir au deuxième rang. Elle participait aux opérations des armées en en garantissant la sûreté et le constant réapprovisionnement. Il faut alors expliquer comment le pays se trouva dans l'incapacité de comprendre le récent choix du Maréchal. Il appelait auprès de lui le chef qui lui paraissait, à cette date, le plus qualifié par sa connaissance du théâtre mondial et par ses qualités d'organisateur.

Il ne s'est pas décidé à la légère. On sentait bien, en ces heures difficiles, que les yeux de l'armée et d'une grande partie du pays se tournaient du côté du général Weygand. C'était lui, le grand chef militaire, en qui le réflexe terrien que nous avons précisé était prêt à placer sa confiance, en raison de tous les services rendus. Le Maréchal lui a confié la tâche magnifique de réorganiser, de recréer des forces efficaces pour la défense de l'Afrique du Nord en vue de l'avenir. Par de fréquentes liaisons d'officiers, il se tient en étroit contact avec lui : « J'ai lu et approuvé, lui écrit-il le 4 février 1941, les mesures d'urgence que vous avez prises touchant la lutte contre les fausses nouvelles, ainsi que les instructions concernant le commandement de la troupe. La liaison hebdomadaire, en nous plaçant tous deux dans l'atmosphère mutuelle, est réellement efficace pour lutter contre les bobards : elle est à continuer. Nous arrivons à un tournant ; il s'agit de le passer avec honneur et dignité. C'est ce que je m'efforcerai de faire. » Et il l'assure de ses sentiments affectueux et confiants.

Mais de là à le rappeler pour venir l'assister dans la conduite des affaires, il y avait un grand pas. Il faut noter que le Maréchal de février 1941 n'est plus le Maréchal de juillet 1940. Il a éprouvé les difficultés croissantes de sa tâche, la dureté des exigences allemandes, les complications provenant de la prolongation du conflit. Il a longuement médité. Assurément sa conception de l'armistice n'était pas la même que celle du général. Le Maréchal est un défensif, comptant sur sa finesse paysanne pour gagner du temps, ne pas exposer le pays à des représailles, le faire vivre même si la guerre se prolonge plusieurs années, donner aux ouvriers le moyen de gagner un salaire. Le général est plus strict. Il l'a écrit, connaissant l'ennemi par son expérience de l'autre armistice :

« S'en tenir strictement à l'observation des conditions d'armistice, ne rien céder au-delà. Dans le cas d'une exigence extra-conventionnelle, protester. Si l'ennemi persiste, donner à cette protestation une diffusion mondiale... L'Allemand ne respecte que celui qui lui tient tête. Il méprise les résignés, et c'est aller au-devant d'exigences nouvelles que se laisser molester sans protester [1]... »

Cependant la situation d'armistice en 1918-19 n'était pas la même que celle de cet armistice dont la durée se prolonge. Là les hostilités étaient suspendues, sans apparence de reprise possible. Ici les forces occupantes sont menaçantes. On ne parle pas de paix, et pour cause. Il apparaît patent que si le Maréchal avait rappelé le général Weygand auprès de lui, après le congédiement de Pierre Laval, l'autorité occupante, qui le redoutait à cause de son passé et du souvenir du wagon de Rethondes, n'aurait pas manqué de s'y opposer, ou de faire des réserves. Si le Maréchal avait passé outre, il est à craindre qu'à la première tension sérieuse, sur une question quelconque, il eût fallu se soumettre ou se démettre.

Aux côtés du Maréchal, il s'agit d'autre chose, de faire vivre le pays, d'organiser, de négocier avec l'occupant avec ténacité, mais sans rompre. C'est une question de patience et d'adresse. Il a choisi Darlan.

Mais l'opposition des militaires va se révéler violente. Dans ce choix ils voient comme un acte de lèse-majesté. L'instinct terrien du pays va les suivre. Des bureaux de l'état-major de l'armée vers les divisions militaires, des officiers de l'active aux officiers de réserve, par la Légion des anciens combattants jusqu'aux bourgs et aux villages, de mauvais propos vont circuler. Un marin c'est un aventurier ; il a vécu en marge du pays ; il est ignorant des affaires publiques. De plus, Darlan est représenté comme n'étant pas un vrai marin, c'est un politicien, c'est un homme de gauche, avant tout un ambitieux. Il est dangereusement anglophobe, il est capable de commettre les pires erreurs et de se rapprocher des Al-

[1] Général Weygand, *Rappelé au service*, p. 317-318, Paris, Flammarion, 1950.

lemands.

Ne dira-t-on pas qu'il s'est laissé séduire par Hitler qui lui aurait offert, à l'entrevue du 25 décembre, d'être à l'avenir ou dans un jour prochain l'amiral des flottes européennes ? Cela a été affirmé très sérieusement, appuyé, disait-on, par des témoignages irrécusables. Or il faut rétablir la vérité. Ce n'est pas Hitler qui a fait cette allusion fantaisiste, c'est Abetz, dès sa première rencontre avec Darlan, le 15 décembre, à Paris, rue de Lille, après la cérémonie des Invalides. Le témoignage du général Laure est formel sur ce point. Abetz, ce nazi romantique, qui, au travers des exigences brutales de l'autorité occupante, poursuivait le dessein aussi nébuleux que chimérique d'un rapprochement spontané de la France et du Reich ! Au bout d'un quart d'heure de contact, après des reproches sanglants au sujet du congédiement de Laval, ce lourdaud a cherché à éblouir Darlan par cette allusion, que l'amiral n'a jamais prise au sérieux, même s'il l'a mentionnée dans la suite en manière de boutade.

Pour caractériser son ambition n'a-t-on pas colporté qu'il avait obtenu ses cinq étoiles et son titre d'amiral de la flotte pour réparer la blessure d'amour-propre que le protocole observé aux obsèques de S. M. George V lui avait infligée ? Darlan a pu mentionner ce détail, parmi d'autres similaires, quand il fut question, sur son initiative, de distinguer les appellations dans les hauts grades de la hiérarchie militaire. Mais le rapport de M. Édouard Daladier au président de la République, accompagnant le décret qui fut signé le 6 juin 1939, stipulait bien autre chose : « Pour faciliter l'organisation éventuelle des hauts commandements interalliés en temps de guerre, il paraît indispensable d'adopter des appellations correspondant à l'importance des emplois tenus par les titulaires des plus hautes fonctions. » C'était le bon sens même. Et l'armée de terre ne s'est pas mal trouvée de pouvoir enfin distinguer le rang de général d'armée ou celui de général de corps d'armée, ce que l'on avait toujours éludé pour ne pas semer trop d'étoiles sur les manches.

Dans toutes les nations de premier rang, à certaines époques il a existé des divergences de vues dans le domaine des forces armées. Soit dans l'Empire britannique, soit aux États-Unis, par exemple lors de l'insertion de l'armée de l'air auprès de l'armée et de la marine, il y eut souvent de grandes discussions de préséance ou de prépotence, qui parvinrent finalement à être arbitrées. À mon avis, dans la campagne de dénigrement qui fut montée de proche en proche à l'égard de l'amiral de la flotte, bien des gens de l'entourage immédiat du Maréchal, et Labarthète en particulier, manquèrent à la fois de clairvoyance et de pondération. Je suis le premier à reconnaître, connaissant bien Darlan, qu'il aurait dû montrer, dans sa nouvelle fortune, un peu plus de tact, ne pas accentuer, comme à plaisir, la vulgarité de ses propos et les reparties parfois acerbes de son langage. J'aurais souhaité que vis-à-vis des officiers de l'armée de terre, dont il connaissait le préjugé défavorable, il eût consenti, par esprit de finesse, à les traiter avec des égards plus nuancés. Car il y a une chose que l'on ignore ou qu'on oublie. Pendant les quatre années de la Première Guerre mondiale, Darlan avait vécu au milieu d'eux et fréquenté la plupart des états-majors. Versé en août 1914 dans les premières unités qui allaient dans la suite former les régiments de canonniers-marins, il a fait une très belle guerre à terre comme commandant de batterie, puis comme chef de groupes : des bords de l'Oise aux positions de Champagne, des Hauts-de-Meuse à la forêt d'Argonne, il a connu une grande partie du front, et jusqu'à Salonique. Il a pris part aux travaux de balistique transmettant aux artilleurs de terre nos tables de tir à grande distance. Commandant de la Flottille du Rhin en 1919 et 1920, il a participé à l'occupation rhénane à la tête d'un élément d'armée. Depuis cette période de six années passées à terre, il se montrait sévère dans ses jugements touchant le conformisme excessif des officiers vis-à-vis des échelons élevés de la hiérarchie. À une époque où l'importance du matériel est sans cesse croissante à la guerre, ce qui différencie la manière de servir des officiers de marine c'est la franchise directe et parfois rude, qu'ils pratiquent à l'égard de leurs supérieurs. La vie à bord en est la cause. En présence des incidents de mer imprévus et des avaries soudaines des appareils, l'officier ne craint pas d'en appeler à tout instant du chef mal informé au chef mieux informé, quitte à le contredire.

Je sais aussi, et mieux que d'autres, la blessure d'amitié ressentie par des officiers généraux qui avaient naguère approché le Maréchal de très près. Ils furent déçus de ne pas être appelés à collaborer plus directement avec lui. Comme l'a noté le général Weygand, on ne peut imaginer à quel point le Maréchal était secret ; il n'aimait pas à dévoiler entièrement sa pensée. Bien rares sont ceux qui ont pu percer ce que le Maréchal pensait d'eux-mêmes.

Il y aurait donc injustice à reprocher à Darlan seul la préférence qui lui a été accordée et à le rendre responsable de l'orientation qu'il a prise, afin de servir le dessein que le Maréchal lui avait nettement fixé. Dans la mesure où des jugements inflexibles ont été portés dans la suite sur le comportement de l'amiral de la flotte, j'estime qu'il faut prendre en considération deux phrases prononcées par le Maréchal. La première est bien connue : « C'est moi seul que l'Histoire jugera. » La seconde est celle que je citais au début de ce chapitre : « Cet homme a su conduire son affaire avec compétence et autorité. »

Car, en fin de compte, à trop dire que le Maréchal a commis une lourde faute en accordant sa confiance à François Darlan, on en viendrait à énoncer que, par faiblesse ou sénilité, il a manqué de clairvoyance, ce qui — on voudra bien le reconnaître — était loin d'être le cas.

Chapitre X : LE CONSEIL NATIONAL

La loi portant création d'un Conseil national a été publiée au *Journal officiel* du 24 janvier 1941. Elle prévut qu'il doit fonctionner jusqu'à la promulgation d'une Constitution et donner son avis sur les matières soumises à son examen. Elle est accompagnée d'un décret nommant 192 conseillers. Ainsi le Conseil comptait : 38 sénateurs, 42 députés, 8 anciens parlementaires, 9 représentants des départements d'Algérie, 19 militants des unions et fédérations ouvrières, 28 représentants des associations agricoles. Parmi les conseillers nommés à des titres divers : le cardinal archevêque de Paris, le président de la fédération des Églises protestantes, des membres de l'institut de France, des représentants de l'industrie, du commerce et de l'artisanat, plusieurs officiers généraux ; des représentants des professions libérales, et parmi eux d'éminents médecins et professeurs ; quelques représentants des associations familiales.

Au cours des délibérations ministérielles, le Conseil des ministres s'était attaché à éviter une organisation trop rigide et à ne pas accorder aux Commissions prévues le caractère permanent. L'on se rapprochait ainsi, de jour en jour, de l'idée personnelle du Maréchal qui, opposé à une assemblée nombreuse, souhaitait avant tout de faire travailler des Commissions partielles en petit nombre.

Les chicanes de la presse, à la suite de la promulgation de la loi, furent assez vives. On critiquait, en particulier, le choix de certains conseillers et les traitements qui étaient alloués. Mais le mois de février, entièrement consacré au remaniement du Cabinet, ne permit pas de procéder aux retouches nécessaires. Ce fut en mars que celles-ci furent adoptées : le renouvellement d'une fraction du Conseil était éventuellement prévu, le traitement fixe était supprimé, les conseillers ne devaient percevoir qu'une indemnité de déplacement et de fonction, correspondant à la durée de leurs travaux.

La loi modificative et le décret portant règlement du Conseil furent signés le 22 mars. Conformément aux désirs du Maréchal, l'Assemblée plénière n'était prévue qu'à titre exceptionnel. Les Commissions, composées de vingt-cinq membres au maximum, devaient être convoquées touchant un objet précis et se borner à fournir des avis motivés sur la matière soumise à leur étude [1].

Dans le courant de janvier, l'installation du Conseil à Lyon avait été envisagée en raison de l'occupation presque totale des locaux disponibles à Vichy. Henri du Moulin, appréciant sévèrement la « dislocation » du Conseil national en petits groupes, a porté ce jugement : « Au lieu de se servir de cette Assemblée pour lui faire jouer à Lyon, capitale réelle de l'esprit public en zone libre, le rôle consultatif que nous souhaitions lui voir attribuer, le Maréchal, qui se méfiait des Assemblées, mais qui raffolait toujours des petits Conseils, s'ingénia à répartir ses membres en un certain nombre de Commissions… C'était tourner le dos aux grands contrôles comme à la vraie politique. C'était faire du *puzzle* à l'heure où le pays réclamait de larges perspectives… »

Il y a une part de vérité dans cette critique. Mais, ainsi qu'on le verra, si le Conseil national ne réalisa que bien petitement l'espoir qu'on fondait sur lui, cela est du surtout à deux autres causes. La première a été que les ministres, absorbés par leur tâche ardue, n'y portèrent que très peu d'intérêt, pendant l'année 1941, d'ailleurs féconde en complications extérieures. La seconde fut que le Ma-

---
1 La liste de MM. les membres du Conseil national est donnée à l'annexe I.

réchal, qui eût souhaité de pouvoir suivre ces consultations avec une attention particulière, s'en vit précisément détourné par la part qu'il dut prendre à la solution de ces graves incidents. En revanche, je puis affirmer que l'adoption de Lyon, comme siège du Conseil, eût constitué un véritable péril.

Même si les sessions de l'Assemblée plénière avaient été de courte durée, même si les manifestations oratoires avaient été réduites par un règlement rigoureux, – procédure américaine, conseillers parlant assis à leur place — l'atmosphère parlementaire n'eût pas manqué de réapparaître. Il eût été difficile de siéger à huis clos. Si la presse parlementaire avait été présente, il y aurait eu des inconvénients à tolérer d'abondants commentaires, tant que les conclusions du gouvernement ou les décisions du Chef de l'État étaient encore en suspens. Et que dire des critiques lancées à l'adresse de l'administration ?

Dans la cité lyonnaise connue pour son caractère sérieux et austère, les Parisiens réfugiés chez qui réapparaissait de-ci de-là l'origine toulousaine ou marseillaise, les membres de la presse parisienne, hébergés dans des logis pittoresques, s'y révélaient parfois aussi turbulents que des étudiants entrant en vacances. On imagine sans peine les malentendus, les froissements, les remontrances, les conflits qui n'auraient pas manqué d'éclater entre le Conseil de Lyon et les administrations de Vichy, entre le palais de Bondy et l'*Hôtel Carlton* ou l'*Hôtel du Parc*. Et quelle discrétion absolue aurait-on pu assurer à l'égard de l'autorité occupante ? Quel renfort de critiques acrimonieuses n'eût-on pas ainsi fourni à la presse asservie de Paris ! Pour employer une expression populaire, cela aurait fait du joli.

Mais peut-être Henri du Moulin, ancien président de la Conférence Molé, eût-il souhaité d'être, en cas de session orageuse, chargé de la mission d'intervenir avec sa voix puissante ? Il eût fait, après un discours persuasif, voter une motion de synthèse pour apaiser les esprits.

Il était plus sage de trouver à Vichy même un immeuble, à la fois proche de l'*Hôtel du Parc* et des ministères, suffisamment isolé pour fournir aux conseillers la tranquillité souhaitable. Sur le conseil avisé de M. Valadier, vice-président du Sénat, le choix se porta sur une villa, annexe de l'*Hôtel Thermal*, connue avant la

Chapitre IX

guerre sous le nom de *la Potinière*, 4, rue de Belgique. Elle évoquait un souvenir historique.

Construite avant 1860 par Isaac Strauss, alors directeur des salons de musique de la ville des eaux, et qui n'était qu'un homonyme du compositeur des valses viennoises, elle avait été mise à la disposition de l'empereur Napoléon III quand il arriva le 4 juillet 1861 pour soigner une maladie de foie sur les bords de l'Allier.

Bien que les dimensions de la villa fussent un peu réduites pour sa nouvelle destination, il fut possible, au prix de quelques travaux simples, d'aménager dans les trois étages une salle de Commission satisfaisante, une vaste antichambre, deux salles de sous-commission, et les bureaux du secrétariat général. Le 29 avril, tout était en place, en vue de convoquer la première Commission pour la date du 6 mai. Le 4, le Maréchal vint inspecter les locaux dans les moindres détails.

Le Maréchal était, à ce moment, dans une forme particulièrement brillante. Les mois de mars et d'avril lui avaient apporté de multiples satisfactions. Le 1er mars, du haut du balcon de la préfecture de Saint-Étienne, il avait, au milieu d'un enthousiasme bouleversant, prononcé sa grande allocution radiodiffusée où il traitait du grand problème du travail et de l'ordre social : « Ouvriers, mes amis, techniciens, patrons… » Se rendant ensuite au Puy, il était monté jusqu'à la cathédrale par les belles vieilles rues de la cité industrieuse. Le 14 du même mois, il avait pu annoncer l'institution de la retraite des vieux travailleurs.

Le 19 mars, il avait rendu visite à Grenoble. Sous un soleil radieux, dans le beau décor de la capitale dauphinoise, il avait assisté au défilé des troupes alpines, « Diables bleus », artillerie de montagne, éclaireurs-skieurs ; il s'était rendu à pied à l'Université, accompagné d'une triomphale escorte de milliers d'étudiants et de jeunes gens des écoles techniques. À Vienne, dans le cadre grandiose du théâtre romain où, malgré les dimensions énormes de ce cirque de rochers, les anciens combattants occupaient tous les gradins, il avait reçu leur serment. Le 20 avril, ce fut le voyage de Pau, Tarbes et Lourdes. Dans leurs beaux costumes, Basques, Béarnais, Bigourdans se sont rassemblés et, en leur présence, le Maréchal s'est adressé à tous les paysans de France, pour magnifier la tâche du cultivateur et définir la vaste politique terrienne qu'il se propose d'appliquer. Enfin le 1er mai, il était à Montluçon et à Commentry, pour bien marquer que ce jour, qui était naguère symbole de division et de haine, devait être désormais la fête joyeuse du travail et des travailleurs.

Au siège du Conseil national, le Maréchal se montra très satisfait des dispositions adoptées. Le service du secrétariat des Commissions était assuré sous ma direction par sept fonctionnaires distingués du Sénat et de la Chambre, que M. Jeanneney et M. Herriot avaient obligeamment détachés à la disposition du Conseil. Au moment de quitter la *Villa Strauss* : « Quelle admirable tâche a devant lui ce Conseil, dit le Maréchal. Comme j'aimerais à m'y consacrer ! »

Du 6 au 20 mai 1941, la première Commission d'études, consacrée à la réorganisation administrative, se réunit sous la présidence de M. Lucien Romier, qui était depuis le 24 février chargé de mission auprès du Chef de l'État. La Commission, composée de vingt-trois membres (vingt et un conseillers nationaux et deux personnalités extérieures) tint onze séances pour la définition et la délimitation des provinces ou régions. Ses conclusions définirent la province comme le groupement d'un certain nombre de départements, compte tenu des nécessités administratives et des conditions géographiques, comme des affinités économiques et culturelles. Ainsi furent dénommés provisoirement dix-neuf provinces et un gouvernement, avec fixation du siège de leur capitale :

– Flandres-Artois-Picardie : 4 départements. Capitale : Lille.

– Normandie : 5 départements. Capitale : Rouen.

– Gouvernement de Paris… Seine, avec parties de Seine-et-Oise et de Seine-et-Marne. Capitale : Paris.

– Ile-de-France : 4 départements, 2 arrondissements, 1 canton. Capitale : Versailles.

– Champagne-Lorraine : 8 départements. Capitale : Nancy.

– Alsace : 2 départements. Capitale : Strasbourg.

– Bretagne : 5 départements. Capitale : Rennes.

– Val-de-Loire, avec lieutenance de Maine-Anjou à Angers : 6 départements. Capitale : Tours.

– Bourgogne : 7 départements. Capitale : Dijon.
– Vendée-Poitou-Charentes : 5 départements. Capitale : Poitiers.
– Berry-Bourbonnais-Nivernais : 4 départements. Capitale : Bourges.
– Limousin : 3 départements. Capitale : Limoges.

– Auvergne : 4 départements, 6 cantons. Capitale : Clermont-Ferrand.
– Rhône et Loire : 5 départements, 4 arrondissements. Capitale : Lyon.
– Savoie-Dauphiné : 3 départements, 1 canton. Capitale : Chambéry.
– Guyenne-Périgord : 3 départements, 1 arrondissement, 3 cantons. Capitale : Bordeaux.
– Béarn-Gascogne-Pays basque : 4 départements, 3 cantons. Capitale : Pau.
– Languedoc : 5 départements, 1 arrondissement. Capitale : Toulouse.
– Bas Languedoc-Roussillon : 5 départements, 1 arrondissement. Capitale : Montpellier.
– Provence, avec lieutenance de Corse à Ajaccio : 8 départements, 1 arrondissement. Capitale : Marseille.

Du 10 au 20 juin, une Commission d'études de la loi municipale fut réunie sous la présidence de M. Jean Valadier, vice-président du Sénat. Elle comprenait vingt conseillers nationaux et six personnalités extérieures. On avait tenu à convoquer des maires de communes rurales.

Le Maréchal était particulièrement soucieux d'alléger la lourde tâche des maires, chargés de faire face aux textes réglementaires et de résoudre, en période de crise, les multiples problèmes issus d'une législation d'exception.

Les conclusions de la Commission recommandèrent, en particulier, les mesures suivantes :

– 1°   Maintien des circonscriptions communales, sous réserve des regroupements éventuels dans le cadre de la loi de 1884.

– 2°   Maintien du double rôle du maire comme agent du pouvoir central et organe exécutif de la commune, d'autre part.

– 3°   Institution d'un Comité cantonal, assisté d'un agent cantonal itinérant, pour diffuser la documentation.

– 4°   À l'exception des communes ayant moins de 2000 habitants (qui sont au nombre de 35 292 sur un total de 38 000) nomination du maire et des adjoints par le pouvoir central en raison des qualités d'expérience technique et d'indépendance nécessaires.

– 5°   Maintien du principe de la gratuité des fonctions, sous réserve de l'attribution de frais de représentation ou de déplacement.

Du 8 au 19 juillet 1941, une Commission d'études de la Constitution fut convoquée sous la présidence de M. Joseph Barthélémy, garde des Sceaux, assisté de M. Henri Moysset, secrétaire d'État et de M. Lucien Romier. Sa composition avait été l'objet d'une attention particulière. Elle comprenait, en dehors du président et des deux vice-présidents, vingt-trois membres.

– 2 vice-présidents du Sénat, M. Jean Valadier et M. Manuel Fourcade, ancien bâtonnier de l'Ordre à la Cour de Paris ;

– 3 sénateurs, MM. Jacques Bardoux, Pierre de Courtois, André Mallarmé ;

– 5 députés, MM. René Brunet, Antoine Cayrel, Jean le Cour Grandmaison, Jean Mistler, François Valentin ;

– 5 professeurs de Droit, MM. Gilbert Gidel, Jullien Laferrière, Achille Mestre, François Perroux, Gaétan Pirou ;

– 2 écrivains, MM. Hubert Lagardelle, Henri Massis ; 2 secrétaires généraux de fédérations ouvrières, MM. René Bard et Alfred Savoie ;

– Le général Picquendar, chef d'état-major de l'armée ; Le gouverneur général des colonies Brévié ;

– M. de Guébriant, président d'union de syndicats agricoles ;

– M. Jean Fraissinet, armateur.

Le Maréchal tint à venir lui-même ouvrir la session. Il donna lecture d'une longue allocution, qui a été insérée à sa date dans le recueil de ses *Appels et Messages*. Constatant la pluralité et le caractère éphémère des Constitutions écrites, qui s'étaient succédé au cours de cent cinquante ans d'Histoire de France, il soulignait la nécessité de la rénovation nationale, de l'idée de hiérarchie, de la notion de responsabilité. Il réclamait, en vue de la sélection des élites, la formation d'un corps politique différent de celui qui, dans l'irresponsabilité généralisée, s'était laissé aller à la dérive dans la discorde des partis. Il invitait les membres de la Commission à faire du neuf, et à qualifier le citoyen suivant les mérites acquis dans le groupe familial, professionnel, régional, suivant l'activité et l'intelligence manifestées pour le bien de la communauté.

Ainsi ce message posait des questions précises sur lesquelles il eût été intéressant d'organiser un vaste échange de vues. Mais, sans aucun doute, dans la crainte que la discussion ne risquât de s'égarer, le président de la Commission pria ses collègues de fixer leur attention sur un texte déjà établi. Cet avant-projet avait été rédigé d'abord, suivant une ébauche de M. Barthélémy, par un petit Comité composé de plusieurs membres du Conseil d'État. Le garde des Sceaux l'avait ensuite remanié et mis en forme lui-même, d'après les données principales de ce qu'il avait noté comme étant la conception du Maréchal en matière de gouvernement des hommes. Il avait eu à ce sujet plusieurs entretiens avec le Chef de l'État.

Depuis qu'il lui avait confié le portefeuille de la Justice, en janvier 1941, le Maréchal avait été séduit par les qualités de M. Barthélémy, sa vaste culture juridique, la vivacité mordante de son esprit, l'expérience parlementaire, la connaissance des hommes. Lors de ces entretiens, je ne vais pas jusqu'à avancer que le Maréchal avait voulu jouer au plus fin, mais dans la suite le garde des Sceaux se plaignit de n'avoir pas obtenu des directives bien précises. En réalité le Maréchal le considérait comme un éminent spécialiste en la matière et préférait attendre ses suggestions.

Comme il arrive en pareille circonstance, devant un texte abondant, au cadre rigide — 9 titres principaux, 16 chapitres, 20 sections, 210 articles — les commissaires furent plutôt conduits à discuter certaines définitions et à suggérer des amendements. Mais M. Barthélémy ne se prêta pas avec beaucoup de bonne grâce aux modifications présentées par ses collègues. Songeait-il à attacher son nom à une œuvre digne de Lamoignon et de d'Aguesseau, ses prédécesseurs à la Chancellerie ?

Ajoutons que, sous la plume de l'éminent professeur, politiquement et économiquement libéral, le texte établi présentait, à la suite du malheur de la patrie, et sous la pression cruelle des faits, un régime exagérément autoritaire. Il était permis de juger que, mettant en réserve l'application des postulats du libéralisme, en tant qu'idéal approprié aux temps calmes, l'avant-projet avait le défaut de supposer que Philippe Pétain resterait, pour plusieurs lustres encore, le Chef de l'État. Le travail se borna donc à un certain nombre de retouches partielles du texte. À aucun moment la discussion générale ne fut abordée. Et l'on se sépara, remettant à une session ultérieure un nouvel ajustement du projet.

Quoi qu'il en fût, le dossier complet de cette session fut transmis au Maréchal dans les mêmes formes que l'avait été la documentation des deux Commissions précédentes. Et c'est là que l'on est amené à constater que, malgré son vif désir de suivre de près les travaux du Conseil national, le Maréchal n'avait pas la liberté d'esprit lui permettant de le faire. C'est, dans les affaires de l'État, le conflit permanent entre les études de longue haleine et les âpres exigences du service courant, particulièrement chargé dans les temps de crise.

Les procès-verbaux de la Commission des provinces avaient été présentés au Maréchal dans les derniers jours de mai. C'était le moment où l'amiral Darlan travaillait auprès de lui pour échapper, au moyen d'arguments dilatoires, à la ratification des protocoles signés ou paraphés à Paris du 21 au 28 mai [1]. Dix jours plus tard,

---

[1] La question des protocoles de Paris n'a pas à être évoquée dans ce livre de souvenirs. Mais, pour justifier l'apparence lénitive de la phrase écrite ci-dessus, je me borne à dire qu'à ma connaissance certaines publications prochaines jetteront un jour nouveau sur cette question. On saura que Darlan connaissait dès le mois d'avril la date approximative de l'entrée des troupes allemandes en Russie. C'est pourquoi, en face des exigences draconiennes de l'*OKW* à cette date, il a, suivant l'expression maritime, « filé du câble », sachant fort bien qu'il pourrait, lors des complications à l'est, redresser sa position, l'in réalité, la date des hostilités ayant été reculée, le

Chapitre IX

les hostilités allaient s'ouvrir à la frontière de Syrie.

J'ai apporté les procès-verbaux de la Commission de la loi municipale au Maréchal le 28 juin. C'est six jours après la déclaration de guerre de l'Allemagne à l'Union des républiques soviétiques, la veille de la rupture de nos relations diplomatiques avec l'Urss, quelques jours avant la première demande d'armistice du général Dentz. Entre temps le Maréchal avait prononcé, dans la salle du Conseil national, son importante allocution du 4 juin à la séance inaugurale du Comité d'organisation professionnelle.

Enfin le dossier du premier projet de Constitution lui était remis le 27 juillet, tandis que son attention était de nouveau retenue par les travaux de la troisième réunion du Comité d'organisation professionnelle, puisqu'il s'agissait de la rédaction de la Charte du travail, à laquelle il portait tant d'intérêt. Tout en regrettant que le Maréchal n'ait pu matériellement donner suite à son désir de travailler en personne aux réformes profondes qu'il avait annoncées, on ne peut qu'admirer la puissance d'attention et la vigueur d'esprit qu'il était capable d'accorder aux exigences de la vie quotidienne dans la passe terrible où notre pays se trouvait engagé.

Le début du mois d'août nous procure un petit temps d'accalmie. Paul Valéry vient rendre visite au Maréchal. On sait quelle sympathie les unissait, nuancée de haute estime et de respect réciproques. Elle datait de l'époque de la préparation des deux discours prononcés sous la Coupole le 22 janvier 1931. Paul Valéry m'honorait de son amitié, depuis une certaine rencontre à Naples en juin 1925, où je l'avais hébergé à bord de mon torpilleur amarré dans le port, lors d'une visite de la Première escadre. Nous avions visité Pompéi ensemble, et c'est au milieu des ruines, devant la maison du Poète tragique ou la villa des Amours dorés, que j'avais eu la primeur du morceau sur les *Misérables Européens*. « L'Europe sera punie de sa politique ; elle sera privée de vins et de bière et de liqueurs. Et d'autres choses... »

Le 19 août, une semaine après que le Maréchal a prononcé son sévère message du 12 sur la politique générale et les mesures destinées à renforcer l'autorité de l'État, la Commission de réorganisation administrative se réunit pour sa deuxième session, sous la pré-

---

redressement a été opéré dès le début de juin avec l'assistance non concertée du général Weygand.

sidence de Lucien Romier, qui vient d'être nommé ministre d'État. Je dirai plus loin la confiance particulière que, depuis février, le Maréchal lui accordait. Au cours de sept séances, la Commission a opéré quelques rajustements de la délimitation mentionnés plus haut. Elle a surtout précisé comment elle propose de définir l'organisation interne des futures provinces. Elle tenait compte de la loi récente du 19 avril, instituant un régime provisoire et créant les préfets régionaux [1]. Le 21 août, le Maréchal est venu participer aux travaux de la Commission. Aussi les conclusions seront-elles spécialement approuvées. La carte figurant la délimitation adoptée sera communiquée aux ministres et secrétaires d'État, par décision du 3 décembre 1941. L'esquisse d'organisation interne fera l'objet d'un projet de loi organique, annexé par le Maréchal au projet de Constitution signé le 30 janvier 1944.

Du 27 au 29 août, le Maréchal, accompagné de l'amiral Darlan et de M. Joseph Barthélémy, fait un rapide voyage en Gascogne : il traverse l'Isle-Jourdain, Auch, Nérac et Agen.

Après ces quatre premiers mois de fonctionnement du Conseil national, il était constaté que, si ces Commissions d'études organiques produisaient des travaux de réelle valeur, en revanche le contact avec le pays n'était pas établi aussi étroitement que le Maréchal le souhaitait. La nécessité d'une communication régulière et périodique se faisait sentir.

Celle-ci fut réalisée au cours de trois Commissions, dites « d'information générale ». La première, du 12 au 19 septembre avec vingt-quatre membres ; la seconde du 5 au 12 décembre, avec soixante-huit conseillers nationaux. Pour la troisième, du 25 mars au 2 avril 1942, leur nombre fut porté à soixante-seize. Le résumé

---

[1] Quand, on a critiqué la mainmise de Darlan sur le ministère de l'Intérieur, on a oublié complètement que le Maréchal lui avait prescrit d'accomplir sans retard des réformes profondes. Il en est résulté cette organisation provisoire, en avance sur les travaux de la Commission. Il ne faut pas omettre, et je ne l'ai vu mentionner nulle part, que Darlan, doué d'une faculté de décision indéniable, avait, dès le 30 mai 1941, signé une instruction sur l'organisation du secrétariat d'État à l'Intérieur. Elle était adressée à tous les préfets. Reflétant l'esprit de synthèse, qui avait inspiré la rédaction du décret du 22 avril 1927, portant organisation de la marine militaire, elle rappelait les préceptes d'autorité, d'initiative, de responsabilité qui doivent guider dans leur tâche ceux qui ont l'honneur d'exercer une charge publique. On m'a affirmé qu'un bon nombre des dispositions nouvelles étaient encore en vigueur aujourd'hui.

de leur activité sera rappelé plus loin.

En fin de septembre, l'atmosphère générale était pesante. Des agressions contre des soldats de l'armée d'occupation ont entraîné l'exécution de dix otages. Une cinquantaine de militants syndicalistes sont libérés par l'amiral Darlan et M. Pierre Pucheu, nommé ministre de l'Intérieur depuis le 18 juillet. À la suite de nouveaux attentats commis à Paris, les autorités allemandes prescrivent des mesures sévères. Le Conseil des ministres examine la situation créée par les attaques à main armée et, soucieux de la nervosité de l'opinion, envisage l'élargissement du Conseil national. Par un décret, qui ne sera signé que le 2 novembre un renouvellement partiel des membres du Conseil fut opéré, mais bien réduit, par rapport à l'intention première. Le cardinal archevêque de Paris, retenu par les devoirs de sa charge, avait décliné l'honneur d'être appelé à siéger ; il fut remplacé par Mgr Roger Beaussart, un de ses évêques auxiliaires. De même M. André Siegfried était pratiquement démissionnaire, en raison de ses multiples obligations professorales. Quinze conseillers furent invités à cesser leurs fonctions, du fait d'une attitude plus ou moins divergente. Vingt nouveaux conseillers furent choisis pour leur compétence particulière : prisonniers récemment libérés, professeurs de droit, industriels, économistes, agriculteurs, syndicalistes, représentants de la famille et de la jeunesse.

La seconde session de la Commission de la Constitution se déroula du 14 au 22 octobre. Elle fut ouverte par un message du Maréchal, lu par M. Joseph Barthélémy. Soulignant à nouveau la disparition des disciplines, la méconnaissance de la hiérarchie, l'effondrement de l'autorité et l'impuissance de l'État dans un récent passé, il demandait aux membres de la Commission un examen plus poussé des principes qui devaient être placés à la base de la nouvelle Constitution : respect de la personne humaine, dispositions relatives à la vie de la profession organisée, établissement du circuit continu entre l'autorité de l'État et la confiance du peuple, sélection des compétences appelées à jouer un rôle dans la vie politique.

Cette session n'apporta pas de réels progrès sur la première. Tels étaient encore à cette date le rayonnement de la personne du Maréchal, le prestige de ses exhortations et de l'œuvre de redressement déjà accomplie que le texte fut sensiblement maintenu sauf retouches de détail. Cet abondant recueil de Droit constitutionnel était centré sur un Exécutif ayant les pouvoirs reconnus au maréchal Pétain, nommé à vie Chef de l'État, et ayant pour successeur éventuel l'amiral de la flotte Darlan nommé pour dix ans. Il fut adopté par les commissaires, retenus quant à leurs critiques éventuelles par un sentiment de réserve respectueuse.

Le 4 octobre, le Conseil des ministres avait approuvé et le Maréchal avait promulgué la loi de la Charte du travail. Or le Chef de l'État souhaitait tout particulièrement de doter notre pays d'une organisation économique nouvelle, fondée sur un régime corporatif souple, harmonieux et juste. C'est pourquoi fut convoquée pour le 11 novembre une Commission d'étude de l'organisation économique, réunissant trente-deux membres (dix conseillers nationaux et vingt-deux personnalités extérieures) sous la présidence de M. Claude-Joseph Gignoux, agrégé des Facultés de droit, ancien sous-secrétaire d'État.

La première séance fut ouverte par la lecture, que fit le président, d'un message assez long du Maréchal. Le Chef de l'État, s'adressant à cet auditoire, comprenant d'éminents chefs d'industrie, des représentants des cadres et des militants syndicalistes, leur suggérait l'adoption d'une méthode qui l'avait toujours guidé dans sa vie : aborder le concret, relever le moral. Après avoir critiqué certaines erreurs et certains abus des Comités d'organisation, créés par la loi du 16 août 1940, il faisait appel aux patrons, grands et petits, aux techniciens, aux artisans et aux ouvriers, représentés dans la Commission, pour préparer, par une articulation judicieuse de l'économique et du social, les bases des futures corporations. À la suite du travail actif des sous-commissions, l'on présenta des rapports particuliers sur la définition et la nomenclature des familles professionnelles, ainsi que sur la décentralisation des Comités par des liaisons sur le plan régional. En fin de session, un rapport général soulignait la nécessité de mettre ouvriers, cadres et techniciens en mesure d'exprimer leur avis sur les décisions des Comités d'organisation, de nature à entraîner des conséquences sociales. Il préconisait de faire servir, par des liaisons appropriées, l'activité des Comités à la défense de la profession et à la préparation de l'ordre corporatif. Il indiquait enfin, en vue de réaliser cette liaison de l'économique et du social, la nécessité de mettre la Charte du travail en application.

Lors du travail de la deuxième session des provinces, il avait été constaté combien la tâche attribuée au « gouvernement de Paris », comprenant le département de la Seine, une partie de Seine-et-Oise et même quelques cantons de Seine-et-Marne était ardue. Depuis une dizaine d'années et plus, le Conseil général de la Seine et le Conseil municipal de Paris s'étaient penchés sur cette question. De celle des voies d'accès vers la capitale à la déconcentration de l'agglomération urbaine la matière était vaste. Jamais une étude d'ensemble n'avait pu réunir les nombreuses approbations ministérielles nécessaires. Le climat politique des années 1933, 1934 et 1935 n'avait pas été favorable, et encore moins celui des années 1936 et 1937. Le projet de création des cités-satellites avait été renvoyé aux calendes. C'est pourquoi une Commission d'études de la région parisienne fut convoquée pour le 5 février 1942. Elle siégea durant neuf séances, au cours desquelles on procéda à des échanges de vues d'un haut intérêt. Elle comprenait dix-neuf conseillers nationaux et six personnalités extérieures, en particulier quelques maires des communes les plus peuplées de la banlieue parisienne.

Les mesures recommandées par la Commission visaient trois points principaux :

– 1° Appliquer le plus tôt possible le principe de la régionalisation aux départements de Seine et Seine-et-Oise, avec le léger complément de Seine-et-Marne.

– 2° Mettre à la tête de la région parisienne un haut-commissaire, investi des mêmes pouvoirs que les préfets régionaux et qui assumerait en personne la tâche de mettre au point le plan d'aménagement du Grand Paris.

– 3° Étendre l'autorité du préfet de police à la totalité des départements de Seine-et-Oise et Seine-et-Marne, en maintenant son autonomie vis-à-vis du ministère de l'Intérieur.

*
* *

Pendant tout le cours de l'année 1941, le Maréchal n'avait pas, malgré les lourdes servitudes de sa charge, cessé de porter aux questions concernant la jeunesse l'intérêt passionné qu'il leur avait toujours manifesté. Mais au bout d'un an et demi, où, en cette matière « on avait, suivant son expression, couru au plus pressé », il désirait élaborer un édifice solide et durable. La création d'un secrétariat général de la Jeunesse, celle d'un commissariat à l'Éducation générale et aux Sports s'étaient révélées bienfaisantes. Une Commission d'études des questions de jeunesse, comprenant vingt-cinq membres, seize conseillers nationaux et neuf personnalités extérieures, se réunit le 5 mars 1942, sous la présidence de M. Gilbert Gidel, délégué dans les fonctions de recteur de l'Université de Paris. D'autre part de nombreux représentants des mouvements de jeunesse et des organismes professionnels furent invités à se faire entendre en séance plénière et à participer au travail des sous-commissions.

Le Maréchal était présent à la séance d'ouverture et lut un message, qui a été reproduit dans le deuxième volume de la France nouvelle, publiée en novembre 1943. « L'unité nationale, disait-il, ne doit pas être seulement une unité dans l'espace, mais une unité dans la durée ; elle implique continuité, compréhension réciproque, harmonie entre les générations successives. » Il insistait sur le fait qu'il ne pouvait être question de créer ni une « jeunesse d'État », ni une « jeunesse unique », mais une jeunesse unie. Le gros de l'œuvre éducative revient de droit aux communautés naturelles où tout enfant se trouve progressivement engagé : famille, communautés spirituelles et professionnelles.

Il se demandait si l'École et l'Université, qui la prolonge, avaient une doctrine d'éducation de la jeunesse. Il souhaitait que l'on examinât leurs formules, en vue de les fondre, à la lumière de l'expérience historique, en une synthèse réfléchie et enrichie des récentes acquisitions des « sciences de l'homme ». Tout en respectant l'autonomie des mouvements de jeunesse et des organisations professionnelles, il indiquait la nécessité d'y développer un élément d'ordre civique et patriotique.

La Commission siégea au cours de dix séances plénières. Les avis qu'elle exprima recommandaient en particulier : d'instituer un ministère unique de l'Éducation nationale, de la Famille, de la Jeunesse et des Sports ; d'organiser une liaison entre les mouvements et les organisations corporatives pour l'achèvement de la forma-

Chapitre IX

tion générale et civique des jeunes ; de créer d'urgence un contrôle médical systématique et obligatoire de la jeunesse ; de rendre également obligatoire l'enseignement ménager postscolaire ; de réviser les manuels scolaires dans un sens éducatif et national ; de développer l'apprentissage dans les entreprises.

*
* *

Il a été dit plus haut qu'à la fin du quatrième mois de fonctionnement du Conseil national il avait été reconnu indispensable d'assurer un contact plus direct avec le pays. La première Commission d'information générale se réunit donc le 12 septembre, sous la présidence de M. Victor Constant, sénateur de la Seine, ancien président du Conseil municipal de Paris. Dans une lettre ouverte adressée à M. Constant, le Maréchal rappelait le travail déjà accompli par les Commissions précédentes dans les domaines administratif, constitutionnel et social. « Je vous réunis aujourd'hui, ajoutait-il, à la fois pour recueillir vos suggestions et pour vous informer de ce que nous avons fait et de ce que nous comptons faire. En même temps, par la documentation qui vous sera fournie, nous vous mettrons en mesure d'apprécier et de faire connaître autour de vous les difficultés de notre tâche…Vous nous apporterez sur tous ces problèmes l'écho de l'opinion publique, notamment celle de la zone occupée et nous y répondrons en vous montrant tout ce que nous avons réalisé et tout ce que nous comptons réaliser. J'attache le plus grand prix à cette consultation réciproque. Elle permettra d'effacer des malentendus et de redresser des erreurs. »

Au cours de sept séances de travail et de plusieurs réunions de sous-commissions, les conseillers convoqués entendirent les rapports des commissaires du gouvernement sur des points concrets et les discutèrent. Prisonniers de guerre, Secours national, famille et jeunesse, chauffage et matières premières, vêtements et chaussures, rôle du commerce, lois sociales, aménagement de la région parisienne, tels furent entre autres les sujets évoqués. Au terme de sa session, la Commission formula ses avis qui furent transmis au Maréchal.

À la fin de novembre, en raison du succès de cette Commission réduite, nous réussîmes à faire admettre au Maréchal la réunion d'une assemblée plus nombreuse. Le 5 décembre, la deuxième

Commission d'information générale s'assembla à Vichy en utilisant pour ses séances plénières la grande salle des Sciences médicales, obligeamment mise à sa disposition par la Compagnie fermière. Soixante-huit conseillers nationaux, représentant les professions et les origines les plus variées, choisis de manière à figurer toutes les régions du pays, étaient présents sous la présidence de M. Victor Constant, assisté de M. Louis Lumière, membre de l'Académie des sciences et de M. Chaudruc de Crazannes, président du Comité central des groupes interprofessionnels laitiers.

Pour donner une idée du travail accompli, je ne puis mieux faire que de reproduire l'impression qu'en retirait une haute personnalité, d'esprit particulièrement pénétrant et d'une grande expérience politique :

« La réunion de la Commission d'information générale a été l'occasion d'un large contact entre habitants de la zone occupée et habitants de la zone libre, entre personnes représentatives de divers milieux sociaux, d'origines et de professions diverses. Elle apparaît ainsi comme un facteur d'unité, comme un correctif salutaire des tendances naturelles, ou artificiellement entretenues, à la division. Elle a mis en lumière l'effort de rénovation et de réforme du gouvernement, que la presse de la zone occupée laisse ignorer, quand elle ne le défigure ou ne le minimise pas. Elle a montré que la haute administration était aux mains d'hommes jeunes, actifs, zélés et compétents. Aucun des commissaires du gouvernement ne s'est révélé insuffisant. Plusieurs ont été remarquables.

Elle a permis de dissiper ou de rectifier certains bruits qui circulent et qui, lancés de bonne ou de mauvaise foi, alourdissent l'atmosphère. À cet égard on aurait pu, semble-t-il, aller plus loin. Trop de gens, dans le pays, oublient facilement que le gouvernement n'est pas libre, qu'il subit la lourde pression de l'occupant et qu'il ne prend souvent ses décisions qu'à contrecœur, et parce qu'il ne peut faire autrement. Il est excellent, de toute manière, que le Maréchal ait passé quelques instants parmi les conseillers et participé à leurs travaux. Ils témoigneront de la lucidité, de l'indépendance, de la sagesse de sa pensée, du haut sentiment des intérêts de la patrie qui le guide. Les applaudissements soulignés et insistants qui ont accueilli particulièrement un passage de ses déclarations, ne laissent pas de doute sur l'opinion de la quasi-unanimité des conseillers présents. En retour les interventions des conseillers, les débats de leurs sous-commissions, ont montré quelles étaient les préoccupations du pays, sur quoi portaient ses critiques, ses vœux.

L'Assemblée n'a pas complètement échappé, d'ailleurs, au reproche de se tenir trop près des intérêts de telle ou telle catégorie de citoyens, de telle ou telle région, et de ne pas toujours savoir s'élever d'elle-même à la vision de l'intérêt général. Mais elle a toujours été sensible aux explications et justifications qui lui ont été fournies. La nécessité d'une autorité ferme, imposant une ligne de conduite commune au milieu des difficultés, dont chacun ne voudrait retenir que la part qui le concerne, n'est pas sortie amoindrie de ces séances. »

Il est à souhaiter que la plupart des matières qui ont été exposées puissent donner un aliment aux commentaires de la presse, afin de remédier à la pénurie ou à l'uniformité des articles des grands journaux, d'intéresser l'opinion aux réformes en cours, et de trouver auprès d'elle un appui plus solide.

En effet, au cours de la séance à laquelle il était venu prendre part, le Maréchal, interrompant un moment les travaux, voulut faire aux conseillers une confidence sur l'entrevue qu'il venait d'avoir avec Hermann Gœring, sur la façon dont il s'était exprimé le 1er décembre à Saint-Florentin-Vergigny. Henri du Moulin, pourtant peu indulgent à l'égard du Conseil national, l'a rappelé en ces termes :

« Toute la salle se leva et l'acclama. La plupart des conseillers, à qui la vérité était dite pour la première fois, avaient les larmes aux yeux… J'ai toujours regretté que cette scène n'ait eu pour théâtre qu'une modeste salle de conférence, au fond d'un casino, et pour témoins qu'une cinquantaine d'hommes. L'ovation dans une Assemblée eût été indescriptible… »

À la fin de la session, tous les conseillers furent présentés individuellement au Maréchal dans le grand salon du pavillon Sévigné. Au cours de cette réception intime, le Maréchal remit la grand-croix de la Légion d'honneur à M. Louis Lumière, qui n'avait pas encore été reçu dans sa nouvelle distinction. Il fut ensuite décidé qu'à la fin de chaque trimestre, une fois terminé le travail des Commissions d'études, une réunion importante d'information générale serait convoquée.

La troisième Commission se réunit donc, assemblant le 25 mars 1942, soixante-seize conseillers nationaux sous la présidence de M. Manuel Fourcade, ancien bâtonnier de l'Ordre à la Cour de Paris, vice-président du Sénat. Il était assisté de M. Georges Hersent, industriel, et de l'amiral Docteur. L'innovation qui marqua cette session fut la suivante. En constatant les heureux effets de la Commission précédente, les ministres s'étaient rendu compte de l'utilité de cette prise de contact avec les conseillers représentant toutes les régions et la plupart des activités professionnelles. En conséquence, au lieu de déléguer des commissaires du gouvernement subalternes ou certains des fonctionnaires principaux de leur département, ils tinrent à venir en personne. M. Pierre Pucheu, ministre de l'Intérieur, assisté de ses deux secrétaires généraux, vint exposer les grandes lignes de la réforme administrative en cours. M. Yves Bouthillier, ministre secrétaire d'État à l'Économie nationale et aux Finances, brossa un large tableau de la politique économique et financière au cours des vingt et un mois écoulés. M. François Lehideux, secrétaire d'État à la Production industrielle, montra combien l'économie de guerre avait appauvri les ressources du pays, et quels efforts étaient faits pour assurer une répartition rationnelle des produits, en faisant accepter la discipline de la pénurie. Avec sa précision habituelle, M. Jean Berthelot, secrétaire d'État aux Communications, mit les commissaires en présence de la situation des réseaux ferroviaires et routiers. Il rendit hommage au dévouement de la corporation des cheminots, montra les systèmes de priorité accordés à l'agriculture et au ravitaillement, ainsi que l'avantage de la coordination des transports grâce à la centralisation faite par les préfets régionaux. Il ne dissimula pas les énormes difficultés techniques à surmonter pour tirer le meilleur parti d'un parc de matériel, qui s'usait plus vite qu'il ne se remplaçait. Le Dr Vidal, directeur général de la Santé, M. Philippe Benaudin, commissaire général à la Famille, M. Maurice Pinot, commissaire au reclassement des prisonniers, présentèrent à leur tour des exposés précis et répondirent aux questions posées, aux doléances

Chapitre IX

et aux critiques mentionnées par les conseillers.

Enfin l'amiral Darlan qui, au cours de l'année 1941, n'avait accordé qu'une attention distraite au Conseil national, vint lui-même rappeler les objets de la politique gouvernementale. Il énuméra les résultats obtenus, sans dissimuler les difficultés de l'année précédente. Il émit des conseils de constance et de confiance, suivant la tâche fixée par le Maréchal à son gouvernement. « Faire vivre le pays, maintenir l'unité nationale et impériale, préparer l'avenir. » Évoquant les problèmes du ravitaillement, il a critiqué une tendance exagérée à la centralisation, et montré que le programme du Maréchal est plutôt de centraliser les conceptions et de décentraliser l'exécution, en stimulant les initiatives.

Il ne restait plus au Chef de l'État qu'à venir honorer de sa présence les derniers travaux de la session. Il le fit le 1er avril, au moment où était mis en discussion le projet de la quatrième sous-commission sur le « circuit de confiance ». Les vœux exprimés portaient sur l'assouplissement de la censure, la publication plus fréquente des communiqués du gouvernement, la possibilité pour le pays de faire exprimer ses sentiments par l'intermédiaire des forces vives de la nation : groupements familiaux, corporation paysanne, organes de la Charte du travail.

Le Maréchal y donna sa pleine approbation. Puis, descendu de l'estrade, il se fit présenter, un à un, les conseillers présents et s'entretint cordialement avec eux.

La session se terminait dans une atmosphère de chaude intimité. Les avis présentés par les sous-commissions avaient été adoptés à l'unanimité. Le bâtonnier Manuel Fourcade avait présidé les séances avec autant d'autorité que de distinction. Les conseillers se retiraient enthousiasmés, en souhaitant, comme le Maréchal, la mise au point d'une liaison permanente entre le Conseil national et toutes les activités régionales du pays.

Mais soudain les relations se tendirent avec les autorités occupantes. Une crise confuse s'ouvrit, ramenant finalement Pierre Laval au pouvoir, avec le titre de chef de gouvernement.

Le Conseil national ne devait plus se réunir.

Chapitre XI : LE TOURNANT DE 1942. LENTEURS DE 1943.

En composant son message du 1er janvier 1942, le Maréchal était à la fois soucieux et confiant. L'année qui venait de s'écouler ne lui avait pas ménagé les épreuves et des journées de lutte opiniâtre. Les conditions dans lesquelles s'ouvrait l'année 1942 étaient encore troublantes.

Les États-Unis d'Amérique sont entrés en guerre. Le Maréchal juge de haut la situation : « La guerre s'étend aujourd'hui aux cinq parties du monde... Mais la France reste en dehors du conflit... Puissance européenne, la France connaît ses devoirs envers l'Europe. Puissance maritime et coloniale, elle possède un Empire libre, mais exposé à bien des dangers. Puissance civilisatrice, elle a conservé dans le monde, malgré sa défaite, une position spirituelle privilégiée... » Son principal souci c'est l'unité française, que le trouble des esprits met en péril. Il déplore que la rénovation nationale, à laquelle il a consacré tant de peine, tant de messages persuasifs, ne parvienne pas à passer dans le domaine des faits. Et il ne craint pas de juger sévèrement les adversaires de l'unité comme les déserteurs du devoir civique. Dans la vie difficile de tous les jours, au cours de ce second hiver d'armistice, il stigmatise les nouveaux riches de la défaite et les trafiquants du marché noir.

Malgré les lenteurs, malgré les déboires, il rendait hommage sincère à tous ceux et à toutes celles qui s'étaient courageusement et opiniâtrement dévoués à leur tâche, aux maires des communes, surchargés de travail, aux professeurs appliqués à rendre l'enseignement plus viril et plus humain.

Il rendait aussi hommage à la fidélité de l'Empire, à l'Afrique, prolongement de la France, à l'Indochine « si fière sous l'épreuve, si grande dans sa sérénité », à Madagascar « éloignée, mais confiante », aux Antilles, les perles de la couronne de la France d'outre-mer. Bien plus, rien n'était touchant comme les marques d'attachement de la fraternité arabe tout entière. Des bords du golfe Persique jusqu'à l'Atlantique d'Agadir, les envoyés spéciaux ou les représentants diplomatiques n'avaient cessé de marquer leur vénération pour le vieux chef, qui n'était en rien responsable de nos

Chapitre XI

revers et qui s'était voué à la sauvegarde de son pays. Et l'on avait cité, lors de la débâcle, la parole d'un Bachaga de la province de Constantine affirmant : « Non, la France ne peut pas mourir, car si, par malheur, elle venait à disparaître, aucune nation du monde ne serait assez forte pour porter son cercueil. »

Quelques jours auparavant, le message de Noël du Maréchal avait été presque entièrement adressé aux prisonniers. On ne se rendra jamais assez compte du tourment personnel que lui infligeait le pensée qu'il y en eût un tel nombre en Allemagne, derrière les barbelés des *oflags* et des *stalags*. À lui, l'ancien commandant en chef des armées, il semblait que tout devait être tenté pour atténuer la rigueur de leur sort. Le réconfort que lui apportaient les preuves de leurs travaux intellectuels et les marques de leur fidélité ne parvenait pas à soulager cette tristesse humiliée.

Quand on relit maintenant ces messages, on ne peut qu'admirer la lucidité de la pensée et la justesse de la vision. Mais ils étaient loin d'atteindre tous les esprits, dans la complexité du sentiment public d'alors. Une bonne partie de la population les écoutait ou les lisait, les appréciait et demeurait fidèle. Mais tous ceux que les diverses propagandes étaient venues séduire, non seulement ne cherchaient pas à en saisir les termes très étudiés, mais plus souvent s'en détournaient ou les traitaient par le mépris. Et pourtant de sages conseils pour l'avenir immédiat, des aperçus clairvoyants sur le futur plus lointain étaient énoncés avec simplicité dans une langue digne des plus grands écrivains militaires. Mais le Parisien frondeur aimait mieux se complaire à dauber sur les faits et gestes de l'amiral « Courbette » ou à répéter d'un air malin les slogans de l'émission française de la BBC. « Un amiral nommé Darlan est garanti pro-allemand. »

Le Maréchal revoit les événements des deux derniers mois. Le 12 novembre, l'avion qui ramenait le général Huntziger de son voyage d'inspection en Afrique française s'est écrasé au sol, au sud de l'Aigoual, dans le Gard. Les conditions atmosphériques étaient anormalement défavorables ce jour-là. Pour l'armée et pour le pays, la disparition prématurée de ce chef éminent fut, en vérité, une catastrophe.

Le 19 novembre, sous la pression allemande, le Maréchal a dû prendre une décision qui lui a coûté beaucoup, celle de mettre fin à la mission du général Weygand en Afrique. Sur ce point plusieurs écrivains ont accrédité une version inexacte, affirmant que, depuis sa nomination à la vice-présidence, l'amiral Darlan n'avait pas cessé, par ambition personnelle, de chercher à éloigner un rival. Sans doute il n'existait aucune sympathie entre l'ancien commandant en chef des armées françaises et l'amiral de la flotte. Et c'est regrettable. La différence de leurs conceptions en matière de politique d'armistice approfondissait le fossé qui les séparait. Mais, cela dit, il est injuste de ne mettre en lumière, ainsi que du Moulin l'a fait, que les prétendues intrigues de l'amiral Darlan. La question semble bien tranchée depuis le procès de Jacques Benoist-Méchin, en juin 1947. Au cours de son interrogatoire, il est apparu que le problème du maintien du général en Afrique remontait à une date antérieure. Dès l'année précédente, à la date du 12 décembre 1940, dans l'ignorance totale de ce qui allait survenir le lendemain, Abetz écrivait dans un rapport adressé à Ribbentrop :

« Pour le cas où la réception de Laval par le ministre des Affaires étrangères du Reich traînerait encore en longueur, je vous demande si je dois entamer immédiatement avec le gouvernement français la question du rappel de Weygand. »

Malgré le trouble que ces deux événements n'ont pas manqué de jeter dans l'armée et dans l'esprit de nombreux Français, le Maréchal est amené à prendre une décision étrange, celle d'approuver que Darlan assure par intérim les fonctions de secrétaire d'État à la Guerre. Depuis le 12 août 1941, une loi avait rétabli en sa faveur le titre de ministre de la Défense nationale et fixé ses attributions : déterminer l'organisation générale des forces françaises et les conditions générales de leur emploi pour la défense de la métropole et de l'Em- pire. D'une part, le Maréchal mettait ainsi en pratique ses idées personnelles, maintes fois exprimées, sur l'établissement d'un commandement unique. D'autre part, résolu à accomplir des réformes profondes, malgré la situation ambiguë d'un armistice, il comptait sur les qualités d'organisateur de l'amiral de la flotte, pour entreprendre les modifications de structure, qui se révélaient indispensables dans l'armée, en présence de la révolution du matériel. Je me garderai de porter un jugement sur les modalités réalisables de cette réforme. Il s'agissait d'opérer par l'étude et la discussion une réorganisation de ce que l'on appelait, dans les années précédant la guerre, « le redoutable mécanisme administratif de la rue Saint-Dominique et de ses annexes », de la filière complexe, aux divers stades de laquelle beaucoup de projets restaient en suspens : directions d'armes, inspections d'armes, direction des fabrications d'armements, direction des poudres, direction centrale du contrôle, secrétariat général, état-major de l'armée, Cabinet du ministre.

Darlan se croyait qualifié, en raison des six années qu'il avait passées au milieu des armées en opération, pour aborder ce délicat problème. D'ailleurs les fonctions qu'il avait remplies à diverses périodes au ministère de la Marine, de 1926 à 1939, ses relations constantes avec les hautes autorités de la Défense nationale l'avaient habitué à se confronter avec des difficultés équivalentes, tant au personnel qu'au matériel, et à trouver des solutions adéquates. Darlan possédait donc la compétence voulue pour orienter de haut la réorganisation. Plusieurs noms de généraux furent mis en avant pour prendre la place du général Huntziger. Aucun d'eux ne reçut l'agrément du Maréchal. Celui du général Frère unanimement respecté rencontra l'opposition des Allemands. On en resta là. Ainsi le fait de ne pas s'ingénier à trouver pour le secrétariat d'État à la Guerre, jusqu'en avril 1942, un titulaire choisi au sein de l'armée constitua, à mon avis, une erreur psychologique. C'était n'avoir aucun égard pour la profonde blessure d'amour-propre ressentie par tout un corps attaché à des traditions séculaires et qui ne pouvait admettre, de sang-froid, d'être dirigé et commandé par un marin. On comprend, dès lors, l'ampleur de la cabale qui s'alimenta de toutes parts à l'égard du vice-président du Conseil. Et cette impopularité, dans un secteur particulier, mais considérable, vint se superposer à celle qui l'atteignait déjà sur le plan de la politique générale.

Malgré ces remous, dont le bruit ne manquait pas de venir jusqu'à lui, le Maréchal n'était plus muré dans sa solitude. Il avait souvent souhaité d'avoir auprès de lui un petit Conseil privé, composé de trois ou quatre personnalités, hommes d'expérience. Il aurait pu comparer ainsi ses idées aux leurs, à la suite de ses propres méditations. Il avait cherché des hommes. Il n'appelait pas l'un ou l'autre de ses grands subordonnés de naguère : dans le domaine militaire, il estimait n'avoir besoin de demander conseil à personne. Il aurait préféré un chef d'industrie, ayant la connaissance du maniement des hommes, un économiste, ou un homme versé dans la science sociale, ayant réfléchi sur toute l'évolution de la condition ouvrière de 1850 à 1936. Ce souhait ne s'était pas réalisé, pour une raison simple. Quand l'entourage intime du Maréchal sortait du plan des conversations théoriques pour suggérer des mesures d'exécution sur le plan pratique, un conflit inévitable s'élevait soit avec la vice-présidence, soit avec le secrétaire d'État intéressé. Et quand le ou les conseillers privés demandaient aux services la documentation nécessaire ou ébauchaient une critique, le ministre ne manquait pas d'invoquer les droits stricts de sa propre responsabilité.

Un seul parvint à conquérir la pleine confiance du Maréchal, et à exercer auprès de lui, avec beaucoup de tact et de discrétion, une action réelle. Ce fut Lucien Romier. Au bout de peu de mois d'ailleurs, pour accentuer sa solidarité avec les membres du Cabinet, et lui donner en même temps accès au Conseil, il fut le 11 août 1941 nommé ministre d'État.

Avec son bon sourire, sa voix douce et mesurée, l'œil bienveillant et attentif derrière les verres de ses lunettes, Lucien Romier, chartiste, historien et voyageur, avait profondément séduit le Maréchal dès les premières longues conversations qu'ils eurent au mois de février 1941. Sa connaissance du monde politique et des milieux du journalisme, sa puissante érudition, les réflexions qu'il avait faites sur la structure et les mœurs de la France de l'ancien régime donnaient aux réponses qu'il faisait aux questions du Maréchal une fermeté de jugement et d'appréciation sans égale. Pour tous les sujets que le Maréchal n'abordait qu'avec son expérience de la vie et les seuls enseignements de son hérédité paysanne, Romier lui apportait les confirmations de l'humaniste et de l'historien, les conclusions pratiques de l'économiste observateur de son temps. Il s'établit de jour en jour, entre les deux hommes, une amitié où, malgré la différence d'âge, le colloque était direct et de plain-pied. Le contact que Romier avait gardé avec son Beaujolais natal, sa connaissance de la campagne française, rejoignaient l'amour de la terre et l'instinct du cultivateur qui sommeillaient chez le Maréchal.

Je crois qu'en dehors de l'amiral Darlan, ce fut à Lucien Romier seul que le Maréchal confia la totalité de ses secrets et de ses arrière-pensées. Et même, avec Darlan, ce n'était que pour les manier sur l'échiquier politique ; avec Romier la conversation était placée sur un plan plus élevé ; il s'agissait du destin futur de la France. En 1942, le Maréchal avait quatre-vingt-six ans, Romier n'en avait que cinquante-sept ; mais sa santé était bien fragile. Une tension élevée, des saignements de nez fréquents l'ont forcé à prendre plusieurs périodes de repos. On a dit que du fait de sa mauvaise santé et de sa légère tendance au pessimisme il avait contribué à confirmer le Maréchal dans une attitude de résistance passive et d'immolation. Ce n'est pas exact. Romier avait compris la pensée profonde du Maréchal, sa ferme volonté de durer jusqu'à l'heure où les Alliés seraient parvenus à constituer des forces réelles.

Ainsi les semaines passent.

Le Maréchal accorde, de quinzaine en quinzaine, son attention aux délibérations du Conseil national. Il lui arrive aussi d'adresser des admonitions de mesure et de pondération aux membres ardents de la Légion des Anciens Combattants. Au cours d'une cérémonie imposante, il reçoit le serment de tous les préfets de France. Il répète aux paysans ses recommandations pour redoubler de vigilance et assurer le pain quotidien. Les jours passent, mais la tension des rapports avec l'autorité occupante ne cesse d'augmenter.

Entre temps s'est ouvert à Riom le procès de l'impréparation de la guerre, réclamé dès juillet 1940 avec tant d'insistance par une large partie du pays. Il a été retardé par les lenteurs inévitables de l'instruction, mais il rencontrait l'adhésion du Maréchal, toujours sévère à l'égard de ceux « qui avaient mal conduit leur affaire ». En ce début de 1942, ce déballage de toutes les erreurs commises de 1934 à 1939 semblait assez inopportun, et comme frappé de prétérition. Il arriva ce qui devait arriver. Dans la discorde des partis, les accusés se firent accusateurs. Leurs ardents défenseurs, appelés par nature à lutter contre le magistrat, firent assaut de véhémence. Ils ne pouvaient que recueillir l'approbation du public toujours friand du spectacle où l'on voit « rosser le commissaire ».

Les conseillers du Maréchal avaient eu le tort de ne pas suggérer la pratique de ces Commissions d'enquête parlementaires, si prolongées qu'elles parviennent à faire oublier le scandale pour la répression duquel elles ont été convoquées.

Quoi qu'il en soit, en cette première quinzaine d'avril 1942, dans une atmosphère de malaise, une crise rapide va se dérouler. À l'approche de la reprise de l'offensive en Russie, l'*OKW* s'est raidi ; pour alimenter la bataille de l'Est, des troupes allemandes stationnées en France quittent notre pays. Il est question de rendre autonomes les services de police allemande jusqu'alors subordonnés aux autorités militaires. Les refus opposés par l'amiral Darlan aux premières demandes, tendant à l'envoi de travailleurs en Allemagne, choquent l'ambassade. Celle-ci fait savoir que toute conversation politique est suspendue. L'amiral de la flotte est directement visé.

On rapporte au Maréchal les paroles menaçantes que Hermann Gœring a prononcées devant Pierre Laval au cours d'un entretien privé et les conséquences néfastes qu'elles semblent annoncer. À la stupéfaction de l'opinion publique, le Maréchal se résout à faire appel à l'ancien vice-président. Au cours du dernier Conseil des ministres, l'amiral Darlan remet sa démission. Et le 18 avril paraît l'Acte constitutionnel n° 11, séparant les fonctions de Chef de l'État et celles de chef du gouvernement. L'amiral Darlan est nommé commandant en chef des forces militaires, tout en restant le suppléant et le successeur éventuel du Maréchal.

On comprendra plus tard la pensée profonde du Chef de l'État, bien décidé à rester à son poste jusqu'au bout, et s'ingéniant à déléguer une part de ses pouvoirs au chef civil et au chef militaire qui l'ont jusqu'ici successivement assisté. Mais sur le moment quels commentaires n'a-t-on pas faits, touchant cette apparence de versatilité ? Malgré la divergence de vues et de méthodes, qui a entraîné la rupture du 13 décembre 1940, le Maréchal n'a pas retiré son estime à l'ancien président du Conseil. Il lui doit même une certaine gratitude d'assumer la responsabilité directe des mesures impopulaires que la gravité des conjonctures ne manquera pas de nous imposer.

J'ai suivi, sans y prendre part, les remous de l'*Hôtel du Parc*. Des efforts contradictoires s'appliquèrent à esquiver cette échéance. Lucien Romier, qui a été rappelé du Midi pour qu'il puisse se trouver auprès du Maréchal, m'a dit que la crise aurait pu être conjurée. Des maladresses ont été commises. L'ambassade des États-Unis aurait pu être plus discrète, dans son désir de ne pas voir revenir

Chapitre XI

Pierre Laval. D'autre part, je me garde de porter un jugement sur l'essai fantaisiste de du Moulin, imaginant de constituer un Cabinet de parlementaires, ou sur le vaste projet apporté de Paris par le colonel Fonck, tendant à rentrer dans la guerre à cette date aux côtés des Alliés avec l'appui des États-Unis. On en connaîtra peut-être un jour prochain les curieux détails.

Il y a lieu de préciser que la nouvelle organisation du gouvernement permet au Maréchal de continuer à fonder sa politique sur la présence de l'amiral Darlan à ses côtés. Le ministère de la Défense nationale est supprimé ; ses attributions sont réparties entre le commandant en chef et les secrétaires d'État militaires. Le commandant en chef est placé sous les ordres directs du Maréchal ; il a accès au Conseil des ministres pour toutes les matières relatives à ses attributions.

Le texte de la loi portant création de ce commandement est d'ailleurs ouvert à bien des critiques, comme on le verra quelques lignes plus loin. Il permettra, plus qu'auparavant, de répandre des jugements acerbes à l'égard de l'amiral de la flotte. Celui-ci y donnait aisément prise par ses propres maladresses et surtout celles de son entourage intime. Son goût pour les installations opulentes déplaisait au Maréchal, partisan de la simplicité. La malveillance avait beau jeu en signalant l'abus d'un train spécial ou d'une musique personnelle, l'intention d'installer à l'Élysée ses bureaux de la zone occupée, enfin l'étalage indiscret de ses photographies aux devantures des commerçants. Sa légitime ambition l'avait fait naguère parvenir au commandement en chef des forces maritimes. Depuis qu'il était le successeur désigné du Chef de l'État, il semblait grisé par cette ascension inespérée.

Les mois de mai, juin, juillet s'écoulent dans la confusion des esprits. Les difficultés du gouvernement étaient sévères soit en politique extérieure, soit dans la vie quotidienne du pays : tractations délicates avec les États-Unis pour le maintien de la souveraineté française aux Antilles, évasion du général Giraud de Köningstein ; bombardements de l'aviation britannique, attentats communistes ; mise en route pénible de la Charte du travail ; appel aux ouvriers pour la relève des prisonniers d'Allemagne. L'impopularité de Pierre Laval atteint le comble le 22 juin, quand il prononce la phrase inacceptable : « Je souhaite la victoire de l'Allemagne, parce que sans elle le bolchevisme s'installerait partout… »

L'attention des Français est, d'ailleurs comme celle du monde entier, tournée vers les opérations militaires des théâtres extérieurs : premiers revers japonais aux rencontres navales de la mer de Corail, mêlée confuse entre les forces de Rommel et la 8e armée britannique en Libye, ruée des forces allemandes en direction de Stalingrad.

En octobre, il semble, d'après des renseignements concordants, qu'il y a lieu de craindre une opération des Alliés sur Dakar, où la propagande anglo-saxonne a maintes fois dénoncé, à tort, des infiltrations allemandes. Le Maréchal approuve que l'amiral Darlan se rende en A.O.F., au Maroc et en Algérie pour inspecter nos forces militaires.

Mais, avant son départ, une crise interne vient mettre en évidence le désaccord inévitable, qui séparait l'armée de terre et le commandant en chef. Celui-ci relevait directement du Maréchal, le secrétaire d'État à la Guerre dépendant du chef du gouvernement. Les frictions étaient devenues si vives que Darlan, voyant son autorité mise en discussion, décida de remettre sa démission entre les mains du Chef de l'État. Mais le Maréchal qui, malgré tout, tenait à son organisation, quelque critiquable qu'elle fût, refusa de prendre les choses au tragique et préféra remettre son arbitrage au retour d'Afrique de l'amiral.

Darlan y consentit, mais voulut auparavant coucher avec précision sur le papier un résumé de l'évolution de la situation politique au cours des deux ans, où il s'était efforcé, avec plus ou moins de bonheur, d'apporter au Maréchal l'assistance qu'il lui avait demandée. Cette longue lettre du 5 octobre 1942 est un des documents les plus précieux sur cette époque. Elle est peu connue [1].

Elle permet de comprendre beaucoup de choses qui ont pu sembler indéchiffrables. En insistant sur divers aspects de ce conflit armée-marine pour expliquer certains actes du Maréchal, je ne songeais pas à contribuer spécialement à une défense de la conduite de l'amiral Darlan. Mais je crois qu'il est bon d'apporter certains témoignages, afin de montrer à nos contemporains et devant l'Histoire que les intérêts de la France ont été opiniâtrement défendus.

---

[1] Elle a été publiée dans le livre déjà cité de l'amiral Docteur. Elle est reproduite à l'annexe II.

Chapitre XI

On ne peut rien comprendre au comportement de Darlan si l'on n'a pas consulté le compte rendu sténographique du procès de Jacques Benoist-Méchin, lequel a constitué le seul examen sincère du drame franco-allemand au cours de l'occupation. Combien de personnes qui portent sur le rôle de l'amiral de la flotte les accusations les plus sombres n'en ont pas lu une seule ligne !

Le 8 novembre 1942, dans la nuit, parvient à Vichy la nouvelle du débarquement américain en Afrique du Nord. On croyait Dakar menacé. C'est Casablanca, Oran, Alger qui sont attaqués.

Les événements survenus du 8 au 15 novembre ont fait l'objet d'études complètes et de témoignages imposants. Je me garde d'ajouter quoi que ce soit à ce qui a été dit. Je n'ai pas participé aux discussions qui se sont déroulées autour du Maréchal à ces dates.

Je me borne à déclarer que, connaissant le Maréchal comme je le connaissais, pas un instant ne m'est venue la pensée qu'il pourrait songer à quitter Vichy et la France pour gagner l'Algérie. L'opinion qui est répandue dans la majeure partie du pays, et qui affirme qu'il aurait dû le faire, traduit une vision des choses en opposition totale avec la réalité.

Par ses propres renseignements, issus de toutes sources, le Maréchal savait que, malgré les adjurations de Staline, les Alliés n'étaient pas capables, en novembre 42, de créer un deuxième front en Europe continentale. Il était, quant à lui, inébranlablement décidé à ne pas tolérer la rentrée de la France métropolitaine au combat, privée de tout armement moderne, pour se faire décimer.

Durant toute sa vie, son enseignement à l'École de guerre, sa méthode au cours des premiers combats de 1914 à 1916, ses grandes instructions de 1917, ont recommandé de n'engager une lutte que lorsqu'on a rassemblé les moyens suffisants pour la soutenir.

S'il partait, quel eût été le sort de la métropole et de sa population, en attendant soit l'intervention promise « pour la chute des feuilles » en 1943, soit le débarquement final en juin 1944 ? Si la France se soulevait et commençait la lutte des guérillas, avec un armement insuffisant, c'était l'hécatombe. Si elle ne se soulevait pas réellement, comment un Pierre Laval ou tel autre eût-il pu faire vivre le pays, en face de l'occupant porté à recourir aux plus brutales représailles ?

Sur ce point, je partage l'appréciation d'Alfred Fabre-Luce touchant les braves qui osent regarder en face ou traiter légèrement le péril de « polonisation ». « C'est très beau, écrit-il, seulement, parmi ces hommes, je crois discerner beaucoup d'imposteurs. Familier des prisons, je reconnais à des signes, peut-être imperceptibles pour d'autres, ceux qui, au fond de leur cachot, eussent gémi : « Ah ! si le Maréchal n'était pas parti pour Alger ! Et à ceux-là je refuse le droit de l'attaquer [1]. »

Enfin, il faut reconnaître très simplement, et de bonne foi que dans un pays où les esprits sont aussi divisés que dans le nôtre, il n'est pas possible aux premiers magistrats d'une république de quitter la métropole en abandonnant leurs concitoyens à leur malheureux sort.

Dans une monarchie, le souverain peut consentir à quitter le sol de la patrie et à mettre en sûreté sa personne et son principe, tant qu'il est assuré que l'institution monarchique n'est pas mise en cause. Mais dans une république où les partis sont des rivaux acharnés, quitter le pays serait, pour un chef de gouvernement, risquer de le vouer au chaos, de l'exposer aux affres de la guerre civile en présence de l'ennemi. De plus, pour une nation terrienne comme la France, quitter la métropole serait, aux yeux des paysans, cesser d'être le gouvernement du « pays ».

Une circonstance tout à fait fortuite m'a rendu témoin du drame secret qui s'est déroulé à ce sujet en 1940. Le 13 février, mes collègues du Comité britannique d'information me transmirent de bonne heure l'invitation à assister au déjeuner qui avait lieu, le jour même, à l'occasion du passage à Paris de la haute personnalité dont j'ai parlé au chapitre II. Les hôtes d'honneur devaient être M. Paul Reynaud, ministre des Finances, et M. Georges Mandel, ministre des Colonies. Ce déjeuner franco-britannique réunissait chez Larue une vingtaine de convives. J'eus l'honneur d'être placé à la gauche de M. Mandel. La conversation du début du repas roula sur la baisse de confiance à laquelle le président du Conseil se heurtait au Sénat. « Oui, me dit M. Mandel, sur le ton de la confidence, les jours de M. Daladier sont comptés, il pourra peut-être durer un mois encore. C'est M. Paul Reynaud qui va devenir président du Conseil. Puis quand la situation deviendra tout à fait

---

1 Alfred Fabre-Luce, *Le Procès Pétain*, p. 19, Paris, édit. de Midi. 1945.

Chapitre XI

grave, il faudra avoir recours à un président du Conseil encore plus énergique… » Et, en me disant cela, M. Mandel me fixait de son regard perçant. Connaissant l'ardent patriotisme et la volonté autoritaire de l'ancien collaborateur de Georges Clemenceau, je ne doutai point qu'il s'agissait de lui. Pouvais-je imaginer à cette date le sort cruel et la fin affreuse qui lui étaient réservés !

Le 16 mai suivant, quand Paris fut sérieusement menacé, mes amis anglais me parlèrent pour la première fois du repli éventuel des Pouvoirs publics outre-mer. Depuis le 13 la reine Wilhelmine des Pays-Bas avait quitté son pays pour se rendre à Londres. Dans les derniers jours de mai, tandis que se déroulait l'évacuation de l'armée britannique à Dunkerque, ils me confirmèrent que la question avait été soulevée en haut lieu, et que d'ailleurs en cas de bombardements excessifs sur les centres urbains d'Angleterre, la famille royale pourrait se replier au Canada, sur Ottawa.

Quand le gouvernement quitta Paris pour gagner le département d'Indre-et-Loire, le secrétariat général du Conseil supérieur de la Défense nationale se transporta, en face de Tours, à Saint-Cyr-sur-Loire. Je passai l'après-midi du 12 et la journée du 13 juin à la préfecture, dans une pièce voisine du bureau de M. Mandel, car, à sa demande, les techniciens du secrétariat général s'appliquaient à lui assurer une liaison rapide avec tous les préfets.

C'est au cours de cette seconde journée qu'eut lieu le dernier Conseil suprême, entre le président du Conseil et les membres du Cabinet de guerre britannique, M. Winston Churchill, lord Halifax et lord Beaverbrook, accompagnés du général Spears. Dans un salon voisin, le président du Sénat et le président de la Chambre attendaient en compagnie de M. Mandel.

Au soir de la dramatique journée, sur cette préfecture planaient les deux questions capitales et essentielles : la demande d'armistice pour mettre fin à une lutte sans espoir, le départ du gouvernement vers la France d'outre-mer.

Je reçus, le soir même, l'ordre de me rendre à Bordeaux avec une section du secrétariat général, pour préparer dès le matin du 14 le repliement du gouvernement et des premiers échelons des ministères ainsi que celui du corps diplomatique. Tout ce que je savais me permit de comprendre le déroulement des événements du 15 au 25 juin, l'incident du *Massilia*, l'envoi d'un ministre britannique et d'un ancien commandant en chef au Maroc. Je compris aussi les raisons de la différence de ton entre les allocutions du général de Gaulle le 18 et le 22 juin.

On ne peut pas quitter la France.

Quel homme d'État aurait eu, dans l'impréparation de l'opinion publique, le courage d'annoncer à une population, affolée par l'exode, le départ du gouvernement ? Et comment cette communication aurait-elle été accueillie ?

*
* *

Après que la zone libre eut été envahie le 11 novembre, dans les terribles décisions qu'il eut à prendre le 12 puis le 27 novembre pour le licenciement de l'armée, le Maréchal restait secret et pensif. Lui qui avait eu plusieurs millions d'hommes sous ses ordres, il semblait regarder l'avenir. Sa pensée dominait notre situation humiliée. Il assistait à la fin de la forme de guerre qu'il avait connue. L'ère du matériel écrasant était venue. Après les saignées du temps passé, 1870, 1871, 1914-18, 1940, il ne se reconnaissait pas le droit de sacrifier à nouveau la majeure partie de la population mâle de son pays.

Quant à la flotte, après avoir eu l'honneur d'être en juin 1940 le pivot de l'armistice, elle fut, par le sabordage des forces de haute mer, la rançon de la parole d'honneur donnée à la Grande-Bretagne, à Bordeaux, en même temps que de ce sursis qui s'écoule de novembre 42 à juin 1944.

À cette dernière date, enfin, la situation désespérée de l'Allemagne hitlérienne commencera d'être manifeste. La marche des Alliés débarquant en Normandie pourra libérer notre territoire.

Sur la tragédie qui se déroula du 8 novembre au 25 décembre à Alger, le nouveau livre de Mme Chamine [1] a projeté une lumière précieuse sur un grand nombre de faits qui étaient encore obscurs. Mais, contrairement à l'appréciation de quelques-uns de ses commentateurs, j'estime que la presque totalité des mystères se trouve éclaircie.

En ce qui concerne le secret du Maréchal, il y a plusieurs choses à dire. Le 4 août 1940, quelques jours après le refus opposé à la

---

1 Chamine, *La Querelle des généraux*, Paris, Albin Michel, 1952.

demande exorbitante des bases d'Algérie, il est amené à redouter comme Paul Baudouin l'envahissement de la zone libre, si Hitler n'admet pas ce refus. Dévoilant donc, dès cette date, son intention de transmettre sa succession à l'amiral Darlan — intention qu'il ne manifestera que le 23 décembre — il confie à celui-ci, dans un secret absolu, la mission de transférer la souveraineté nationale en Afrique du Nord.

En attendant, afin de maintenir sans fissure le bloc de nos possessions africaines, de réorganiser nos forces et d'assurer la subsistance des populations autochtones, il confie au général Weygand la délégation générale du gouvernement. Durant l'année 1941, les Allemands ne cessent de montrer leur défiance à l'égard du général, qui a conclu les précieux accords de ravitaillement avec Robert Murphy. En novembre 1941, la pression allemande se fait de plus en plus dure. Le Maréchal renonce à maintenir le délégué général dans ce poste d'Alger. Pour la fixation du lieu de son séjour, les Allemands qui redoutent l'entrée du général en dissidence sont intervenus pour déconseiller l'Afrique. Et le Maréchal se voit forcé de lui demander de venir résider en zone libre. Car, connaissant le tempérament vif et impétueux du général, il peut craindre une reprise inopportune du conflit armée-marine, si les circonstances amènent Darlan à Alger.

Lors du débarquement il approuve par ses télégrammes secrets la cessation du feu en Afrique du Nord, mais, officiellement, vis-à-vis de l'Allemagne, il désavoue son lieutenant et qualifie sa dissidence en termes sévères. L'armée d'Afrique rentre en guerre, mais sous la responsabilité de Darlan et de Giraud. La métropole n'en doit pas supporter les conséquences. De ce point de vue, il est inexact de dire que si le général Weygand, présent à Alger, avait pris en mains les leviers de commande, l'imbroglio disparaissait. Car le général Weygand, modèle exemplaire de l'esprit de discipline, aurait tenu, comme Darlan, à attendre l'approbation secrète du Maréchal pour pouvoir relever les officiers de leur serment. Rien n'était changé. Il aurait été de même désavoué officiellement. Et la Tunisie serait trouvée de même à l'extérieur de la progression américaine. Le sang français n'eût pas été épargné, car, si l'Afrique du Nord renonçant au baroud d'honneur accueillait les Américains en libérateurs, sans désaveu du Maréchal, c'était la France livrée aux représailles hitlériennes, aux premières mesures de « polonisation », ce que précisément le Maréchal était fermement décidé à éviter. Il savait ce qu'il faisait.

Le secret de Darlan n'est pas moins explicable. Sa conduite à Alger n'a semblé hésitante et cauteleuse que parce qu'il a été surpris par la soudaineté des événements. Les renseignements qui étaient en sa possession contredisaient l'hypothèse d'une action déclenchée dès novembre. Ce n'est pas à Alger qu'il a opéré son retournement et qu'il s'est décidé à prendre la tête d'un mouvement qui allait à contresens de la politique qu'il avait en apparence suivie jusqu'à ce jour. D'après ce que j'ai connu à l'époque, Darlan était persuadé que l'intervention des Alliés anglo-saxons, en Europe ou en Afrique du Nord, ne pouvait pas se produire avant le printemps de 1943. Il avait examiné la question avec l'amiral Leahy à Vichy. Le télégramme de Robert Murphy, en date du 17 octobre 1942, fait état de contacts déjà pris : « Darlan est désireux de se joindre aux Alliés et de leur apporter la flotte française… Murphy recommande d'encourager Darlan sur la base d'une coopération avec Giraud [1]… » L'avant-veille du débarquement, il a été prévenu par le général Bergeret que l'opération, soudainement prévue pour une date *postérieure* au 15 novembre, a été encore avancée de huit jours. Il n'y veut pas croire, ayant été abusé par des renseignements provenant de Murphy et relatifs à un important convoi à destination de la Méditerranée centrale. Le débarquement effectué, il agit pour le mieux en parfaite discipline de pensée avec le Maréchal et avec l'amiral Auphan, secrétaire d'État à la Marine.

En dernier lieu, si le secret révélant la connivence du gouvernement français n'a pu être partagé avec Tunis et Bizerte, ce n'est pas Darlan qui s'en trouve responsable mais le commandement américain. Pour la Tunisie, le général Eisenhower a été gagné de vitesse. Faute d'avoir amené des forces suffisantes, et surtout faute d'avoir réalisé la sûreté de l'opération sur le front de mer tunisien, l'occupation de l'Afrique du Nord a été incomplète. Les difficultés de la campagne tunisienne, assurée au début par les seules forces françaises mal équipées, en ont été la conséquence. Il est donc inexact de dire que le secret de Darlan fut inégalement et injustement par-

---

[1] Cité par L. D. Girard dans *Montoire, Verdun diplomatique*, p. 406, d'après le livre de Harry Butcher : *My three years with Eisenhower*.

tagé. Le malheureux Esteva, résident général qui se maintient au siège du protectorat, et l'infortuné Derrien, rivé à son arsenal, ont été les victimes expiatoires de cette faute insigne, de cette demi-mesure. Ils se sont trouvés à l'extérieur de la zone occupée militairement.

Le 24 décembre à 15 heures, l'amiral Darlan est assassiné par le jeune Fernand Bonnier, presque un enfant.

Certains de mes amis m'ont dit à quel point il avait négligé jusqu'aux derniers jours les mesures de sécurité qu'on le pressait de prendre pour sa personne. Il semble que, sentant inconsciemment s'approcher la Mort, cet homme étrange, qui nous avait parfois choqués par son scepticisme et son cynisme un peu fanfaron, se trouvait libéré de toute ambition. Ayant mené à bien la première partie de la tâche que lui avait confiée le Maréchal, il se heurtait à une animadversion générale chez ses concitoyens comme chez les Alliés. On peut penser, car on me l'a dit, qu'au jour où il tomba à son poste son sacrifice était total.

Quelques heures après la mort de l'amiral Darlan, le Maréchal adressait aux Français un message de Noël. N'ayant pu se résoudre à garder le silence au terme d'une année qui s'achève dans la détresse, il tient à prononcer quelques mots de réconfort et d'encouragement. Affirmant sa confiance invincible dans l'avenir, il rappelle qu'il est resté fidèle à sa promesse : « Mon honneur à moi est de rester à ce poste, face au danger, sans armée, sans flotte, au milieu d'une population malheureuse. »

Il n'a cessé de préparer les voies qui pourront conduire à la paix : la famille fortifiée, la Charte du travail affermie, la jeunesse encouragée. Il termine son allocution en recommandant de porter les regards vers le ciel, « où vous trouverez assez d'étoiles pour placer où il convient vos espérances. »

Ainsi la page de 1942 va être tournée, tandis que la bannière étoilée flotte en Algérie à côté de nos trois couleurs.

*
* *

L'année 1943 va se tramer pour les Français dans un mélange de trouble, d'inquiétude et d'espoir.

Les yeux de tous se tournent vers les combats à la dimension de la planète. Libération de la Tunisie, expulsion des forces de l'Axe en Tripolitaine, reconquête des archipels occupés par le Japon en Indonésie, capitulation de l'armée von Paulus à Stalingrad, reflux des forces allemandes vers l'ouest, débarquement des Alliés en Sicile.

Le Maréchal pointait chaque matin sur la carte les renseignements de situation préparés par son Cabinet militaire. Depuis novembre 1942, il ne s'est plus estimé en mesure de gouverner librement. Il a renforcé les attributions du chef du gouvernement en politique extérieure et intérieure. Il est reconnaissant à Pierre Laval d'avoir assumé la lourde tâche de promulguer des mesures impopulaires. Le durcissement des Allemands, engagés dans une lutte désespérée, se fait sentir. Revenu au gouvernement, alors qu'il n'avait rien à y gagner, Pierre Laval — muré dans le rêve du rôle futur qu'il croit pouvoir jouer dans une Europe pacifiée — appliqué, tenace, méfiant, sincèrement patriote, s'efforce avec plus ou moins d'adresse d'épargner à son pays de nouveaux malheurs.

Le Maréchal se borne à espérer que les Français reconnaissent l'ampleur du sacrifice que lui-même accepte pour maintenir l'unité et la discipline élémentaire du pays.

Il aurait souhaité de pouvoir expliquer cela de vive voix, d'homme à homme, comme il avait fait aux dernières réunions d'information générale au Conseil national. Il demande à Pierre Laval de le réunir à nouveau. Mais celui-ci ne peut admettre ce Conseil, tel qu'il a été constitué en son absence. Le 19 février 1943, une loi est promulguée, portant création d'un Conseil national ; c'est l'ancien texte légèrement modifié. Pour représenter le pays, il ne doit comporter que des membres provenant de l'élection et non nommés : parlementaires, conseillers généraux, maires ou conseillers municipaux. De remise en remise, tandis que l'on s'attache à rétablir et à convoquer de nouveaux Conseils départementaux, il arrivera que le Conseil national ne sera pas rappelé à l'existence.

De temps à autre beaucoup des anciens conseillers qui avaient siégé aux diverses Commissions, de mai 1941 à avril 1942, s'arrêtaient à Vichy au cours d'un déplacement. Plusieurs se montrent humiliés par les derniers événements et incapables de participer à la défense d'un gouvernement qui risque de faire l'unanimité contre lui. D'autres se manifestent plus acerbes, critiquant cette sorte d'abdication du Maréchal, tout en reconnaissant que le chef

Chapitre XI

du gouvernement fait tout ce qu'il peut pour retarder le départ des travailleurs en Allemagne.

Quand on leur pose la question directe : « Croyez-vous qu'il vaudrait mieux que le Maréchal en vienne à résigner ses fonctions ? » la réponse est toujours négative. Je n'ai jamais entendu personne, à cette époque, souhaiter l'intervention d'un *gauleiter*.

Dès le mois d'avril, le Maréchal me rappelle pour reprendre en mains les travaux de la Constitution. Il veut aboutir à la rédaction finale.

Entre-temps il continuait à encourager les efforts faits pour la mise en place des organismes de la Charte du travail. « Je comprends votre amertume : comprenez mes difficultés, dit-il le 1er mai dans son allocution aux travailleurs. L'histoire reconnaîtra que nous avons fait tout ce qui était possible pour protéger les ouvriers contre la misère présente... Plutôt que de désespérer ou de prêter l'oreille aux prêcheurs de tumulte, étudiez votre Charte... Vous comprendrez alors tout ce qu'elle vous apporte... Partout où les Comités sociaux fonctionnent normalement, partout où la pratique de l'élection assure à l'ouvrier des représentants de son choix, l'expérience démontre que la Charte n'est pas une construction théorique, mais une bienfaisante et vivante réalité... »

Certains jours, le Maréchal connaissait lui-même des heures d'amertume et de doute. Un soir de mars, en sortant de table, après un dîner morose où nous n'étions que quatre ou cinq, il me prit par le bras, ce qui ne lui arrivait jamais, et je l'entendis fredonner sur l'air de *Faust* : « Je voudrais bien savoir... comment tout cela... va finir... »

Quelques semaines plus tard, après une période de soucis extérieurs : « Ce sont de tristes journées, dit-il à Mme Lucien Romier, ... voilà, on me trouvera mort un matin... Je ne me serai pas réveillé... J'aurai passé... »

Mais ces jours étaient rares. Accablé de déceptions, il se remettait au travail. Les grandes chaleurs disparues, ses forces et son ressort moral restaient intacts.

Succédant à cette période de longue attente, les deux derniers mois de 1943 allaient aboutir à une crise intérieure d'une exceptionnelle gravité. Le déroulement de la guerre confirmait le Maréchal dans l'idée qu'il devait prendre des dispositions en vue de faire respecter l'exécution de la Loi constitutionnelle du 10 juillet 1940.

S'il venait à disparaître ou si un coup de force des occupants l'emmenait en captivité, il ne pouvait compter sur le chef du gouvernement pour présenter en son nom la Constitution dans les formes qu'il souhaitait. Tandis qu'il poursuivait la mise au point du texte, Pierre Laval n'y accordait aucune attention. De plus, son impopularité était telle, qu'on ne pouvait avoir recours à lui pour demander la ratification.

On sait que par un Acte constitutionnel secret du 27 octobre 1943, le Maréchal décida de confier à un collège de sept membres la mission de convoquer l'Assemblée nationale.

D'autre part, les nouvelles qui lui parvenaient d'Alger l'inquiétaient. La constitution du Comité français de libération nationale, la promulgation d'une ordonnance instituant une Assemblée consultative provisoire l'obligeaient à prendre position pour revendiquer les droits du pouvoir politique légitime de la France.

On se rappelle dans quelles conditions il voulut par l'Acte constitutionnel n° 4 sexiès, du 12 novembre, restituer à l'Assemblée nationale les pouvoirs qu'il en avait reçus, au cas où il serait empêché d'exercer ses fonctions.

Il se heurta à la réaction de l'ambassade allemande, s'opposant à l'émission du message par lequel il voulait éclairer l'opinion sur le sens de cette restitution. Mais le texte du message fut abondamment répandu ; la presse étrangère elle-même fit écho à cette affirmation du pouvoir légitime.

Le 5 décembre, Otto Abetz arrivait à Vichy, porteur d'une lettre de Ribbentrop. Celui-ci estimant, au nom de Hitler, que cette tentative de révision constitutionnelle était dirigée contre l'Allemagne, menaçait le Chef de l'État d'installer en France une administration directe.

Chapitre XII : LA CONSTITUTION

Comme il a été dit dans le chapitre relatif au Conseil national, les deux sessions de la Commission de la Constitution n'avaient pas donné lieu à l'ample débat que souhaitait le Maréchal. Le malen-

Chapitre XII : LA CONSTITUTION

tendu initial résultait du désaccord de procédure, survenu à l'une des premières séances de la session de juillet. Le garde des Sceaux qui avait raison de se soucier de discipliner l'échange de vues s'était exprimé ainsi : « En ce qui concerne le texte qui est sous vos yeux, ce n'est pas le texte du Maréchal. Ce n'est pas le texte du garde des Sceaux. C'est le fruit d'une méditation collective de cinq mois. Il a été proposé à la Commission comme canevas. La Commission est maîtresse de ses méthodes et de son ordre du jour. Je l'invite à procéder, dès qu'elle le jugera utile, à une délibération sur ce point. » Et M. Joseph Barthélémy exprima le désir que cette délibération eût lieu hors de sa présence, sous la direction d'un des vice-présidents.

La Commission estima finalement préférable de poursuivre l'échange de vues en examinant les divers titres du canevas proposé. Si, sur le moment, certains tendirent à regretter que l'examen objectif des questions posées par le Maréchal n'eût pas entraîné une discussion générale plus féconde, il faut reconnaître que les conclusions eussent été sensiblement les mêmes, quelle qu'eût été la méthode adoptée. Dans le climat moral de l'été et de l'automne 1941, on aurait abouti de toute façon à la définition d'un régime autoritaire, accordant de larges prérogatives au pouvoir exécutif. Telle était bien l'orientation générale des commissaires, les parlementaires comme les professeurs de droit, les syndicalistes ouvriers comme les représentants des autres professions. Les souvenirs des fautes de la IIIe République, au cours des dernières années étaient trop proches. Les esprits inclinaient à un régime présidentiel.

« Nous aurons à nous réformer, avait dit le président Herriot lors de la délibération de la Chambre le 9 juillet 1940, à rendre plus austère une République que nous avions faite trop facile, mais dont les principes gardent toute leur vertu. Nous avons à refaire la France. Le destin de cette œuvre dépend de l'exemple que nous allons donner. » Et, l'après-midi du même jour, le président Jeanneney s'exprimait dans le même sens devant le Sénat : « À la besogne pour forger à notre pays une âme nouvelle, pour y faire croître force créatrice et foi, la muscler fortement aussi, y rétablir enfin, avec l'autorité des valeurs morales, l'autorité tout court ! »

Le projet proposé par la première session, comme celui de la seconde, aux retouches de détail près, était établi dans le cadre suivant :

Titre premier. — L'État français.
- Chapitre Ier. — La nation française.
- Chapitre II. — L'État français autoritaire.
Titre deuxième. — La personne humaine
- Chapitre Ier. — Les devoirs, les droits.
- Chapitre II. — Les libertés.
- Chapitre III. — Le travail.
Titre troisième. — Les groupes sociaux.
- Chapitre Ier. — La famille.
- Chapitre II. — Les métiers et les corporations.
- Chapitre III. — Les associations.

Titre quatrième. — Le gouvernement de l'État
- Chapitre Ier. — Le Chef de l'État.
- 4 sections. — Désignation du Chef de l'État. Ses collaborateurs. Ses attributions. Sa condition.
- Chapitre II — Le suffrage.
- Chapitre III. — Les Assemblées.
- 4 sections. — Composition des Assemblées. — Leur fonctionnement. Condition de leurs membres. — Attributions des Assemblées.
- Chapitre IV. — Le Conseil d'État.
Titre cinquième. — L'administration de l'État
- Chapitre Ier. — Les Finances.
3 sections. — Budget. Emprunt. Impôts.
- Chapitre III. — Les Services publics.
Titre sixième. — La Justice.
- 5 sections. — Tribunal des conflits. Ordre judiciaire. Juridiction administrative. Justice politique. Justice constitutionnelle.
Titre septième. — Le régime local
- 4 sections. — Communes. Cantons et arrondissements. Départements. Provinces.
Titre huitième. — L'Empire.

Titre neuvième. — Révision de la Constitution.
Annexe — Motion relative à la ratification de la Constitution.

En vérité le dispositif était trop abondant, nettement théorique. Il tendait à « constitutionnaliser » beaucoup trop de classifications administratives. Dans le domaine professionnel et social, en particulier, il devançait l'œuvre de redressement entreprise par le Maréchal. La Charte du travail n'avait été promulguée que le 4 octobre 1941, dix jours avant l'ouverture de la deuxième session. Et si un grand nombre des articles adoptés servaient la conception du bien commun, de l'intérêt national et de la justice sociale que recommandait le Maréchal, en revanche leur expression n'avait pas encore pénétré le cadre institutionnel et le domaine des réalités.

Après avoir reçu les comptes rendus analytiques, ainsi que le projet adopté par la Commission, le Maréchal, en juillet comme à la fin d'octobre, les avait examinés. Il n'en était pas satisfait. Le travail était trop pesant, les conclusions imprécises.

Ses méditations personnelles le portaient d'ailleurs assez peu vers le détail précis d'un dispositif organique, définissant l'articulation constitutionnelle. Soucieux d'apporter sa propre contribution à l'accomplissement de son mandat, il s'était appliqué à rédiger un certain nombre de principes, qui traduisaient ses convictions intimes. C'était en quelque sorte la somme de son expérience de la vie. Il en était assez fier. Il les polissait un à un, recherchant le mot juste, retranchant les bavures. *Le sujet, le verbe, le complément* [1].

C'est ainsi qu'avait été achevée, au début d'août 1941, cette petite gerbe des *Principes de la communauté*, au nombre de seize. Quand on publia sous le titre de *La France nouvelle* les appels et messages du Maréchal, du 17 juin 1940 au 17 juin 1941, ils furent imprimés à la fin de l'élégant volume, sorti des presses des Maîtres imprimeurs Draeger frères. On les diffusa dans la suite sous bien des formes.

Il y a du plaisir à les relire, tant ils sont justes et raisonnables. C'était, dès cette date, un apport non négligeable à cette Constitution, dont le Maréchal avait indiqué les traits essentiels dans son grand Appel du 11 octobre 1940, à la Chambre de commerce de

---

[1] Cf. Loustaunau-Lacau, *Mémoires d'un Français rebelle*, p. 88, Paris, Robert Laffont, 1948.

Lyon le 18 novembre de la même année et à Grenoble le 19 mars 1941.

Le début de l'année 1942 fut peu propice à la continuation des travaux. Les relations très tendues avec l'autorité occupante absorbaient une large part des soucis du Chef de l'État. D'autre part, ne fallait-il pas laisser s'écouler un certain temps, pour que les institutions nouvelles — Charte du travail, Corporation paysanne, organisation des régions — fissent sentir leur effet ? Henri Moysset, nommé ministre d'État le 12 août 1941, avait été chargé de les coordonner. Au moment même où le Maréchal songeait à confier le soin de parfaire ce travail à une Commission permanente, choisie dans le sein du Conseil national, survint la crise ramenant Pierre Laval au gouvernement. Il était manifeste que celui-ci se refusait à traiter avec un Conseil nommé durant son absence. Ce fut grand dommage.

L'Acte constitutionnel n° 11, définissant les attributions du chef du gouvernement, a interrompu et bouleversé bien des choses en France. Il a troublé beaucoup de consciences. La surprise de voir réapparaître un homme très incompris, et qui était parvenu au suprême degré de l'impopularité, a écarté du Maréchal un grand nombre de dévouements et de fidélités. En particulier, les membres des divers degrés de l'enseignement se détachaient, ne pouvant admettre la personnalité de celui qui était devenu, dans le nouveau Cabinet, le grand maître de l'Université.

La fin de l'année 1942 fut donc défavorable à la poursuite du travail constitutionnel. Le débarquement des Américains en Afrique du Nord absorbait la pensée du Maréchal. Parfois il se tournait vers le garde des Sceaux pour savoir si ses collègues, les juristes, songeaient à apporter des modifications à la rédaction antérieure. Mais il n'insistait pas. Son bon sens paysan connaissait les lenteurs de toute germination. Il était d'ailleurs encore attentif à voir passer ses patientes exhortations du domaine des principes dans celui des faits. Il s'en entretenait de temps à autre avec Henri Moysset.

Ce Rouergat, à l'accent rocailleux, qui avait étudié les philosophes d'outre-Rhin, avait acquis de l'Allemagne une connaissance personnelle. C'est pour cela que l'amiral Darlan l'avait choisi comme secrétaire général de la vice-présidence. Philosophe et historien,

Chapitre XII : LA CONSTITUTION

il s'était naguère approché de la politique. Ami d'André Tardieu, avant de devenir directeur de son Cabinet, il avait collaboré aux négociations du traité de Versailles. Comme directeur du Cabinet de Georges Leygues, il avait aussi participé à l'élaboration des textes portant organisation de la marine nationale. Dans ses conférences au Centre des hautes études navales, il nous avait ouvert les yeux sur la géographie économique, les courants du commerce international et les rivalités du moyen âge. Son discours, toujours très nourri, ne redoutait pas une certaine emphase, et la façon dont il appuyait sur les consonnes explosives en nous parlant du césaro-papisme ou de l'hégémonie des républiques potamocratiques faisait sourire certains de nos camarades. Nous l'avions surnommé le « thalassocrate ». Le Maréchal lui reprochait seulement de remettre toujours à plus tard ses travaux et ses conclusions définitives.

Dès lors, il apparut que le travail de composition ne pourrait progresser que par les efforts conjugués d'une équipe officieuse, en contact étroit avec le Maréchal. Les premiers éléments du travail furent rassemblés au courant du printemps de 1943, en opérant une sérieuse contraction du projet primitif de la Commission du Conseil national. Il s'agissait à la fois de faire du nouveau conformément aux incitations de la doctrine du Maréchal et de présenter des dispositions se rapprochant des habitudes de pensée d'un peuple ayant, comme le nôtre, une longue expérience.

C'est à quoi s'appliqua, de juillet jusqu'à la fin de décembre, un Comité de rédaction animé par Lucien Romier. Les participants étaient Henri Moysset, le professeur Gilbert-Gidel, de la Faculté de droit de Paris, Yves Bouthillier, qui depuis son départ du gouvernement, était procureur général de la Cour des comptes, Jean Jardel, ancien directeur du Budget, secrétaire général du Chef de l'État. Lors de ses brefs passages à Vichy, M. le Cour Grandmaison, député de la Loire-Inférieure depuis vingt ans, prenait part à la rédaction. Le Maréchal le tenait en haute estime, pour la sûreté de son jugement et sa grande expérience des Assemblées. Il eût également souhaité la présence de Manuel Fourcade ; par malheur la santé de l'ancien bâtonnier commençait à donner des inquiétudes. La matière des échanges de vues et les modifications à apporter au projet étaient collationnées par les soins des secrétaires du Conseil national, qui joignaient à une formation juridique remarquable une grande pratique de la mécanique parlementaire.

Celles des séances de collationnement qui se déroulaient à la Villa Strauss en présence du Maréchal étaient intéressantes, lorsqu'il était amené à préciser sa pensée personnelle. J'ai noté certaines de ses interruptions soudaines, au moment où l'énoncé du dispositif venait toucher sa droiture ombrageuse ou heurtait certains de ses préjugés.

On lui proposait le texte d'une courte déclaration qui eût été le préambule de la présentation de la Constitution. Il était dit : « Au terme d'une mission que, fidèle à ma promesse de 1940, j'ai voulu remplir jusqu'au bout… » — « Non, répliquait le Maréchal, je n'ai rien voulu du tout… On est venu me chercher. J'ai reçu un mandat. Je le remplis. »

On lui faisait valoir qu'il était bon de faire admettre aux électeurs que voter c'est proprement participer à la fonction législative : « D'accord, répondait-il, l'argument a sa valeur. Vous serez moins orgueilleux quand vous saurez que vous participez, non au pouvoir lui-même, mais à une fonction. »

En raison de toutes les critiques qu'il avait énoncées à l'égard de la dégradation des mœurs parlementaires et de l'impuissance des Assemblées à se réformer, il restait défiant à l'endroit du suffrage universel. Il fallut le convaincre patiemment pour qu'il finît par l'admettre. Les arguments qu'on lui présentait étaient les suivants : « Nous ne sommes pas devant une table rase. Il ne peut y avoir de coupure dans la vie d'une nation. Nous devons tenir compte des habitudes qui existent. Nous ne pouvons construire d'un seul coup un édifice complet. Dans le texte proposé, conformément aux principes essentiels de vos messages, la garantie des libertés est donnée par la représentation nationale. Le respect de la personne est assuré par l'institution d'une Cour suprême de Justice, ouverte à la requête de tout citoyen. Pour que la Constitution soit ratifiée, il faut prendre en considération le tempérament du Français : il tient à exercer son droit de déposer un bulletin dans une urne. En acceptant de faire confiance au suffrage universel, vous pouvez rallier l'opinion publique et lui faire admettre une Constitution qui a le mérite d'assurer à la fois le renforcement de l'autorité, la stabilité de l'État et le respect des libertés de la personne humaine. — En

Chapitre XII : LA CONSTITUTION

effet, répondait le Maréchal, je crois que si mes messages ont été entendus et compris, c'est qu'ils correspondaient à bien des désirs intimes de nos concitoyens. Je n'ai pas la prétention d'avoir innové. Je les ai prononcés au fur et à mesure que l'exercice du pouvoir me révélait la nécessité d'effectuer certaines réformes ou de revigorer certains principes. »

Mais les articles sur lesquels il se penchait avec le plus de conviction étaient ceux relatifs à la représentation professionnelle pour mettre fin à la lutte des classes : « Ma préoccupation constante a été de voir disparaître les conflits entre employeurs et salariés. Je demande que l'on inscrive que la représentation est assurée à tous les échelons du travail. »

Il revenait constamment aussi sur les articles qui comportaient l'organisation des provinces : « C'est la réforme capitale. Il faut rapprocher l'administration de l'administré. Le gouverneur devra être un très grand fonctionnaire, ayant auprès de lui les représentants de tous les ministres. Il faut qu'il y ait une délégation régionale. C'est d'ailleurs la pratique qui nous précisera ce qu'il faut faire exactement en pareille matière. »

La fin du mois de décembre et le début de janvier 1944 furent consacrés à l'établissement définitif du texte, malgré le grand remous de la réaction allemande, consécutive à la diffusion de l'Acte constitutionnel n° 4 *sexies*. Les préoccupations que causèrent la venue d'Otto Abetz à Vichy, la lettre de Ribbentrop et les menaces qui visaient les membres de son entourage vinrent interrompre le travail personnel du Maréchal. Mais aux derniers jours du mois, il s'y consacre à nouveau et accorde sa signature le dimanche 30 janvier 1944 [1].

Au sujet de la dernière lecture, Jean Tracou, directeur du Cabinet du Maréchal depuis quelques jours, a commis une erreur involontaire dans le chapitre v de son beau livre *Le Maréchal aux liens* [2]. Il s'attribue le mérite d'avoir en deux minutes fait rétablir le mot « République ». En réalité, le Maréchal, fidèle à sa méthode du « faisceau » a pris, ce jour-là, une décision conforme aux arguments que ses interlocuteurs du Comité de rédaction lui présentaient depuis le mois de novembre. Le Maréchal a toujours préféré

---
1 Voir annexe III.
2 Jean Tracou, *Le Maréchal aux liens*, Paris, André Bonne 1949.

ne pas brusquer sa décision. Il écoute les objections qu'on lui fait. Il les loge dans une case de son cerveau. Des arguments similaires s'accumulent. Et, quand ils ont formé un faisceau nettement cohérent, la décision est prise. C'est l'histoire du 13 décembre.

Le mot « République », pour lui qui était né quatre ans après l'établissement du Second Empire, évoquait toutes les circonstances malheureuses — scandales, dissensions intestines, désordres, manifestations anarchiques — où, suivant l'expression de Barrès : « La France était chaque fois descendue d'un cran. » Je n'ai jamais entendu le Maréchal répéter l'exclamation classique : « Comme elle était belle sous l'Empire ! » Mais cela répondait assez bien à l'ensemble de ses constatations désabusées.

Le travail terminé, les trois exemplaires officiels signés et paraphés, déposés par Bernard Ménétrel entre les mains du vice-président du Conseil d'État, du procureur général à la Cour de cassation et de son notaire personnel, le Maréchal se repose.

Il avait tenu à honneur de s'acquitter de la mission dont on l'avait chargé. Et il avait confiance que, quelles que fussent les circonstances qui surviendraient à la libération du pays, il pourrait rendre compte de son mandat.

Un hasard heureux fait parvenir entre nos mains un projet de Constitution, rédigé récemment par un groupe appartenant aux Mouvements unis de résistance. La similitude étrange de cette rédaction, quant à la contexture générale et à l'ordonnance des chapitres, avec le projet du Maréchal, permet de supposer qu'il y a eu des conversations à Paris et à Lyon au sujet des travaux poursuivis à Vichy. Le Maréchal conçoit de cette ressemblance une impression favorable en vue des discussions futures.

La tâche de l'autorité constituante est achevée. Le projet existe, mais la situation est telle que l'on s'abstient de le communiquer au chef du gouvernement. Évidemment celui-ci dans des circonstances analogues n'a pas gardé le silence vis-à-vis de l'ambassade allemande.

Soudain le 14 mars au matin, le Maréchal me fait appeler. Il se propose de montrer le texte à Pierre Laval, car celui-ci s'est mis en tête de publier « une carcasse de Constitution » pour faire pièce aux délibérations du Comité français de libération nationale d'Alger.

Chapitre XII : LA CONSTITUTION

J'exécute l'ordre tout en redoutant de fâcheux commentaires en présence d'une occupation ennemie. La crainte était superflue. Pierre Laval, qui n'aime pas être bridé par des textes précis, ne ménage pas ses critiques à l'égard de « l'ours » du Maréchal, tout en étant assez surpris de sa teneur raisonnable et libérale. Il se borne à me demander de reprendre l'exemplaire pour que l'on juxtapose à certains articles les libellés similaires des Lois constitutionnelles de 1875. Au bout de quinze jours, il s'en désintéresse, estimant impossible la publication d'une esquisse réduite.

Pour respecter la vérité, j'ai le devoir d'ajouter que le Maréchal n'était pas entièrement satisfait du projet qu'il avait signé le 30 janvier 1944. Il reconnaissait que, dans ce texte volontairement concis, des progrès certains étaient réalisés sur la Constitution de 1875, afin d'assurer plus de stabilité gouvernementale. L'autorité plus grande du président de la République, élu par un collège élargi, la création des provinces, le vote des femmes, certains droits reconnus à la famille, l'établissement du recours pour inconstitutionnalité représentaient des améliorations sensibles. Il avait admis qu'il fallait tenir compte des habitudes politiques du pays. Il n'en conservait pas moins des sentiments de défiance à l'égard des Assemblées nombreuses et indisciplinées.

Suivant sa méthode habituelle, il lui arriva de montrer, de temps à autre, le projet constitutionnel à certaines personnes dont il appréciait les qualités de jugement et de sincérité. Plusieurs d'entre elles s'étonnèrent du caractère libéral du projet. D'une part, elles reconnaissaient bien dans les articles du titre préliminaire les idées qui avaient inspiré sa rédaction personnelle des *Principes de la communauté*. En revanche, elles ne trouvaient pas, dans les titres relatifs à la fonction gouvernementale et à la fonction législative, des dispositions assez fermes pour imposer dans l'avenir un frein aux empiétements d'une Assemblée incapable de se maîtriser. Elles se souvenaient des critiques justifiées que le Maréchal avait émises à l'endroit des tares du parlementarisme démagogique : gaspillage des deniers publics, surenchère des partis, désordre et irresponsabilité.

Le Maréchal était troublé d'avoir à constater cette contradiction. Il méditait. À ses yeux, comme il a été dit, la nouveauté capitale du projet reposait dans la création des provinces, dans le rôle attribué au Conseil provincial. Mais il n'était pas encore possible d'évaluer les effets qu'une telle modification des habitudes pourrait produire. Il souhaitait, par le jeu des scrutins départementaux et provinciaux, résultant d'un choix délibéré, en connaissance de cause, à portée d'homme, d'obtenir dans tous les ordres d'activité une sélection des véritables compétences.

Cette qualification obtenue, il eût voulu trouver à l'échelon national une forme de délibération qui fût de nature à remédier aux abus insupportables du passé. Telle était sa méditation. Il se rendait bien compte que l'essai de synthèse politique réalisé par les Lois constitutionnelles de février 1875 ne représentait pas la solution définitive du gouvernement en France. à ce propos, il est curieux de se référer à certaines phrases du dernier livre de Léon Blum, constatant les méfaits des discussions stériles. M. Louis-Dominique Girard a déjà eu l'occasion d'en citer des passages entiers, pour souligner la similitude de l'orientation du Maréchal et de la pensée politique de l'ancien président du Conseil à la fin de sa vie [1].

Le régime... doit recevoir de profondes corrections et, à supposer qu'il ne soit pas susceptible comme on le prétend de corrections satisfaisantes, la seule conclusion qu'on ait le droit d'ajouter est que le régime parlementaire ou représentatif ne constitue pas la forme de gouvernement exactement adaptée à la société française... Il faut par conséquent se mettre en quête de formes qui lui conviennent mieux.

Car il faut se persuader bien clairement et ne jamais perdre de vue que le parlementarisme n'est pas la forme unique, exclusive et nécessaire de la démocratie... D'autre part la démocratie n'est pas nécessairement parlementarisme, puisqu'une très grande et une très petite république démocratique, les États-Unis et la Confédération helvétique, pratiquent depuis leur fondation des régimes qui ne sont pas le parlementarisme, la souveraineté du peuple n'y étant pas incarnée et si je puis dire absorbée par les Assemblées parlementaires. Je note en passant que les deux Constitutions américaine et helvétique sont à base fédérative, c'est-à-dire qu'elles comportent, à une dose très élevée, la décentralisation administrative et surtout la déconcentration des pouvoirs. Elles tendent, et elles sont parvenues, dans un très grand et dans un très petit pays, à

---

[1] L. D. Girard, *L'Appel de l'Île d'Yeu*, p. 82, Paris, André Bonne, 1951.

maintenir en activité des centres locaux de vie politique...

Je puis donc répéter plus fermement qu'en tenant même pour fondées les critiques qui ont fait rage contre le parlementarisme... l'unique position solide et logique à laquelle on se trouve conduit serait de rechercher si une forme différente de gouvernement démocratique ne s'adapterait pas mieux aux caractères de la société française et, sans doute, dans cette recherche, serions-nous utilement orientés par les exemples suisse et américain [1]...

C'est bien dans cet esprit que le Maréchal souhaitait, au début de l'été de 1944, d'amorcer la discussion quand il lui serait donné de rendre compte de son mandat. Il basait sa position sur la nécessité d'un sérieux effort de décentralisation administrative et de déconcentration du pouvoir. En effet, il avait joint au texte du 30 janvier 1944 un projet de loi organique, portant création de provinces dans la France métropolitaine. C'était la définition de l'organisation interne de la province, instituée comme échelon de gouvernement et dotée d'une certaine autonomie [2]

Le Maréchal espérait pouvoir, par cette réforme, qu'il estimait capitale, restaurer l'ordre et l'autorité, en faisant appel à l'esprit de discipline des serviteurs de l'État. Il songeait à préparer d'autres textes. J'aurai l'occasion d'y faire allusion à la fin du chapitre suivant.

---

[1] Léon Blum, *À l'échelle humaine*, p. 51-52, Paris, Gallimard, 1945.
[2] Le projet est reproduit à l'annexe IV.

« **Projet de Loi organique**

portant création de provinces
dans la France métropolitaine

Titre I

La Province

Art. 1 – La France métropolitaine est divisée en provinces, groupant chacune un certain nombre de départements, compte tenu des nécessités administratives et des conditions géographiques, ainsi que des affinités économiques et culturelles.

Un règlement d'administration publique délimitera les provinces et fixera la date et les modalités d'entrée en vigueur de la nouvelle organisation administrative, dont la mise en application pourra être soit générale et immédiate, soit partielle et échelonnée.

Art. 2 – Le département, au sein de la province qui l'englobe, demeure provisoirement une circonscription administrative dotée de la personnalité morale et de l'autonomie financière.

En principe, la création des provinces ne doit entraîner aucune modification des limites actuelles des départements.

Lorsque les nécessités de la délimitation imposeront le détachement d'un arrondissement, d'un canton ou d'une commune, cette circonscription administrative sera incorporée à un département limitrophe situé dans la province de rattachement. »

Chapitre XII : LA CONSTITUTION

*
* *

Tout bien considéré le Maréchal ne manifestait pas un goût sincère pour les Constitutions écrites. Il y en avait eu treize depuis la Révolution. Il appartenait à une génération qui, par elle-même et ses ascendants directs, était informée d'une suite de secousses politiques assez extraordinaires. Son grand-père Pétain était né sous la Terreur, le 30 floréal an II, sa grand-mère, qui a veillé sur son enfance, était née un peu plus tard sous le Directoire. Son père était né le 1er mai 1816, et sa mère Clotilde Legrand en 1824, l'année de l'avènement de Charles X. Ire République, Directoire, Consulat, Empire, Restauration, Monarchie de Juillet, IIe République, Empire, IIIe République : quelle instabilité pource pays si bien défini et si favorisé par la nature, héritier d'une longue lignée de cultivateurs, d'artisans, de soldats et d'hommes de loi !

Le Maréchal avait mené une enquête consciencieuse. Il avait pris conseil des personnalités les plus diverses, professeurs de droit, parlementaires, anciens ministres, chefs d'industrie, représentants syndicalistes des unions professionnelles. Il n'avait pas réussi à obtenir une orientation claire et définitive pour satisfaire enfin ce que Henri Moysset appelait très justement « le droit des peuples à être gouvernés ».

À la fin de son article sur *L'Envers du décor à Londres*, Jean Oberlé cite la parole d'un homme politique anglais fort connu, et francophile acharné, qui lui disait : « Vous autres Français, vous pouvez faire tout mieux que les autres. Il n'y a qu'une chose que vous ne pouvez pas faire, c'est vous gouverner [1]. » De la part de cet insulaire, natif d'un pays où, sur les pas de Voltaire et de Montesquieu, les constituants continentaux sont allés chercher le gouvernement parlementaire et le régime de Cabinet, la réflexion ne manque pas d'humour.

Elle évoque la phrase, que cite Sainte-Beuve, de lord Chesterfield disant précisément à Montesquieu : « Vous autres Français, vous savez faire des barricades, mais vous n'élèverez jamais de barrières. »

Pour en finir avec ce rappel de souvenirs sur l'élaboration de la Constitution, il reste une chose inexplicable, à mes yeux, c'est qu'au

[1] *Le Crapouillot*, n° 11, Paris, 1950, Les Pieds dans le plat, p. 7.

cours de ces travaux Henri Moysset n'ait jamais fait allusion aux principes de légitimité, sur lesquels il avait pourtant été renseigné de bonne source. Je regrette de n'avoir pu le revoir que sur son lit de mort après les dernières années douloureuses de son existence.

L'amitié qui le liait à Guglielmo Ferrero depuis longtemps l'avait mis au courant des travaux du professeur exilé, tandis que celui-ci enseignait l'histoire à l'Université de Genève. On connaît aujourd'hui depuis la diffusion en France de son dernier livre *Pouvoir* [1] l'étude approfondie à laquelle Ferrero s'est livré sur les principes de légitimité.

Elle est fondée sur la lecture qu'il a fait, en 1918, de sept pages du deuxième volume des *Mémoires* de Talleyrand : « Elle m'apprenait, écrit-il, qu'il existait au monde des principes de légitimité. *La révélation était décisive.* Depuis ce jour je commençai à voir clair dans l'histoire du monde... Les principes de légitimité ont pour tâche de libérer le pouvoir et ses sujets de *leurs peurs réciproques*, en remplaçant de plus en plus, dans leurs rapports, la force par le consentement. Ils sont donc les piliers de la civilisation si la civilisation est un effort pour libérer l'homme des peurs qui le tourmentent. »

Il y en a quatre et quatre seulement, qui ont été reconnus et appliqués par les nations de l'Occident : héréditaire, aristo-monarchique, électif, démocratique. M. Girard les a commentés dans le préambule de *La Guerre franco-française* [2]. Henri Moysset qui était l'interlocuteur français, dont Ferrero parle, en termes élogieux, au chapitre XV de son livre, n'a pas saisi les conclusions profondes de son ami et n'a pas songé à en faire part à ceux qui travaillèrent avec lui à Vichy. Quel trait de lumière c'eût été pour le Maréchal s'il en avait connu l'essentiel, alors que dès avril 1942 il ne parvenait pas à s'expliquer la désaffection d'une partie de l'opinion publique [3]. C'était le moment où son gouvernement aurait cessé d'être légitime, si les circonstances avaient été normales, en temps de paix ; mais la guerre était là, et la volonté nationale ne pouvait s'exprimer dans les formes régulières.

[1] Guglielmo Ferrero, *Pouvoir. Les génies invisibles de la Cité*, Paris, Plon, 1945.
[2] L. D. Girard, *La Guerre franco-française*, Paris, André Bonne, 1950.
[3] Sans doute, l'édition française de *Pouvoir* n'a été publiée par la librairie Plon qu'en 1945. Mais il eût été possible de recevoir, par l'intermédiaire d'Henry Moysset, l'ouvrage original publié à New-York, aux éditions Brentano, en 1942, l'année même de la mort de Ferrero.

Chapitre XII : LA CONSTITUTION

La méditation de l'auteur de *Pouvoir* sur la dramatique histoire de l'Europe au XIXᵉ siècle — lequel n'a réellement pris fin qu'en 1914 — projette des lumières assez surprenantes :

« Le génie de l'ancien régime et le génie de la Révolution, écrit-il, le principe de la légitimité aristo-monarchique et le principe de la légitimité démocratique se sont déclaré la guerre. Et l'insomnie du monde a commencé... La Révolution française restera un inexplicable mystère, tant qu'on n'aura pas compris qu'elle ne pouvait, et pourquoi elle ne pouvait, ni appliquer ni renier la doctrine de la souveraineté du peuple [1]. »

Le Directoire s'était efforcé d'appliquer loyalement la formule de légitimité démocratique en octroyant liberté de parole, de presse et d'association, mais ces libertés profitaient surtout aux royalistes parce que la majorité du pays était encore avec eux. C'est alors, que Sieyès, l'ancien chef du tiers état, cherche en 1799 à sauver la souveraineté de la nation par sa formule : « La confiance doit monter d'en bas et l'autorité descendre d'en haut », mais il se heurte à la peur qui s'empare de Bonaparte, la peur sacrée des pouvoirs illégitimes, et la Constitution de l'an VIII en sera dénaturée. Le puissant empereur, maître de l'Europe, ne cessait d'être rongé par l'inquiétude, car les deux génies ne le soutenaient pas. Son gouvernement impérial n'était ni monarchie, ni république, ni aristocratie, ni démocratie. En 1814 un grand roi rentre aux Tuileries, instruit par la philosophie du XVIIIᵉ siècle et par l'exemple des États-Unis. Il a compris qu'un Parlement ne peut assurer à un État les sécurités inhérentes au principe démocratique que dans la mesure où il exerce le droit d'opposition. « Il fallait du génie en 1814 pour discerner cette vérité et pour avoir le courage de l'appliquer. » Mais c'était une solution dualiste. Il eût fallu un pouvoir supérieur pour départager deux pouvoirs également souverains. En 1830 le tournoi dura trois jours.

Avec la Monarchie de Juillet, la France était, en théorie, gouvernée comme l'Angleterre. Mais qu'était le corps électoral ? 300 000 électeurs. Louis-Philippe reprenait la tentative de Sieyès, en remplaçant le contrôle du Sénat par celui du roi et de la Cour. Le régime philippiste voulut s'opposer à la réforme électorale. Et de nouveau

---
[1] G. Ferrero, *op. cit.*, p. 90-91.

le roi s'avoua vaincu.

Pas d'autres solutions que la République. La logique comme en 1792 aboutissait au suffrage universel. Le peuple de France accomplit son premier acte de souverain en nommant l'Assemblée nationale. Les partis d'extrême gauche la trouvèrent trop conservatrice, estimant que le souverain c'était eux. Journées de juin. Et en fin d'année, faute de gouverner lui-même, le suffrage universel s'ouvre une brèche en élisant le neveu de l'empereur, au lieu de Cavaignac, bourgeois d'origine modeste, qui eût mieux représenté le principe démocratique.

Napoléon III, membre d'une famille souveraine reconnue, tente à son tour de concilier les deux principes, autorité et liberté, tout en supprimant le droit d'opposition. Son régime était doublement illégitime comme monarchie et comme démocratie. Il cherche à s'en justifier en favorisant en Italie comme en Allemagne le mouvement national. C'est pour diminuer l'Autriche. Sans aucun profit pour la France, cette revanche, qui n'avantage que le Piémont et la Prusse, aboutit à la catastrophe : Sedan.

La France va revenir à la solution unitaire, fonder une République à base de suffrage universel. Mais l'Europe monarchique s'est réveillée elle-même en 1848. Elle va reprendre à son tour la tentative dualiste, en appelant à collaborer des Parlements élus avec une certaine liberté.

Le régime philippiste avait duré dix-huit ans en France. Pour les pays qui l'ont imitée, il durera quarante-quatre ans en Italie de 1878 à 1922, soixante et un ans en Espagne de 1870 à 1931. L'Angleterre seule a échappé à la lutte entre les deux génies. Ses institutions représentatives ont partagé amicalement le pouvoir avec la monarchie et l'aristocratie.

En 1914 une guerre mondiale éclate. Elle entraînera la chute de la monarchie russe, de celles des Habsbourg, des Hohenzollern et des Wittelsbach. Le suffrage universel proclame la république à Moscou, à Berlin, à Vienne, à Budapest. La France, qui était, dans une Europe monarchique, la cadette républicaine, devient la doyenne des jeunes républiques qui se multiplient. Mais de nouvelles forces se soulèvent. Des révolutions ont éclaté en Russie, en Italie, en Allemagne, en Espagne. La confusion est générale. La IIIe République s'écroule et l'Angleterre se réveille sous une pluie de

Chapitre XII : LA CONSTITUTION

bombes.

Les gouvernements révolutionnaires et totalitaires sont ceux qui ne remplissent pas les conditions de leur légitimité : ils n'admettent pas le droit d'opposition ni la liberté des suffrages. Un pouvoir est légitime quand les procédés employés pour l'attribuer d'abord, pour l'exercer ensuite, sont conformes à son principe et aux règles qu'on en a tirées.

Talleyrand avait écrit :

« La légitimité des rois ou, pour mieux dire, des gouvernements, est la sauvegarde des nations ; c'est pour cela qu'elle est sacrée... Dans une République, où le pouvoir souverain n'existe que dans une personne collective et morale, dès que l'usurpation, en détruisant les institutions qui lui donnaient l'existence, la détruit elle-même, le corps politique est dissous. L'État est frappé de mort. Il n'existe plus de droit légitime, parce qu'il n'existe plus personne à qui ce droit appartienne [1] ... »

Et Ferrero dépeint, à la lumière des quatre principes, ce que sont vraiment une monarchie légitime, une démocratie légitime, un gouvernement révolutionnaire. Il montre quelles sont les catastrophes qu'ont entraînées dans les divers pays les tentatives faites pour imposer, mensongèrement, un régime de « quasi-légitimité ».

Sa conclusion est la suivante :

« La Révolution française n'est pas un bloc, mais un dualisme déchirant et inconciliable. Il y a deux révolutions françaises dont l'une est la négation de l'autre : la première et la seconde ; la révolution des droits de l'homme, et la révolution de la Constitution de l'an VIII ; la révolution libérale du régime représentatif, et la révolution dictatoriale du régime totalitaire ; la révolution qui est fille du XVIIIe siècle et la Révolution qui fut enfantée par la grande peur qui éclata après la Bastille. Tant qu'on n'aura pas compris ce dualisme, l'histoire du monde occidental restera une énigme insoluble. La Révolution française n'a pas, comme on le répète depuis un siècle, bouleversé le monde par la force subversive de ses idées. Idées et principes étaient excellents, et n'étaient en aucune manière des forces de subversion : là où on les a appliqués avec bon sens, bonne foi et courage — en Suisse, par exemple — ils ont

---

1 Talleyrand, *Mémoires*, t. II, p. 159.

créé l'ordre le plus humain, le plus cohérent, le plus solidaire, le moins imparfait de l'histoire. C'est la lutte de ces deux révolutions ennemies… qui, depuis un siècle et demi, plus ou moins, déchire l'Occident tout entier [1]… »

Nous savons bien qu'aux yeux des historiens défenseurs des lois de la vraie recherche historique, de pareilles constructions sont considérées comme en dehors de la réalité. Ils n'ont pas d'estime pour les essayistes qui se permettent de présenter une synthèse. Il n'en est pas moins vrai que ces pages écrites par un professeur exilé de son pays, et qui a confronté dans son œuvre l'histoire ancienne et l'histoire moderne, méritent examen. Après les épreuves que nous avons traversées, elles acquièrent en présence du désordre de la civilisation occidentale une valeur indéniable. De même les pages, dans lesquelles Talleyrand a défini et qualifié les quatre principes de légitimité, permettent d'expliquer le désaccord des esprits à l'époque présente.

L'amour sacré que tous les Français portent à leur patrie revêt des aspects contradictoires. Comment s'attendre à une cohésion profonde entre des hommes dont l'instruction a été trop dissemblable ? Il y a ceux qui, par tradition de famille ou à la suite des études qu'ils ont pu faire, connaissent non seulement l'histoire française des temps modernes, mais celle qui s'est déroulée de Clovis à saint Louis, de Philippe le Bel à Louis XVI. Il y a ceux qui, très sincèrement, ignorent ce qui s'est passé avant le mois de juillet 1789. Comment nourrir l'espoir d'un dialogue harmonieux ? Ainsi que l'a écrit M. Bertrand de Jouvenel :

« Dans notre grand livre d'images, l'Histoire de France, il y a de quoi former plusieurs légendes de sainte France. Ces légendes ont ceci de commun que chacune sert à dénoncer l'infidélité des "autres" Français. Nous sommes prompts à nous entre-condamner. "Au nom de saint Louis, vous êtes impurs !", "Au nom de La Fayette, vous êtes égoïstes !", "Au nom de Robespierre, vous êtes tièdes !", "Au nom de Napoléon, vous êtes mous !" … De sorte que notre amour de la France nous permet, nous commande de ne pas aimer les Français. Il y a dans toutes les fractions de notre peuple des gens qui sont tellement patriotes qu'ils ne peuvent aucune-

---

[1] G. Ferrero, *op. cit.*, p. 193.

ment souffrir leurs compatriotes [1]. »

Comment réaliser l'unité des esprits quand l'influence d'une idéologie étrangère vient se mêler à ce désordre ?

S'agissant du problème constitutionnel, que faire en face d'un tel démembrement ? Par quels moyens parvenir à définir la Constitution — au sens étymologique du terme — d'un pays dont les membres sont désunis et refusent, jusqu'à présent, de se réunir ?

Le Maréchal consacrait ses efforts à assurer la continuité de la patrie. Ainsi qu'il l'a rappelé lui-même le 23 juillet 1945, à la séance d'ouverture de son procès, il n'a pensé qu'à l'union et à la réconciliation. Plus que tout autre il n'a cessé de se pencher sur les remèdes à apporter au travail sans joie, au taudis dans la cité laide. Plus que personne il a été obsédé par le conflit des classes, qu'il conviendrait d'appeler humblement, suivant la profonde observation d'Edmond Jaloux, le drame des préséances.

Des années ont passé. Une nouvelle Constitution a été promulguée dans des circonstances troubles, après une consultation fallacieuse. Le conflit est resté le même, tel que M. Thierry Maulnier le définissait, dès 1937, en termes excellents :

« Le seul problème est de savoir si nos contemporains, si les hommes de notre peuple, si notre jeunesse encore disponible sauront prendre en pitié ce monde qui veut naître, et ne le peut sans leur secours. Jamais sans doute, sur les épaules d'une génération humaine, n'a pesé une aussi magnifique responsabilité.

Séparées l'une de l'autre, dressées l'une contre l'autre, la conscience nationale et la conscience révolutionnaire ne sont pas plus l'une que l'autre les forces dialectiques de la création du futur, elles ne sont que les stériles produits de désagrégation d'une société finissante.

La conscience nationale devient conservatrice, c'est-à-dire qu'elle associe stupidement à l'effort pour perpétuer la réalité nationale l'effort pour y maintenir la puissance des forces qui la détruisent ; la conscience révolutionnaire se fait antihistorique et antinationale, c'est-à-dire qu'elle travaille à anéantir ce qu'elle veut libérer.

---

[1] Bertrand de Jouvenel, « La France ou les Français » dans *La France catholique*, 11 avril 1947.

Les mots même de "national" et de "révolutionnaire", à tel point ils ont été déshonorés l'un et l'autre par la démagogie, la médiocrité et le verbalisme, ne sont plus accueillis en France qu'avec une indifférence assez semblable au dégoût.

Le problème est aujourd'hui de dépasser ces mythes politiques fondés sur les antagonismes économiques d'une société divisée, de libérer le nationalisme de son caractère "bourgeois" et la révolution de son caractère "prolétarien", d'intéresser organiquement, totalement à la révolution la nation qui seule peut la faire, à la nation la révolution qui peut seule la sauver [1]. »

Chapitre XIII : 1944. LES DERNIERS MOIS

L'année 1944 s'ouvrit sous les couleurs les plus sombres. La veille, 31 décembre, vers la fin de l'après-midi, à l'*Hôtel du Parc*, j'avais aperçu se faisant annoncer pour rendre visite au Maréchal, M. de Renthe-Fink. Ce ministre plénipotentiaire, désigné par Ribbentrop, venait d'être présenté deux jours avant par Abetz pour prendre le poste de délégué spécial à Vichy. Il avait le physique raide et gourmé du hobereau prussien.

La dernière visite de l'ambassadeur allemand a renouvelé sous d'autres formes les exigences que contenait la lettre récente du ministre des Affaires étrangères du *Reich*. Une liste de personnalités, appartenant soit au gouvernement soit à l'administration, est remise au Maréchal : leur départ est exigé dans un délai très court. Parmi elles, figurent Lucien Romier, ministre d'État, Jean Jardel, secrétaire général, le général Campet, chef du Cabinet militaire. Plus grave encore est l'exigence de placer à divers postes du gouvernement certains hommes qui, aux yeux des Allemands, seront garants de la collaboration.

Le Maréchal a serré les dents. Il souffre réellement d'avoir à se séparer de ses conseillers les plus dévoués. Il refuse d'approuver personnellement les désignations ministérielles qui sont imposées. Il laisse au chef du gouvernement le soin d'expédier les affaires avec le concours de ces nouveaux venus.

J'apprends le 3 janvier que Lucien Romier a déjà remis sa démis-

---

1 Thierry Maulnier, *Au-delà du nationalisme*, p. 248-249. Paris, Gallimard, 1938.

sion et qu'il se prépare à quitter Vichy. Je lui demande de me recevoir avant son départ.

Le mercredi 5, je le trouve dans son salon du quatrième étage, situé au-dessous de la coupole de l'angle de l'hôtel. Tous ses bagages sont prêts. La pièce est à demi obscure. Son poste radio est en marche assourdie. Il se repose dans un large fauteuil, un plaid sur les épaules, la tête un peu rejetée en arrière. Il me parle à voix basse pour ménager le cœur.

Tout en s'excusant de son manque de modestie, il déclare que du fait de son départ le Maréchal n'est plus libre. Car le Maréchal a partagé avec lui la totalité de ses secrets, et c'est par leurs efforts conjugués que la plupart des écueils graves ont été franchis. « Il faut bien avouer, dit-il, que le Maréchal est maintenant prisonnier. Néanmoins il y a trois mois, il risquait de glisser dans la boue. Il n'en est plus de même maintenant. Le message qu'il voulait prononcer le 12 novembre et son Acte constitutionnel n° 4 *sexies* sont valables. Leur diffusion a été largement assurée. C'est de juridiction constante… Les Allemands ne se sont pas avisés de chercher à lui faire modifier ce message. L'Acte aurait ainsi été promulgué sous leur contrôle. C'est tant mieux qu'ils se soient aiguillés sur une autre voie… Tout ce que peut faire un vieillard, au point où en est rendu le Maréchal, c'est de garder sa dignité, de se refuser à tout acte déshonorant. » Il ajoute que, puisque j'ai la chance de ne pas être sur la liste de proscription, j'ai le devoir de rester aux côtés du Maréchal, même dans une posture ambiguë, sans aucune activité du Conseil national. « Nous pouvons tous être arrêtés, comme vient de l'être le général de La Porte du Theil. Évidemment, avant de partir pour Paris, je vais me munir de médicaments car, pour un cardiaque comme moi, le séjour en prison peut être fatal… Le Maréchal commence à n'avoir plus grand monde autour de lui. Au cas où il viendrait à disparaître, il faut qu'il y ait des témoins lors des derniers moments. Je compte sur vous pour me prévenir à temps si la chose est possible. Je suis prêt à revenir… En ce qui concerne la Constitution, le texte rédigé et bien arrêté à ce jour doit être signé au plus tôt par le Maréchal. Mais pour l'instant, il ne faut pas être tenté de faire "des gestes" ou de se manifester par "des actes". Ce n'est pas le moment. » Il me demande quelle impression m'a fait Renthe-Fink. Il a cherché à prendre contact avec lui, mais l'autre s'y est refusé. « Il faut s'attendre de sa part à des manifestations sinon brutales, du moins très dures. C'est un diplomate qui a échoué dans ses postes. Il a été "limogé" trois fois. Donc il a peur ; il se durcit. Tous les Allemands se durcissent en ce moment. Néanmoins le ton de la presse étrangère s'est plutôt adouci à l'endroit du Maréchal. »

Je dis à Romier que j'ai relu dans ces derniers temps son livre *L'Homme nouveau* dont je n'avais pas saisi les aperçus originaux et le caractère prophétique lors de ma première lecture en 1930. « C'est un rôle impossible à tenir que celui de Cassandre, me répond-il. Personne ne suit. C'est dur de chercher à faire du bien au peuple malgré lui. » Il me demande de ne pas manquer d'aller le voir si je fais un court séjour à Paris.

Je le quitte vers 18 h. 30. En rentrant à la *Villa Strauss*, je note immédiatement les détails de notre conversation.

Je n'ai appris sa mort que le lendemain matin. Il s'est reposé jusqu'à 20 heures. Devant dîner à la table du Maréchal, il a fait prévenir Bernard Ménétrel qu'il préférait ne pas descendre. Puis il l'a fait appeler soudain à 20 h. 30. Il lui a dit qu'il sentait venir la congestion du côté gauche. Quelques instants plus tard c'était fini.

Le samedi 8 janvier, le service funèbre de Lucien Romier est célébré à l'église Saint-Louis, en présence du Maréchal, assez pâle, mais bien droit à sa place dans le chœur.

C'est au sortir de la cérémonie que nous apprenons la mort du colonel Bonhomme, victime d'une méprise qui a fait se renverser son automobile ; il était l'officier d'ordonnance dévoué du Maréchal depuis près de vingt ans.

Ainsi les rangs s'éclaircissent autour de nous. En même temps les visites d'alarme se succèdent de plus en plus pressantes. Des amis fidèles, au retour d'un séjour en Suisse, nous renseignent de façon précise et nous apportent des informations parfois assez surprenantes. Les milieux de presse en Suisse ont une connaissance des événements qui est sans aucun rapport avec ce que nous pouvons croire ici, isolés de l'extérieur comme nous le sommes. L'Allemagne est bien définitivement perdue et va être écrasée. C'est une affaire de cinq ou six mois. Mais on commence à soupçonner que Staline cherche à rester maître du jeu et pourrait bien dans la suite

Chapitre XIII : 1944. LES DERNIERS MOIS

entreprendre une lutte contre la ploutocratie anglo-saxonne afin d'être en définitive le grand vainqueur. La désunion des Français à l'étranger afflige les neutres ; ils ne font pas honneur à notre pays, car ils ne cessent de se déchirer entre eux. On déplore l'inexistence du gouvernement de Vichy, et cet entêtement de Pierre Laval à qui tous les événements donnent tort. L'assaut final approche. La concentration des troupes en Angleterre et en Algérie est imposante. Du moment que la Corse a été le premier morceau libéré de la France dès octobre 1943 et que les armées alliées approchent de Rome, c'est que l'ouverture du second front est prochaine.

D'autres amis de Paris et de zone nord viennent nous entretenir de l'indifférence totale de la capitale à l'égard du gouvernement. Beaucoup de ceux qui ont écouté et suivi le Maréchal au cours des années précédentes sont révoltés de cette soumission aux exigences allemandes. Les pressions exercées pour le service du travail obligatoire et le subterfuge de « la relève » leur semblent une folie. Le discrédit de Vichy est presque général. Et malgré la rigueur des bombardements alliés au cours des derniers mois, la population civile supporte courageusement ses pertes à l'approche de la libération qui ne peut se faire attendre.

Dans cet isolement progressif, le Maréchal paraissait déjà s'éloigner lui-même de l'œuvre qu'il avait cherché à accomplir. Il la juge de haut, irréprochable dans son inspiration, déplorablement contrariée par les circonstances et par ce muet détachement de l'opinion publique.

Devant les temps difficiles qui s'annoncent, il semble indifférent aux mensonges de la propagande allemande comme aux venimeuses attaques de la radiodiffusion britannique. Sous les grands mots des discours qui sont prononcés à Alger, il distingue, à la faveur des informations qui lui parviennent, les rivalités politiques des clans disparates. Il redoute par-dessus tout l'influence communiste qui semble gagner du terrain.

Dans son livre *Le Maréchal aux liens* Jean Tracou a rapporté en détail de quoi fut issue la trame quotidienne des journées de ces premiers mois de 1944, où le Maréchal et Pierre Laval, en apparence associés, se séparaient l'un de l'autre sur bien des points. On discerne dans ces pages la finesse rusée avec laquelle le Maréchal s'appliquait à éluder les traquenards, dans lesquels son « geôlier »

Renthe-Fink cherchait avec un entêtement borné à le faire tomber.

Le 21 avril, un bombardement allié d'une particulière violence vient atteindre Paris, dans le quartier de la

Chapelle, causant 640 morts et 380 blessés. Le 25 avril, au lendemain du jour où l'on a fêté dans l'intimité le quatre-vingt-huitième anniversaire du Maréchal, une heureuse inspiration de Jean Tracou et de Girard lui propose de prendre la route pour assister à la messe des morts à Notre-Dame de Paris. Rien ne pouvait recueillir approbation plus totale de sa part que cette occasion de montrer à la population parisienne dans son deuil les sentiments de profonde affection qu'il lui porte. Ce voyage improvisé se déroule dans des conditions parfaites. Il a été entendu que les Allemands seraient totalement en dehors des manifestations. Sur le parvis Notre-Dame, à l'hôtel de ville, à l'hôpital Bichat, dans son quartier de l'École militaire, boulevard Saint-Germain jusqu'à la Porte Dorée, c'est une immense acclamation qui monte vers le Maréchal au cours de cette journée purement française.

Mais, depuis plus de deux mois, les autorités occupantes se concertent pour choisir un nouveau siège du gouvernement français en cas de débarquement allié. L'affaire aboutit au mois de mai. Le Maréchal s'y prête sans attacher grande importance aux arguments de Renthe-Fink. Il a bien précisé au corps diplomatique que son absence ne serait que de courte durée. Et c'est ainsi qu'accompagné d'une suite réduite il s'installe au château de Voisins, près de Rambouillet. Au cours de ce séjour, écartant une proposition allemande de lui faire connaître un secteur de fortifications côtières, le Maréchal se borne à rendre visite à Rouen, qui fut durement éprouvée par trois bombardements en mars 1943. Dans la presse étrangère, cette visite est l'objet de commentaires sympathiques. Les manifestations populaires qui ont accompagné les déplacements du Maréchal n'ont fait que révéler davantage aux Allemands son indéniable popularité, même auprès des fractions du peuple que l'on sait animées de l'esprit de résistance.

Aussi, dès le 26 mai, moins de vingt jours après son arrivée, le Maréchal quitte le château de Voisins, car les occupants croient à l'imminence du débarquement. Pour regagner Vichy, où l'attend le corps diplomatique, le Maréchal rend visite aux provinces de l'Est. À Nancy, à Dijon, l'enthousiasme de la population est aussi spontané que celui de Paris.

Dans les derniers jours de mai, sous les auspices du Cabinet civil et sous la direction de René Dommange, nous préparons une nouvelle rencontre des groupes d'études, si variés et si disparates, qui se sont penchés sur les problèmes sociaux et économiques en se conformant à la doctrine du Maréchal. Déjà, par deux fois, au cours de 1943, en avril et en septembre, les « Journées d'études du Mont-Dore », dues à l'initiative de Paul Estèbe, avaient groupé deux cents Français de bonne volonté et de réelle valeur, quelle que fût la diversité de leurs appartenances : syndicalistes ouvriers, jeunes patrons, théoriciens corporatistes, religieux d'action sociale, intellectuels révolutionnaires, représentants des petites et moyennes entreprises ou de la paysannerie et de l'artisanat avaient confronté leurs points de vue et leurs tendances. Leur objectif commun était de faire passer dans les faits les « principes de la communauté », si clairement définis par le Maréchal.

Mais au début de juin ces échanges d'idées se trouvaient singulièrement dépassés par l'événement. Les derniers efforts faits pour encourager la création des Comités sociaux dans les entreprises et pour accélérer la mise en action de la Charte du travail semblaient bien dérisoires en ce temps où l'attention générale était braquée sur les opérations militaires imminentes.

Dans l'ensemble du pays le désordre des esprits était à son comble. Depuis que les services de police s'étaient rendus indépendants du commandement supérieur de la *Wehrmacht*, la répression des attentats commis contre l'occupant était devenue sauvage. Les envois en déportation se multipliaient. À Alger, Pierre Pucheu, ancien ministre, avait été condamné à mort et fusillé. Le Comité français de libération nationale se proclamait gouvernement provisoire de la République. L'Assemblée consultative légiférait sur la future organisation des Pouvoirs publics, alors que ce Comité n'était pas officiellement reconnu par les Alliés. Dans les maquis régionaux, les jeunes de France remplis d'ardeur, et qui s'étaient réfugiés là pour éviter l'envoi en Allemagne, se trouvaient mêlés à d'inquiétantes figures de bandits étrangers et de braconniers réfractaires. Dans les rangs de la milice, d'autres jeunes de France, ayant la même passion pour leur pays, mais égarés par une idée de devoir mal compris, invoquaient leur serment de fidélité au Maréchal. Tandis que semblaient s'organiser les forces françaises de l'intérieur, des actes de terrorisme se multipliaient. Les assassinats succédaient aux règlements de compte. Dans les cadres de la SNCF, en dehors des sabotages techniques, organisés par la Direction pour enrayer les rocades des troupes allemandes, on voyait rivaliser d'ardeur des auteurs de déraillements intempestifs de trains et les équipes de réparation, cherchant à maintenir un minimum de trafic civil indispensable. Dans le sein des administrations publiques, une organisation de « noyautage », dirigé contre le gouvernement du Maréchal, fonctionnait presque ouvertement. Les agents des Affaires étrangères se distinguaient entre tous par leur habileté à nuancer leur glissement vers la dissidence. Les tracts et les journaux clandestins des mouvements d'inspiration politique annonçaient le prochain triomphe du soulèvement populaire. Leur diversité était extrême. Malgré leurs étiquettes différentes, ils s'efforçaient de s'unir et de conjuguer leur action. Mais leur esprit n'était pas le même. De purs révolutionnaire, uniquement soucieux d'intensifier la subversion, se trouvaient associés aux héros mystérieux des réseaux de renseignements qui, depuis nos revers, avaient conjugué leurs activités avec celles des services secrets de nos alliés.

Il était difficile de connaître son devoir. Mais plus le navire semble désemparé plus s'impose la haute obligation de ne pas le quitter, de ne pas abandonner celui qui, seul, a pu permettre à la France de vivre, au cours de ce trop long armistice. Parmi tous les ouvrages qui ont évoqué le souvenir de cette époque trouble, celui qui le premier a atteint un jugement d'équité est, à mon sens, le livre de Robert Aron intitulé *Le Piège où nous a pris l'histoire* [1].

Robert Aron, écrivain distingué, auteur de *La Révolution nécessaire* publiée en 1932, avait lancé avant 1939 une revue intéressante intitulée précisément *L'Ordre nouveau*. Il a rejoint Alger en 1943, après un pénible séjour au camp de Miranda et fut chargé de mission au Commissariat du travail, sous l'autorité du général Giraud. On doit lui être reconnaissant d'avoir écrit des lignes clairvoyantes telles que celles-ci :

« Ce n'était pas la première fois, dans notre histoire ni dans celle de l'Europe, que se produisait pareil enchevêtrement du patrio-

---

[1] Robert Aron, *Le Piège où nous a pris l'histoire*, pp. 7, 9, 16, 110. Paris, Albin Michel, 1950.

tisme et des idéologies politiques... Il eût fallu des héros ou des saints pour n'être pas égarés, pour distinguer les pièges que nous dressait l'époque... tant l'époque était inhumaine... »
Ou celles-là :
« ... Et même pour ceux qui sont demeurés au pouvoir, les années 1943-1944 pendant lesquelles — ne pouvant plus ignorer que l'Allemagne serait vaincue et les entraînerait avec elle — ils restaient cependant, pour disputer à son agonie des lambeaux de chair française, manifesteront peut-être une des aventures les plus désespérées et les plus courageuses qui soit. »

Le 6 juin, les Alliés maîtres de la mer et du ciel, précédés de « commandos » et de groupes parachutés, débarquent sur les rivages de Normandie. Une dure bataille locale s'engage. Les têtes de pont s'élargissent lentement.

Depuis son retour à la fin de mai, le Maréchal se rendait chaque soir au château du Lonzat, à dix-sept kilomètres de Vichy, pour y passer la nuit. L'inquiet Renthe-Fink avait redouté un enlèvement du Maréchal par le maquis, plus facilement réalisable à l'*Hôtel du Parc*. Chaque matin, en arrivant à son bureau à Vichy, le Maréchal se livrait à l'examen de la carte des opérations présentée par son Cabinet militaire. Il a suivi depuis trois ans les fluctuations du front russe. Aujourd'hui c'est la bataille du Cotentin et de la plaine de Caen qui absorbe son attention.

De temps à autre je recevais la visite de l'amiral Auphan. Cela rompait la monotonie de ces journées de solitude et d'attente. Nous étions liés par une étroite amitié. Il avait servi sous mes ordres comme tout jeune enseigne de vaisseau, en particulier lors de l'attaque des Dardanelles du 25 avril 1915. Démissionnaire de ses fonctions de secrétaire d'État à la Marine, il s'était retiré chez lui. Depuis les derniers mois de 1943, il revenait à Vichy toutes les six semaines environ. Il me communiquait les impressions qu'il avait recueillies au cours de ses déplacements en zone sud. Comme nous il était inquiet de cette indiscipline générale du pays et de cette fermentation clandestine d'éléments hétérogènes. Ce qui me frappait alors chez lui, très calme à l'ordinaire, c'était son aspect à la fois nerveux et renfermé, comme s'il était dépositaire d'un secret qu'il n'avait pas le droit de me communiquer. Je me suis gardé de lui poser des questions indiscrètes, étant trop habitué à ces consignes de silence qui rompaient brusquement une conversation entre camarades ou collègues généralement confiants entre eux.

Il ne se privait pas de critiquer l'attitude de notre camarade l'amiral Platon, dont nous avions naguère apprécié, dans le service, l'intelligence, l'activité et le dévouement. Mais, depuis que Platon avait quitté en mars 1943 ses fonctions de secrétaire d'État à la vice-présidence, après avoir administré les Colonies avec droiture, un étrange entêtement dans des vues partisanes, un sectarisme étroit semblaient avoir altéré son jugement.

Au milieu de l'immense conflit mondial, les derniers jours de lutte approchent pour la France.

La percée américaine dans le secteur d'Avranches, au début d'août, va libérer successivement Dol, Rennes, Chateaubriant, puis La Flèche et Alençon.

Le Maréchal se préoccupe des conditions dans lesquelles il lui serait possible de rejoindre Paris, comme l'en prient instamment les autorités de la capitale. Mais les Allemands semblent peu disposés à lui accorder une garantie de passage. Aucune sécurité n'est attendue de la part des divers maquis, flanquant la route de Moulins à Paris.

Depuis le 9 août, Pierre Laval se trouve à l'Hôtel Matignon, cherchant à agir au mieux pour procéder à une convocation de l'Assemblée nationale. Mais le Maréchal a peu de confiance dans cette tentative, en raison de l'impopularité manifeste du chef du gouvernement. Dans la journée du samedi 12 et celle du dimanche 13, le Dr Grasset, ministre de la Santé publique, et Pierre Loyer, directeur de l'artisanat, à qui le Maréchal a toujours montré de la bienveillance, arrivent à Vichy envoyés par Pierre Laval ; ils adjurent le Maréchal de gagner Paris. La discussion est longue et vive. Le Maréchal est méfiant. D'une part, il lui répugne de passer même une nuit dans Paris, lorsque le pavillon allemand y flotte encore. D'autre part, il ne veut pas s'engager dans une aventure ; il tient à être accompagné par sa garde personnelle. Les deux envoyés reprennent le chemin de Paris sans avoir rien obtenu.

Au dîner du soir, les pensées étaient sombres. À la fin du repas, le Maréchal proposa, chose tout à fait inhabituelle, d'aller faire quelques pas dans le parc de l'établissement. Il s'avança puis s'assit sur un banc. La journée avait été très chaude. Son calme me surprenait. La Maréchale et quelques amis l'entouraient. Il n'y avait pas foule dans le parc. Des enfants jouaient autour de nous. J'ignorais alors — ce que je n'appris que six jours plus tard — qu'il avait, l'avant-veille, signé en secret la lettre par laquelle il donnait pouvoir à l'amiral Auphan de le représenter auprès du commandement anglo-saxon et de prendre contact en son nom avec le général de Gaulle.

Le lundi 14, de bonne heure, le Maréchal me fait appeler. C'est pour mettre en ordre son dossier de la Constitution. Il s'inquiète de faire exécuter une dactylographie définitive de sa déclaration d'ensemble sur le travail constitutionnel. Il la désire plus courte et plus ramassée qu'un projet qui vient de lui être soumis. Or un heureux concours de circonstances met sous ses yeux l'appréciation que l'un de ses amis, dans le jugement duquel il a une grande confiance, vient de porter sur ce projet. Cette appréciation lui semble d'une telle justesse, d'une telle précision qu'il désire en tirer les éléments de sa déclaration. Celle-ci sera adressée d'urgence à M. Jeanneney et à M. Herriot.

Le jeudi 17, M. de Renthe-Fink, reçu en audience à 19 h. 30 vient informer le Maréchal des intentions du gouvernement allemand à son égard. Prétextant le danger que peut lui faire courir une attaque de la résistance ou une tentative d'enlèvement par un maquis fidèle, il lui demande de transporter provisoirement sa résidence en zone nord, par exemple à Nancy, où se groupera le gouvernement. Le Maréchal s'y refuse, n'ayant reçu du président Laval aucune information à ce sujet. Les liaisons téléphoniques étant coupées, il a l'intention d'envoyer un messager à Paris.

Le lendemain matin 18, à la première heure, le capitaine de vaisseau Féat, sous-chef du Cabinet militaire, prend la route afin de rapporter des précisions sur la situation exacte du gouvernement. Il est porteur de deux lettres semblables, adressées au président du Sénat et au président de la Chambre [1]. Elles contiennent la dé-

---

1 « Le Maréchal de France Chef de L'État.
Vichy, le 17 août 1944.
Monsieur le Président,
Je viens d'apprendre votre présence à Paris. Étant données les circonstances graves que nous traversons et dans l'éventualité des entretiens politiques que vous pouvez avoir, je tiens à vous faire parvenir la déclaration ci-jointe, relative au

claration du Maréchal. C'est son véritable testament politique. J'y reviendrai plus loin.

M. de Renthe-Fink renouvelle par deux fois sa demande de la veille. Le Maréchal maintient sa décision d'attendre le retour de son messager. Il n'examinera d'ailleurs les demandes allemandes que si elles lui sont présentées par écrit.

Le samedi 19, le général von Neubronn, qui est depuis janvier délégué par le commandement militaire auprès du Maréchal, est reçu à 11 h. 30. Tourmenté par le rôle qui va être le sien, il fait respectueusement valoir au Maréchal que les ordres formels de Berlin sont arrivés et que le départ est inévitable. À midi, Renthe-Fink vient parler dans le même sens. Le Maréchal reste ferme sur sa volonté d'attendre l'arrivée des nouvelles de Paris.

Des informations inquiétantes parviennent du secrétariat à la Guerre, en provenance des officiers de liaison. On parle de mouvements de troupes, de menaces de bombardement par l'artillerie et l'aviation, en cas de résistance de la garde. Le Maréchal ne prend pas de résolution définitive, mais il est hostile à toute effusion de sang, pouvant entraîner des victimes dans la population civile et le corps diplomatique.

Les heures passent.

Dans l'après-midi, autour de Bernard Ménétrel, le service de sécurité du Maréchal envisage une dernière fois de tenter une évasion sous un déguisement par un ou deux chemins qui ne sont pas surveillés. Le Maréchal les écarte d'un geste ; ce n'est ni de son âge, ni de sa dignité.

Une nouvelle audience demandée par M. de Renthe-Fink, accompagné du général von Neubronn, était prévue pour 19 h. 30. Le Maréchal se disposait à les recevoir dans son bureau, entouré par le général Bridoux, l'amiral Bléhaut, le général Debeney et moi-même. Mais au moment où on allait donner l'ordre d'introduire les représentants allemands, qui d'ailleurs se sont présentés en retard, le Dr Ménétrel vient informer le Maréchal de l'arrivée du commandant Féat à l'instant même. Il rapporte les nouvelles de Paris avec des documents photographiés.

---

mandat qui m'a été confié, le 10 juillet 1940, par l'Assemblée nationale.

Agréez, monsieur le Président, les assurances de ma haute considération.

Ph. Pétain. »

Chapitre XIII : 1944. LES DERNIERS MOIS

Le voici. On retarde de quelques minutes la présence des Allemands. Féat rend compte rapidement de sa mission. Dans l'après-midi du 17, des mesures de contrainte ont été exercées sur Pierre Laval et sur les ministres, les obligeant à transférer le siège du gouvernement à Belfort. S'inclinant devant la force, le chef du gouvernement et les ministres ont transmis l'expédition des affaires aux secrétaires généraux. Ils ont dû quitter Paris dans la nuit du jeudi 17 au vendredi 18. Les photographies sont la reproduction de la correspondance échangée entre le chef du gouvernement et l'ambassadeur allemand. On y a joint celle des lettres de Pierre Laval au préfet de la Seine et au préfet de police ainsi qu'à MM. Pierre Taittinger et Victor Constant, présidents du Conseil municipal et du Conseil général. Le commandant Féat se retire.

Le Maréchal, gardant en mains les documents, fait introduire les représentants allemands. Il les reçoit debout, face à face. Il est 20 h. 05.

M. de Renthe-Fink commente une instruction rédigée en allemand. Il fait connaître au Maréchal, au nom de son gouvernement, qu'en raison de la proximité de forces, importantes de la résistance, la sécurité du Chef de l'État est de jour en jour plus menacée à Vichy. Puisque, au cours de la semaine précédente, il a été envisagé que le Maréchal pourrait se déplacer vers la zone nord, le gouvernement allemand donne son accord pour que ce déplacement ait lieu vers Belfort, où se trouvent maintenant le président Laval et les autres ministres. Belfort va devenir le siège provisoire du gouvernement français. L'assurance solennelle est donnée que le Chef de l'État restera, en toute circonstance, sur le territoire national. Il pourra revenir à Vichy dès que la situation le permettra et que les menaces actuelles auront disparu.

Le corps diplomatique peut se transporter au nouveau siège provisoire du gouvernement.

Mais en raison de l'aggravation récente de la situation, le gouvernement du Reich, responsable de la sécurité du Chef de l'État, a donné des instructions pour mettre des forces à la disposition du général von Neubronn et exercer la contrainte nécessaire afin que le Maréchal quitte sa résidence.

Dans une lettre annexée à la première, il est porté à la connaissance du Maréchal que le départ est prévu pour le soir même. Il a été compris que Madame la maréchale Pétain souhaitait d'accompagner son mari. Il est suggéré que les membres du gouvernement présents à Vichy, le général Bridoux et l'amiral Bléhaut, ainsi que M. Rochat, ambassadeur de France, secrétaire général des Affaires étrangères, suivent le Maréchal. En outre, on désire que le général Debeney, directeur du Cabinet militaire et le Dr Ménétrel fassent partie du voyage. Il sera décidé ultérieurement, d'un commun accord, si d'autres personnes seront autorisées à rejoindre le Chef de l'État.

Le Maréchal répond alors que cette injonction, donnée sous la forme d'une autorisation, est une véritable plaisanterie. Il ne se sent d'aucune façon en danger, et le siège du gouvernement est à Vichy. Il ajoute que, d'après les nouvelles qu'il reçoit à l'instant de Paris, le chef du gouvernement et les ministres se sont trouvés dans l'obligation de se démettre de leurs fonctions. Dans ces conditions, il se refuse à envisager son départ.

Renthe-Fink réplique que la décision du gouvernement du *Reich* est irrévocable et que les pouvoirs sont transmis au général von Neubronn pour employer la force. Le Maréchal répond qu'il plaint Neubronn d'avoir à se charger de cette besogne. Puis, se préoccupant de pouvoir examiner les termes des deux lettres, il me prescrit d'en faire au plus tôt présenter la traduction.

C'est à ce moment que l'amiral Bléhaut, placé à la gauche du Maréchal, intervient avec sa vigueur coutumière pour faire comprendre à Renthe-Fink combien les termes de la première lettre sont contraires à la vérité. Puisque, comme l'a dit le Maréchal, les membres du gouvernement ne peuvent plus exercer leurs fonctions, ils sont prisonniers. Si lui-même est contraint de s'incliner devant la violence, il ne pourra diriger quoi que ce soit. En quittant Vichy, il n'est plus qu'un simple contre-amiral sans aucun pouvoir. Parler de transfert du siège du gouvernement est une allégation mensongère.

Le Maréchal demande alors, dans le cas où la contrainte serait exercée, à quelle heure les représentants allemands se proposent de mettre leur projet à exécution. Renthe-Fink répond que l'heure de 22 heures est envisagée. Nous constatons qu'il est déjà 20 h. 30.

Chapitre XIII : 1944. LES DERNIERS MOIS

Renthe-Fink se tourne vers le général von Neubronn qui intervient pour dire que, si le Maréchal voulait, au lieu d'aller coucher à Moulins, consentir à un départ matinal, il proposerait 5 h. 30. Le Maréchal ayant répondu que c'était trop tôt, Neubronn propose 6 heures, puis, devant un silence, 7 heures.

À ce moment, l'huissier du Maréchal, dûment stylé par Bernard Ménétrel, annonce que S. E. le nonce apostolique et le ministre de Suisse viennent d'arriver. Le Maréchal ayant aussitôt prescrit d'introduire les deux chefs de mission, Renthe-Fink réagit avec raideur, disant que cette conférence ne doit avoir lieu qu'entre les autorités françaises et les représentants allemands et qu'il n'est pas admissible d'y faire participer des personnalités étrangères.

La porte s'ouvre et M. Brochier annonce : « S. E. le nonce apostolique... M. le ministre de Suisse... » Mgr Valerio Valeri et M. Walter Stucki s'avancent, mais, au moment où l'amiral Bléhaut, s'adressant à Renthe-Fink, le prie de redire la conclusion de la communication allemande, celui-ci ulcéré, prenant Neubronn par le bras, l'entraîne vers la porte et disparaît.

Le Maréchal met alors les deux chefs de mission au courant des conditions qui lui sont imposées, en insistant sur l'inexactitude des motifs invoqués en vue du transfert du siège du gouvernement français. Le nonce apostolique et le ministre de Suisse en conviennent puis se retirent.

Dans l'ascenseur, en descendant pour le dîner, l'amiral Bléhaut demande : « Monsieur le Maréchal, vous ne m'en voulez pas de mon intervention un peu vive ? — Pas du tout, amiral, c'était très bien et je vous en félicite. »

Dans la soirée, le Maréchal s'inquiète de mettre en ordre ses dernières volontés. Envisage-t-il encore un événement imprévu qui pourra contrarier le départ ?

Il veut d'abord bien définir la situation gouvernementale. Il s'en entretient avec Charles Rochat et avec moi. Nous rédigeons sous sa dictée le texte suivant :

« Français,

J'apprends qu'en présence des mesures de contrainte que le gouvernement allemand vient d'exercer à Paris sur le chef du gouvernement, celui-ci et les ministres présents ont dû, malgré leur souci

203

d'accomplir leur devoir jusqu'au bout, céder à la force. Ils ont estimé que, dans de telles conditions, ils ne pouvaient que résigner leurs fonctions.

Devant cette situation, j'ai pris la décision d'assurer désormais le pouvoir gouvernemental avec ceux des secrétaires d'État qui sont à mes côtés. Il ne peut être question de transférer en un autre lieu le siège du gouvernement qui reste là où je suis, où résident la plupart des fonctionnaires attachés au gouvernement.

J'annule les Actes constitutionnels 12 et 12 bis déléguant au chef du gouvernement le pouvoir législatif.

En ce qui concerne les relations qui peuvent s'établir à Paris avec les chefs des armées d'opérations, j'ai désigné pour me représenter une personnalité qui a ma confiance.

La légitimité du pouvoir ne peut cesser d'être exercée. »

Ce document a été affiché sur les murs de Vichy. Il a été reproduit par le Journal *L'Avenir du Puy-de-Dôme*.

D'autre part, le Maréchal tient prête pour l'histoire une protestation qu'il fera remettre aux membres du corps diplomatique.

« À Monsieur le Chef de l'État grand allemand.

En concluant l'armistice de 1940 avec l'Allemagne, j'ai manifesté ma décision irrévocable de lier mon sort à celui îe ma patrie et de n'en jamais quitter le territoire…

[…] J'élève une protestation solennelle contre cet acte de force qui me place dans l'impossibilité d'exercer mes prérogatives de Chef de l'État français. »

Enfin il relit le dernier message qu'il a fait rédiger et qu'il a corrigé au cours des derniers jours, pour le cas où des événements interviendraient, le privant de la possibilité de s'exprimer :

« Français,

Au moment où ce message vous parviendra, je ne serai plus libre. Dans cette extrémité où je suis réduit…

Je n'ai eu qu'un seul but, vous protéger du pire…

En certaines circonstances, mes paroles ou mes actes ont pu vous surprendre. Sachez enfin qu'ils m'ont fait alors plus de mal que vous n'en avez vous-mêmes ressenti. J'ai souffert pour vous, avec vous…

Chapitre XIII : 1944. LES DERNIERS MOIS

Aussi, une fois encore, je vous adjure de vous unir. Il n'est pas difficile de faire son devoir, s'il est parfois malaisé de le connaître...

L'ordre doit régner... Obéissez-moi et obéissez à ceux qui vous apporteront des paroles de paix sociale...

Ceux qui vous tiendront un langage propre à vous conduire vers la réconciliation et la rénovation de la France par le pardon réciproque des injures et l'amour de tous les nôtres, ceux-là sont des chefs français... Soyez à leurs côtés... C'est le moment où le destin m'éloigne... »

Et ce sera daté du 20 août 1944.

Sa tâche est terminée. Une fois de plus, comme il a toujours fait, quand il changeait de garnison ou quand son grand quartier général se déplaçait, il procède lui-même au placement de ses effets dans ses valises qui n'ont jamais quitté les côtés de son lit.

Que donnera demain ? La journée a été rude. Il s'endort.

On sait de quoi fut remplie la matinée du lendemain 20 août, dès l'aube. Le temps était sombre. Il avait plu. Des troupes arrivent en camion Des chars prennent, place aux angles des rues. L'*Hôtel du Parc* restait barricadé.

À 6 h. 40 on entend des coups sourds. Des vitres volent en éclats. Les grilles de l'escalier sont enfoncées. Puis c'est l'effraction à l'étage du Maréchal. Le pauvre Neubronn qui vient de dire : « Ce n'est pas pour cela que je suis devenu officier » se présente à la porte de la chambre du Maréchal. Nous avons encore le temps de venir, à tour de rôle, dire adieu à notre chef.

Le Maréchal passe lentement devant les rangs de sa garde. Puis c'est le départ des voitures, précédées et suivies par une double escorte allemande.

*
* *

Le Maréchal s'avançait sur la route douloureuse du calvaire qui va le conduire à Morvillars, près de Belfort, le 22 août, à Sigmaringen le 8 septembre, à la frontière suisse le 24 avril 1945, à la frontière française le 26 au soir, au fort de Montrouge le vendredi 27 au matin.

Nous l'avons revu devant la Haute Cour de Justice, dans la salle de la première Chambre de la Cour d'appel. Libéré de mon internement depuis vingt jours, j'ai été cité en qualité de témoin de la défense.

J'ai fait ma déposition le 7 août sur la mission de M. Louis Rougier à Londres et sur les travaux de la Constitution. J'avais demandé au bâtonnier Fernand Payen de ne pas être interrogé sur Montoire. À ce moment je ne m'attendais pas au coup de théâtre causé par l'arrivée de Pierre Laval à l'audience. Je savais beaucoup de choses, mais j'ignorais bien des confirmations qui vinrent se lier les unes aux autres au cours des années suivantes. Avant tout j'estimais que je ne devais pas révéler que le Maréchal avait pris l'initiative de demander une entrevue à Hitler. Dans l'atmosphère « Pétain-Bazaine » en laquelle se déroulait le procès, quel effet le procureur général en eût-il tiré pour démontrer à quel point le Maréchal avait humilié la France !

Chapitre XIV : CONTINUITÉ DE LA PENSÉE DU MARÉCHAL

S'il fallait caractériser en termes concis le tempérament intellectuel du maréchal Pétain et son attitude en face de la vie, je serais tenté de me reporter à une phrase très simple qu'il prononça en 1938, à Paris, dans l'amphithéâtre de l'École libre des sciences politiques.

C'était lors d'une séance où était inauguré, sous sa présidence, un cours de défense nationale, institué par le Conseil des professeurs. S'adressant aux étudiants des diverses sections, futurs diplomates, candidats à l'inspection des Finances, futurs auditeurs au Conseil d'État et à la Cour des comptes il leur rappelait cette vérité qu'au siècle où nous vivons la guerre entre les nations dotées de l'outillage moderne intéresse non seulement l'activité militaire, mais toutes les activités : économique, financière, diplomatique, industrielle, agricole. « Eh bien ! disait le Maréchal, ces études nouvelles, ces incursions dans la technique n'ont d'autre but que de vous donner la notion des possibilités sans laquelle les projets, même les plus séduisants, ne dépassent pas le stade d'une vue de l'esprit et sont incapables de s'adapter au réel. »

Notion des possibilités, sens du possible, adaptation au réel, vérification des moyens, prévoyance, coordination des efforts ; ne pas risquer de se tromper soi-même sur les ressources que l'on possède. Voilà les règles auxquelles Philippe Pétain avait eu recours durant toute sa carrière militaire et qui lui donnaient une sorte de prescience. Il en était résulté pour lui la capacité de s'imposer aux événements dans les circonstances les plus graves.

De son hérédité paysanne il avait reçu ce qui constitue les éminentes qualités du cultivateur : la vigueur physique, la ténacité dans l'effort quotidien, le don de prévision à longue échéance, le souci du concret, le goût de la vie modeste et laborieuse. Comme le Maréchal l'a dit lui-même, en inaugurant en 1936 le monument aux morts du petit village de Capulet-Junac : « Le citadin peut vivre au jour le jour, le cultivateur doit prévoir, calculer, lutter. Les déceptions n'ont aucune prise sur cet homme que dominent l'instinct du travail nécessaire et la passion du sol. »

Dans son vivant récit de la visite du Maréchal à Ambert le 14 octobre 1940 — la première des visites aux cités de la zone libre — Henri Pourrat s'exprime ainsi :

« Quelqu'un est venu en pardessus sombre, et l'on sent maintenant que la passion simple du vrai est le vrai même, le grand même. Et que celui qui sait servir ainsi la raison et l'amitié est une figure de grande et vraie France... On songe à ces hommes qui ne furent pas toujours les hommes les plus magnétiques, ni les plus intelligents de leur temps, mais qui eurent, avec l'amour de la patrie dans le sang, la vertu extraordinaire de saisir le vrai des choses et des êtres, les grands restaurateurs, les grands constructeurs terriens, à la Louis XII et à la Vauban, à la Sully et à la Henri... »

Dans la vie courante à Vichy, pendant cette première année où le Maréchal s'appliquait à exercer personnellement la fonction gouvernementale, à aucun moment en ne discernait sur son visage la marque de l'effort cérébral, tant son travail était ordonné. Parmi les devoirs de sa tâche quotidienne, jamais il n'écartait une visite ou la présentation d'un compte rendu sous prétexte de poursuivre l'examen d'une question plus importante à ses yeux. Pourtant il n'était pas nécessaire de l'observer longtemps ni de le connaître intimement pour remarquer que le moindre moment de loisir était utilisé par lui pour réfléchir à des questions susceptibles d'être soulevées dans un délai plus ou moins long. Il regardait au-dessus de l'événement présent, plus loin, et parfois très longtemps à l'avance. Il faisait rarement confidence de son souci, mais celui-ci ne le quittait pas. Et si, dans la conversation avec ses interlocuteurs du jour, une allusion se rapprochait du sujet présent à son esprit, il posait soudain une question sur un détail, sur une date, sur une initiative à envisager. Sans laisser soupçonner la raison de sa curiosité, il préférait que la précision lui fût fournie fortuitement. C'était sa façon de se voir confirmer par un autre, digne de confiance, la direction dans laquelle il se sentait tenté de prendre sa décision. C'était aussi sa manière de juger les hommes.

Lorsqu'il s'est appliqué à cette méditation de la fin de septembre 1940, au milieu de l'agitation extérieure de la capitale provisoire, c'est sans effort qu'il a réussi à préserver le calme cheminement de sa pensée. Suivant une expression qu'il employait parfois, c'est « sans faire semblant de rien » qu'il a pu mener sa préparation stratégique.

Quand il composait ce long message du 11 octobre, que cherchait-il, sinon à convaincre les Français de garder confiance en lui, de le laisser faire ? Il se chargeait de les entraîner, le moment venu, sur ce chemin dont il disait : « Les exigences de l'heure ne doivent pas nous faire perdre de vue la grande voie qui s'ouvre devant nous, et sur laquelle nous planterons les jalons de la reconstruction française. »

Qu'avait-il fait durant toute sa carrière ?

« J'ai beaucoup travaillé », confiait-il à Paul Valéry au début de la préparation des deux discours académiques. Le jour où il a quitté la ferme de Cauchy-à-la-Tour, il s'est avancé seul vers sa destinée, confiant dans sa vigueur et dans la vertu de son travail. La seule fois où le Maréchal m'a fait une confidence sur son enfance, il m'a dit : « Tout ce que j'ai pu faire de bien dans la vie, c'est à ma grand-mère que je le dois. Elle m'a appris la droiture, le sérieux de l'existence et la volonté de ne jamais faillir devant l'effort. »

En dehors de deux périodes de service d'état-major, il aura été constamment un instructeur exemplaire et un travailleur poursuivant sa tâche sans répit.

Pendant ses cinq années de sous-lieutenant, à Ville-Franche-sur-Mer et dans la haute montagne, il entraînait ses chasseurs alpins

Chapitre XIV : CONTINUITÉ DE LA PENSÉE DU MARÉCHAL

du 24 à égaler ses propres prouesses de marcheur intrépide et de tireur d'élite.

Lieutenant à Besançon il se consacre au travail intellectuel en vue de son entrée à l'École supérieure de guerre. À Marseille en stage d'état-major, à Vincennes au 29e bataillon, dont il commande une compagnie, à Paris place Vendôme auprès du généralissime, il poursuit sa propre formation et mûrit ses idées personnelles.

Chef de bataillon à quarante-quatre ans, il entre en lutte avec l'École de tir de Châlons. La verdeur de ses reparties, son sens critique et l'indépendance de sa pensée ne sont pas faits pour lui créer des amis. Mais à ses débuts au cours de tactique d'infanterie, il réussit à faire triompher sa thèse ; on reconnaît finalement qu'il a formulé les idées directrices qui ont rénové l'enseignement du tir. Quand il quittera l'École supérieure de guerre, son rôle de professeur terminé, il aura imprimé sa marque sur plusieurs promotions d'officiers-stagiaires. Ses disciples, admirateurs sincères de sa haute intelligence et de son caractère, n'oublieront jamais au cours des opérations la vertu de son enseignement.

La guerre viendra en 1914 le prendre à la veille de son départ en retraite. Moins de trois ans suffiront pour le conduire au poste suprême.

Non conformiste et toujours en avance sur son temps, il n'a pas cessé de défendre courageusement les idées tactiques qu'il a approfondies et dont il a vérifié la justesse. Et l'événement lui donnera toujours raison.

Quand, plus tard, durant l'occupation, on évoquait devant lui la défense de Verdun, il ne consentait pas à reconnaître là son mérite principal. C'était en 1917 qu'il estimait avoir rendu le plus grand service à son pays, en reconstituant les forces morales et matérielles des armées. « Ma grande force à ce moment, disait-il, était que je connaissais personnellement, pour les avoir notés, tous les commandants de division et de brigade, tous les colonels chefs d'état-major… » Quant à son action personnelle sur le simple combattant, quelle clarté ne trouve-t-on pas dans cette parole recueillie par Paul Valéry ? « Vous comprenez, moi… j'avais commencé la guerre dans la troupe… J'avais vu les réactions du soldat. »

Aussi, quand on considère dans son ensemble le développement de la pensée de Philippe Pétain, comment ne pas être frappé de sa continuité, suivant une progression constante, comme le laboureur s'applique au tracé de ses sillons parallèles ?

Il en est résulté cette doctrine qu'il n'a cessé de chercher à inculquer à tous ceux qui furent appelés, à l'entendre : un continuel encouragement au travail, l'ambition d'atteindre la perfection dans le métier, cette harmonie recherchée entre les moyens à employer et le but que l'on poursuit, la pesée des possibilités dans l'espace et dans le temps, la persuasion qu'on doit trouver une réponse exacte à tout problème, et cette volonté de redressement quand les circonstances ont été contraires.

On trouverait de curieuses similitudes d'inspiration entre certains de ses écrits et de ses discours, composés à des dates éloignées l'une de l'autre. En attendant les recherches précises à ce sujet, citerons-nous les Instructions générales de 1917, après le fléchissement du moral ; le discours du dîner de la *Revue des Deux Mondes* en novembre 1934, sur le problème de l'éducation et sur la nécessité de donner à l'enfant une forte préparation morale ; le discours de mai 1938, au Congrès des anciens combattants, montrant l'oubli de la fraternité des tranchées et notre avenir menacé ; enfin ce message prononcé du balcon de la préfecture de Saint-Étienne, le 1er mars 1941, où le Maréchal souhaitait de voir se lever, par un effort commun de volonté, une société humaine, stable, pacifiée ?

Dans « l'Appel à la nation » d'octobre 1940, il a parlé exactement comme il avait fait en 1917, devant les divisions au repos. Dans son texte volontairement touffu, afin de mieux tromper l'occupant, il définissait la tâche à laquelle il entendait se consacrer, tout en travaillant secrètement à la libération du territoire. Au jour le jour, il a commenté cet enseignement dans ses messages, précisant les consignes de prudence, de persévérance et d'espoir : ne rien permettre contre l'unité nationale ; reconnaître la gravité du désastre et ses conséquences ; ne pas nous lancer trop tôt dans des entreprises au-dessus de nos forces ; rendre à la communauté le sens de la discipline consentie ; atténuer les injustices sociales ; saper le pouvoir funeste de l'argent ; remettre en honneur les principes de vie qui réussissaient jadis à sauvegarder l'intégrité de la patrie et à assurer la dignité de la personne.

Dans le secret de sa conscience, ce n'était pas un rêve utopique.

Chapitre XIV : CONTINUITÉ DE LA PENSÉE DU MARÉCHAL

Il s'estimait qualifié pour accomplir cet exploit de prouver à ses concitoyens la nécessité urgente d'un redressement spirituel. Naguère, en 1917, n'avait-il pas expérimenté l'influence de ses paroles sages et humaines, l'attrait de sa franchise, son pouvoir de persuasion ? Telle fut sa tentation, appliquer au pays « sa méthode » avec une audacieuse confiance.

Malheureusement — adverbe que le Maréchal avait en méfiance et qu'il proscrivait dans les rédactions soumises à son examen, sous prétexte qu'il décelait un manque de foi — les circonstances lui furent contraires. Beaucoup de Français ne comprirent pas ou ne voulurent pas comprendre. Leurs épreuves étaient trop récentes. Beaucoup s'obstinèrent à n'écouter que des voix étrangères. On n'a pas encore le recul suffisant pour évaluer les méfaits monstrueux de la guerre des propagandes radiodiffusées, les méfaits du « viol des foules » dépeint par Tchakhotine [1].

Beaucoup d'autres Français, après avoir suivi le Maréchal et l'avoir acclamé, n'hésitèrent pas à le renier. Lui qui, guidé par son instinct de juste mesure, voulait être le réconciliateur, fut à la fois lâché par une bourgeoisie soucieuse de conserver ses privilèges et par les classes déshéritées qu'une information mensongère égarait. Celles-ci ne comprirent pas combien le Maréchal, le plus humain des chefs militaires, restait penché vers les humbles, vers ceux qui souffrent sans se plaindre, combien il s'efforçait de maîtriser le désordre social.

On se souvient d'un court passage du livre de Labarthète, montrant le Maréchal qui découvre dans le rapport d'un préfet la citation d'un pamphlet. Elle donnait une définition cruelle de la Révolution nationale : « Terreur blanche. Bibliothèque rose. Marché noir. » Le Maréchal en a pâli : « Ces gens-là sont des misérables... Que leur ai-je donc fait ? »

Qu'eût-il dit si l'on avait mentionné devant lui le coup de patte du brave Léon-Paul Fargue, travestissant la devise de l'État français : « Tracas. Famine. Patrouilles » ? On comprend la parole prononcée à Morvillars, au seuil de l'exil, quand on avoue au Maréchal que l'opinion générale refuse de croire à la violence exercée sur lui et ose répandre la vilenie affirmant qu'il se réfugie volontairement en Allemagne : « ... Après tout ce que j'ai enduré pour eux ! »

---

1 Serge Tchakothine, *Le Viol des foules*, Paris, Gallimard, 1939.

Il est, au fond, heureux que les rigueurs du régime pénitentiaire, à la citadelle de la Pierre Levée, aient forcé le Maréchal à réduire le champ de ses lectures. Si le numéro du 15 janvier 1950 de la *Revue des Deux Mondes* était tombé entre ses mains, il aurait pu lire sous la signature de M. Jules Romains, devenu son confrère à l'Académie, les lignes que nous allons citer. L'écrivain les attribue à son correspondant Salsette. Ce personnage est un ami qui est allé découvrir les États-Unis d'Amérique et qui définit, au regard de la psychologie anglo-saxonne, l'idée que le Français donne de lui-même à l'étranger :

« À la réflexion, les Français m'ont paru avoir à peu près tous les défauts qu'on leur reproche… En définitive le Français me semble être sans conteste pétulant, brouillon, content de soi, vaniteux, léger, verbeux, verbal ; volontiers fricoteur et fier de l'être ; routinier par paresse et par infatuation ; n'aimant le travail que s'il en a le profit direct ; sinon, persuadé qu'être bien payé pour ne rien faire représente l'ambition normale de l'homme en société et la solution même du problème social ; avare de ses deniers, mais sans nul respect pour la richesse publique ; égalitaire par envie, appelant liberté son inaptitude à la discipline, fraternité l'émotion particulière qui accompagne les fins de banquets ; révolutionnaire quand le pouvoir chancelle ; plein de respect et d'amour pour le despote quand le despote triomphe. Et tout cela ne serait rien, mais, avec moins de défauts que d'autres ou de moins profonds, il s'arrange pour être plus insupportable, no serait-ce que par ses airs protecteurs et omniscients [1]… »

S'il avait connu dans sa solitude ce portrait-charge, assurément excessif, le Maréchal en aurait eu le cœur ulcéré. Mais si, au lieu d'être prisonnier, il avait pu observer de son regard froid l'impuissance du régime illégitime qui a succédé à son gouvernement, nul doute qu'il aurait confirmé sa foi dans la venue d'un réveil français.

Il avait naguère donné en exemple le paysan de chez nous qui ne désespère pas devant son champ dévasté par la grêle.

Fidèle à sa vocation de mainteneur et de reconstructeur, debout sur la terre française, le Maréchal de France Philippe Pétain n'a pas cessé durant la seconde partie de son existence de tracer l'image d'une France régénérée. Par lui que par trois fois l'on appela dans

---
[1] Jules Romains, *Lettres de Salsette*, *Revue des Deux Mondes*, Paris, 15 janvier 1950.

Chapitre XIV : CONTINUITÉ DE LA PENSÉE DU MARÉCHAL

les heures de détresse et qui s'est révélé par trois fois égal à l'appel du destin, revivait, ainsi que le disait Lucien Romier, « quelque chose de très puissant, les traits anciens des générations qui ont fait notre patrie. »

Aux heures douloureuses de son calvaire, une chose entre toutes heurtait sa droiture naturelle. C'était le refus que les événements et les hommes opposaient à son ardent désir de rendre compte du mandat que l'Assemblée nationale lui avait confié. Il y eut un jour où cet espoir fut définitivement déçu, où la légitimité fut violée. Ce fut celui où le chef du gouvernement provisoire refusa de recevoir l'amiral Auphan, porteur du pouvoir que le Maréchal venait de lui donner quelques jours auparavant.

C'est en vue de cette rencontre qui, à ses yeux, lui était due — par contrat national — que le Maréchal, tard dans la nuit du 17 au 18 août, quarante-huit heures avant la violence allemande, avait signé sa déclaration, son vrai testament politique. Il voulait le faire tenir dès le lendemain aux présidents des deux Assemblées :

« Le 10 juillet 1940, l'Assemblée nationale a donné tous pouvoirs au gouvernement de la République à l'effet de promulguer, sous mon autorité et ma signature, une nouvelle Constitution de l'État français.

Je ne me suis jamais dissimulé la difficulté d'un tel problème. Aucune des Constitutions dont nous avons fait l'essai depuis cent cinquante ans n'a réussi à s'implanter vraiment dans le pays. La dernière, qui a duré soixante-cinq ans, n'était d'ailleurs que l'assemblage de plusieurs lois constitutionnelles.

Cependant, ce que l'on m'a demandé, je l'ai fait.

Les messages que j'ai adressés aux Français ont préparé l'opinion pour créer des habitudes, des coutumes, des mœurs nouvelles.

Mon travail est là.

Dès mon premier appel, j'ai amorcé l'institution de la province, et déjà la région provisoire rend des services pratiques.

J'ai promulgué la Charte du travail pour humaniser l'industrie et rendre la lutte des classes difficile, sinon impossible.

J'ai imposé et je poursuis l'établissement de la corporation agricole, des corporations des pêches et de la marine marchande, du statut de l'artisanat ; j'ai fait renaître les ordres des professions libérales.

J'ai rendu à la famille une partie des pouvoirs légaux qui n'appartenaient qu'à l'individu.

Malgré d'immenses difficultés inhérentes à la situation, j'ai pu poser les bases vivantes d'un statut du peuple français, destiné à fonder un ordre nouveau.

Il reste à préciser le rouage supérieur de l'État qui doit englober cet ensemble et s'y imposer.

J'ai préparé certains textes à cet effet.

Un État souverain doit être indépendant.

Le problème supérieur ne peut donc trouver sa solution définitive aujourd'hui. En attendant, je suis là, prêt à compléter l'exécution du mandat qui m'a été conféré en juillet 1940 et à discuter les problèmes qui se poseront pour l'achèvement de la Constitution. »

C'est là son œuvre. Loin de disparaître, elle germera lentement malgré les orages d'une époque bouleversée. On ne cessera pas d'évoquer sa sagesse et son courage. « La France peut changer les mots et les vocables... Elle ne pourra construire que sur les bases qu'il a posées. »

Paris, décembre 1951 - juin 1952.

ANNEXES

Annexe I

LISTE DE MM. LES MEMBRES DU CONSEIL NATIONAL [1]

Départements	MM. *Membres*
Ain :	– Pierre de Monicault, ingénieur agronome, membre de l'Académie d'agriculture.

---

[1] Le signe * indique les conseillers qui ont cessé leurs fonctions le 2 novembre 1934 ; le signe **, ceux qui ont été nommés par le décret du 2 novembre 1941.

Chapitre XIV : CONTINUITÉ DE LA PENSÉE DU MARÉCHAL

Départements	MM.	Membres
Aisne :		– René Blondelle, agriculteur propriétaire, président de l'Union des syndicats agricoles de l'Aisne.
Allier		– ** Robert Vandendriesche, filateur. – Lucien Chambron, ingénieur agronome, industriel. – Lucien Lamoureux, député, avocat à la Cour d'appel de Paris, ancien ministre.
Alpes (Basses-)		– Isidore Thivrier, député, industriel. – Pierre de Courtois, sénateur, avocat à la Cour d'appel de Paris.
Alpes (Hautes-)		– Émile Escallier, avocat, président de la Fédération des familles nombreuses des Hautes-Alpes.
Alpes (Maritimes)		– Léon Baréty, député, ancien ministre. – Joseph Darnand, président de la Légion des combattants des Alpes-Maritimes.
Ardèche		– Henri Pavin de Lafarge, sénateur, industriel.
Ardennes		– Edmond Hannotin, sénateur.
Ariège		*Alexandre Rauzy, député.
Aube		– Robert Oury, président de la Coopérative laitière de Troyes.
Aude		– Jean Mistler, député.
Aveyron		– François Martin, député, avocat à la Cour d'appel de Paris. – Henri Moysset, directeur honoraire au ministère de la Marine. – Emmanuel Temple, député, avocat.
Bouches-du-Rhône		– Antoine Boude, président de la Chambre de commerce de Marseille. – Joseph Carrier, directeur général honoraire des Eaux et Forêts. – Jean Fraissinet, armateur. – Henri Ponsard, député, courtier en marchandises.
Calvados		– Jean Boivin-Champeaux, sénateur, avocat au Conseil d'État et à la Cour de cassation.

215

Départements	MM. Membres
Cantal	– Pierre Riban, président de la XVIIe région économique et de la Chambre de commerce du Cantal.
Charente	René Gounin, sénateur, journaliste.
Charente-Maritime	– Roger Chaudruc de Crazannes, agriculteur, président du Comité central des groupements interprofessionnels laitiers.
	– Pierre Vieljeux, armateur.
Cher	– Henri Gindre, président du Syndicat des agriculteurs du Cher.
Corrèze	– Albert Blanc, ingénieur agronome, président du Comité des céréales de la Corrèze.
Corse	– François Pitti-Ferrandi, sénateur, docteur en médecine.
Côte-d'Or	– ** Pierre Mathé, député, agriculteur.
Côtes-du-Nord	– Émile Vincent, sénateur.
	– ** Alfred Duault, député, industriel.
	– René Le Bigot, commerçant exportateur.
Creuse	– Étienne Berthé, agriculteur, membre de la Chambre d'agriculture.
Dordogne	– Georges Bonnet, député, ancien ministre.
Doubs	– Jean Fabry, sénateur, ancien ministre.
	– Georges Pernot, sénateur, ancien ministre, président de la Fédération des associations des familles nombreuses.
Drôme	– René Brunet, député, professeur à la Faculté de droit de Caen, avocat.
Eure	– *Pierre Béranger, député.
Eure-et-Loir	– Roger Barrault, ouvrier agricole, membre de la Chambre d'agriculture.
	– Jean Valadier, sénateur, ancien ministre.
Finistère	– ** Jean Crouan, député, notaire.
	– Hervé de Guébriant, président de la Commission nationale d'organisation corporative paysanne.
Gard	– Roger Rouvière, viticulteur, docteur en médecine, président de la Chambre d'agriculture.

Départements	MM. Membres
Garonne (Haute-)	– Joseph Esquirol, notaire.
	– Abbé Louis Sorel, curé et secrétaire de mairie de la Grâce-Dieu.
Gers	– Joseph de Pesquidoux, agriculteur, membre de l'Académie française.
	– Georges Paouillac, viticulteur, président des vignerons d'Armagnac.
Gironde	– Antoine Cayrel, député, chirurgien-dentiste.
Hérault	– Pierre Dignac, député.
	– Édouard Barthe, député, pharmacien.
Ille-et-Vilaine	– Lucien Bahon-Rault, imprimeur, président de la VIᵉ région économique.
	– * Alphonse Gasnier-Duparc, sénateur, avocat, ancien ministre.
Indre	– Albert Chichery, député, industriel, ancien ministre.
Indre-et-Loire	– * Ferdinand Morin, député, maire de Tours.
	– Charles Vavasseur, viticulteur.
Isère	– Marcel Blanchard, recteur de l'Université de Grenoble, membre du Comité directeur de la Légion des combattants.
	– Louis Buyat, député, avocat à la Cour d'appel de Lyon.
	– Joseph Merceron-Vicat, industriel.
Jura	– Privat Janod, cultivateur.
Landes	– Roumegous 1, notaire, conseiller général. 2 Décédé en mars 1941.
	– Charles Prat, ouvrier gemmeur, secrétaire général de la Fédération des gemmeurs.
Loir-et-Cher	– Henri Decault, horticulteur, président de la Confédération [des syndicats horticoles de France.
Loire	– André Magnan 3, député, avocat.
Loire (Haute-)	– Antoine Pinay, sénateur, industriel.
	– Augustin Michel, député, avocat.

Départements	MM. Membres
Loire-Inférieure	– Jean le Cour Grandmaison, député.
	– René Le Gouvello, agriculteur, président de l'Union des syndicats agricoles de la Loire-Inférieure.
	– Louis Linÿer, sénateur, avocat.
Loiret	– * Eugène Frot, député, avocat à la Cour d'appel de Paris.
Lot	– * Rougier, docteur en médecine.
Lot-et-Garonne	– Georges Benquet, docteur en médecine.
Lozère	– Ernest de Framond, député, docteur en médecine.
Maine-et-Loire	– Jacques de La Grandière, agriculteur.
Manche	– André Rostand, président de la Chambre d'agriculture.
Marne	– Jean Jaquy, sénateur, agriculteur.
Marne (Haute-)	– Émile Cassez, sénateur, membre de l'Académie d'agriculture.
Mayenne	– Henri de Monti de Rezé, sénateur, agriculteur.
Meurthe-et-Moselle	– Charles Cournault, sénateur, agriculteur, président de la Société des agriculteurs de France.
Meuse	– Chanoine Polimann, député, vicaire général honoraire.
Morbihan	– ** Roger Grand, propriétaire-agriculteur, membre de l'Académie d'agriculture.
	– Louis L'Hévéder, député, professeur agrégé de mathématiques.
	– Paul Maulion, sénateur, avocat.
Moselle	– Robert Sérot, député, ingénieur agronome.
Nièvre	– René Bardin, ingénieur agronome.
Nord	– Albert Constenoble, boulanger, président de la Chambre des métiers du Nord.
	– ** Marcel Hovaère, délégué régional du Secrétariat général de la Jeunesse.
	– Édouard Roussel, sénateur, industriel.
	Pierre Thiriez, industriel, président de la Ire région économique.

Départements	MM. Membres
Oise	– Elie Champion, maréchal-ferrant, président du Syndicat des maréchaux et charrons de l'Oise ; premier ouvrier de France en 1939.
Orne	– Henri Corbière, agriculteur, éleveur.
Pas-de-Calais	– Paul Bacquet, député, avocat. – * Gaston Beltrémieux, député, ancien cultivateur. – Louis de Diesbach, député. – ** Fernand Sarraz-Bournet, armateur.
Puy-de-Dôme	– Jacques Bardoux, sénateur, membre de l'institut. – Albert Paulin 4, député, coupeur-tailleur.
Pyrénées (Basses-)	– Pierre Verdenal, avocat, maire de Pau.
Pyrénées (Hautes-)	– Manuel Fourcade, sénateur, ancien bâtonnier de l'Ordre à la Cour d'appel de Paris. – Émile Mireaux, sénateur, membre de l'institut, directeur du journal le Temps.
Pyrénées-Orientales	– Henri Vidal, président de la Confédération des producteurs de vins doux naturels.
Rhin (Haut-)	– Joseph Fega, artisan.
Territoire de Belfort.	– Joseph Fleury, ouvrier fraiseur.
Rhône	– Paul Charbin, président de la Chambre de commerce de Lyon et de la XIIIe région économique. – Félix Garcin, président de l'Union des syndicats agricoles du Sud-Est. – François Peissel, député, négociant. – Lucien Romier, économiste, président du Syndicat du Beaujolais.
Saône (Haute-)	– * Louis Frossard, député, ancien ministre. Maurice Drouot, député, avocat.
Saône-et-Loire	– Charles Bouissoud, député, avocat. – Paul Faure, journaliste, ancien ministre.
Sarthe	– Jean Montigny, député, avocat à la Cour d'appel de Paris.
Savoie	– Costa de Beauregard, président de la Légion des combattants de Savoie.

Départements	MM.	Membres
Savoie (Haute-)		– Antoine Vergain, président de la Légion des combattants de Haute-Savoie.
Seine		– * Georges Barthélémy, député, employé de banque.
		– Victor Constant, sénateur, conseiller municipal de Paris.
		– * Émile Cresp, président du Conseil général de la Seine.
		– ** Édouard Fillon, maire de Bois-Colombes.
		– ** Henri Labeyrie, maire de Pantin.
		– Louis Peuch, président du Conseil municipal.
		– Noël Pinelli, député, conseiller municipal de Paris.
Seine-Inférieure		– Albert Dubosc, député, industriel.
Seine-et-Marne		– Gaston Vevssière, sénateur, avocat.
Seine-et-Oise		– René Courtier, sénateur, agriculteur.
		– Gaston Bergery, député, avocat à la Cour.
Sèvres (Deux-)		– Paul Brasseau, sénateur.
Somme		– Émile Taudière, député, industriel.
		– Adolphe Pointier, agriculteur, président de l'Association des producteurs de blé.
Tarn		– Alain de Chantérac, président de l'Union nationale des syndicats agricoles.
Tarn-et-Garonne		– Marcel Rous, artisan ferronnier, premier ouvrier de France en 1937.
Var Marc		– Motet, contre-amiral (R.).
Vaucluse		– Louis Cornillac, minotier.
Vendée		– Léopold Robert, sénateur, docteur en médecine.
Vienne		– Aimé Tranchand, député, directeur d'école.
		– Marc Ferré, ingénieur agronome, agriculteur.
Vienne (Haute-)		– Fernand-Lefort-Lavauzelle, éditeur, président de la VIIe région économique

Départements	MM.	Membres
Vosges		– Georges Læderich, industriel, président du Syndicat cotonnier.
		– Louis Guillon, député, administrateur de Sociétés.
Yonne		– Pierre Perreau-Pradier, député.
Algérie		
Alger		– Émile Bordères, viticulteur, président des Délégations financières de l'Algérie.
		– André Mallarmé, sénateur, avocat, ancien ministre.
		– Abderrahmane Boukerdenna, pharmacien.
		– Ahmed Ibnou Zekri, professeur à la Médersa.
Constantine		– Stanislas Devaud, député, agrégé de philosophie.
		– Sisbane Clierif, avocat, ancien président de la Section arabe des délégations.
Oran		– Jules François, général de division (R.), président de la Légion des Combattants en Algérie.
		– Paul Saurin, député.
		– Agha Benchiha Boucif, agriculteur, vice-président de la Fédération des fellahs.
AOF		– André Demaison, homme de lettres.
Antilles françaises		– Gratien Candace, député.
Indochine		– Robin, gouverneur général des colonies.

Départements	MM. _Membres_
Fédérations et Unions de syndicats.	...Union des syndicats du Nord. – * Henri Ehlers, membre du Syndicat des gens de mer. – Gaston Guiraud, administrateur de l'Union des syndicats de la Seine et de la région parisienne. – Liochon 6, secrétaire général des travailleurs du livre. – Armand Masbatin, secrétaire général de l'Union des syndicats (chaussure). – Jean Mayoud, tisseur, secrétaire du Comité des syndicats textiles du Sud-Est. – Jules Mennelet, secrétaire général de la Fédération des syndicats chrétiens (Employés, techniciens, chefs de service). – René Mignon 7, secrétaire du Comité de liaison des syndicats professionnels. – Mentor Pasquier, secrétaire de la Fédération nationale des cheminots. – Roger Paul, secrétaire général de la Fédération ouvrière du textile. – Jean Pérès, secrétaire de la Fédération des syndicats de la métallurgie. – ** Maurice Porreye, membre de l'Union des syndicats du Nord. – Désiré Puel, membre du Syndicat de l'imprimerie. – Marcel Roy, ajusteur, secrétaire de la Fédération des métaux. – Alfred Savoie, secrétaire général de la Fédération nationale des travailleurs de l'alimentation (hôtels, cafés, restaurants). – Pierre Vigne, secrétaire général de la Fédération du sous-sol. – ** Roger Vitrac, secrétaire général du Comité de liaison des syndicats professionnels français.

Départements	MM. *Membres*
Conseillers à des titres divers.	... membre de l'Académie française. – ** Gustave Bonvoisin, directeur général du Comité central des allocations familiales et assurances sociales. – * Marcel Boussac, industriel. – Prince Louis de Broglie, secrétaire perpétuel de l'Académie des sciences. – ** Pierre Champion, membre de l'institut et de l'Académie Goncourt. – Georges Claude, membre de l'Académie des sciences. – Gabriel Cognac, membre de l'institut. – Alfred Cortot, chargé de mission au Secrétariat de la Jeunesse. – Léon Daum, industriel, directeur général des Forges et Aciéries de la marine et Homécourt. – Jules Docteur, vice-amiral (R.), industriel. – Henri Dorgères, délégué général de la Commission d'organisation corporative paysanne. – Jacques Doriot, publiciste. – * Louis Ferrasson, ancien président de la Chambre de commerce de Paris. – René Fonck, colonel (R.), industriel. – * Fornel de La Laurencie, général de corps d'armée. – André François-Poncet, ambassadeur de France, agrégé de l'Université. – Germain-Martin, membre de l'institut, ancien ministre. – Gilbert Gidel, délégué dans les fonctions de recteur de l'Académie de Paris. – ** Claude J. Gignoux, économiste, agrégé des Facultés de droit.

Départements	MM. Membres

... l'Union nationale des syndicats agricoles.
– Georges Hersent, industriel, entrepreneur de travaux maritimes.
– Colonel Heurteau, industriel, membre du Comité directeur de la Légion des combattants.
– Gaston Lacoin, avocat à la Cour, membre du Comité consultatif de la famille française.
– François de La Rocque, lieutenant-colonel (R.), directeur de journaux.
– ** Lucien Lassalle, président de la Chambre de commerce de Paris.
– Professeur Leriche, président du Conseil supérieur de l'Ordre des médecins.
– Louis Lumière, industriel, membre de l'Académie des sciences.
– Henri Massis, homme de lettres, chargé de mission au Secrétariat général de la Jeunesse.
– Jean Petavy, colonel (R.), industriel.
– Gaston Prache, secrétaire général de la Fédération des coopératives de consommation.
– Henri Prost, architecte, membre de l'institut.
– Georges Ripert, doyen de la Faculté de droit de Paris.
– Louis Salleron, professeur d'économie politique à l'institut catholique de Paris.
– * André Siegfried, professeur au Collège de France et à l'École libre des sciences politiques, membre de l'institut.
– * Cardinal Suhard, archevêque de Paris.
– Général Touchon, général d'armée (R.).
– Jules Verger, industriel, président de la Fédération des installateurs électriciens.
– Jean Vignaud, président de la Société des gens de lettres.

Chapitre XIV : CONTINUITÉ DE LA PENSÉE DU MARÉCHAL

Annexe II
LETTRE DE L'AMIRAL DARLAN AU MARÉCHAL

« Le 5 octobre 1942.

Monsieur le Maréchal,

Au cours de l'entretien que vous avez bien voulu me faire l'honneur de m'accorder le vendredi 1ᵉʳ octobre, j'ai, contrairement à mes habitudes, laissé percer devant vous une très vive émotion.

C'est que, monsieur le Maréchal, depuis longtemps je ne suis pas sans me demander parfois comment vous appréciez les services que je m'efforce de rendre à votre personne et au pays.

En entrant dans votre cabinet, j'étais fermement résolu à vous remettre une lettre vous priant de me relever de mes fonctions de commandant en chef.

Profondément touché par la chaleur de votre refus si ferme d'envisager jamais l'idée de mon départ, j'ai renoncé à vous remettre cette lettre et j'ai accepté d'étudier les modalités d'application de la décision que vous avez prise dans le différend qui m'oppose à M. le général Bridoux, ainsi que les modifications à apporter à la loi n° 509 créant un commandant en chef des forces militaires.

J'ai eu devant vous, puis seul à seul, une conversation confiante avec le président Laval.

Il m'est apparu que, tout en désirant me voir conserver mes fonctions de commandant en chef placé sous vos ordres directs et ne faisant pas partie du gouvernement, le président Laval serait porté à voir réduire mes attributions non seulement dans le domaine de l'instruction et de l'emploi des forces militaires, mais aussi dans celui des Services de renseignements. Pourtant, il y a quelques semaines, après avoir obtenu votre approbation, nous avons lui et moi réorganisé les Services de renseignements d'une façon telle que, à mon avis, leur action ne saurait en rien gêner désormais le chef du gouvernement. Mieux que quiconque, vous savez, monsieur le Maréchal, qu'un commandant en chef ne saurait se passer d'un Service de renseignements et qu'un tel service ne s'improvise pas.

Je suis le premier à reconnaître que l'organisation qui a été mise sur pied le 16 avril n'est peut-être pas tout à fait logique. D'ailleurs dans aucun pays, dans aucune Constitution, il n'a été trouvé de solution entièrement satisfaisante au problème du commandant en chef.

Vous avez créé cette organisation sous la pression des événements à seule fin de permettre, dans les meilleures conditions, la poursuite d'une politique indispensable au salut du pays, et je crois utile de rappeler ici comment vous y avez été conduit en avril dernier, tant par la situation politique que par la situation militaire.

*
* *

Par l'intermédiaire de son ambassade à Paris, le gouvernement allemand nous avait fait savoir "qu'il ne pourrait y avoir de conversation politique avec le gouvernement français du moment".

Après le 30 mars, date de l'intervention américaine contre le retour au pouvoir de M. Laval, l'ambassade d'Allemagne qui, jusquelà, ne souhaitait que l'entrée de M. Laval dans un gouvernement dont je restais le vice-président du Conseil, insista pour que M. Laval jouît des pleins pouvoirs politiques.

L'ambassade d'Allemagne aurait désiré un ministère bicéphale, comprenant deux vice-présidents du Conseil : l'un chargé du politique et de l'économique, l'autre du militaire.

Je me refusai à adopter une pareille solution.

Un gouvernement doit avoir un chef et un seul. Et je déclarai que, puisqu'aucune conversation politique ne pouvait avoir lieu avec le gouvernement dont j'étais le vice-président du Conseil, et puisque M. Laval paraissait être l'homme qui pouvait reprendre une conversation dont je reconnaissais la nécessité, je n'avais qu'à me retirer purement et simplement, d'autant plus que j'avais, peut-être à tort, le sentiment de ne pas avoir toujours eu votre pleine approbation en ce qui concerne la politique extérieure.

De nombreuses personnes me firent observer qu'en me retirant je risquais de créer des difficultés supplémentaires à M. Laval, dont la tâche ne s'annonçait pas facile, et que je serais accusé de « torpiller » sa combinaison ministérielle.

Le retour au pouvoir de M. Laval paraissant devoir ouvrir une

Chapitre XIV : CONTINUITÉ DE LA PENSÉE DU MARÉCHAL

ère fructueuse dans les rapports franco-allemands et permettre de sortir de l'impasse dans laquelle se. trouvait la politique de rapprochement indispensable à la vie de la nation, je décidai de rester à votre disposition, à condition de ne pas faire partie d'un gouvernement auquel, à mon avis, je n'aurais apporté aucune force supplémentaire ni en politique extérieure ni en politique intérieure.

Vous avez bien voulu décider que je demeurasse votre successeur éventuel et, le 13 avril, vous m'avez prié de faire au président Laval des propositions qui ont abouti à l'organisation actuelle.

J'estime donc être fondé à demander, pour des raisons politiques, qu'elle soit maintenue sans modifications.

*
* *

Dans l'ordre militaire, depuis septembre 1940, vous m'aviez confié la Défense nationale et depuis novembre 1941 j'exerçais par intérim les fonctions de secrétaire d'État à la Guerre. Je vous avais souvent entretenu des réformes que j'avais l'intention d'introduire dans l'armée et vous aviez paru approuver celles que j'avais réalisées et celles qui étaient en projet. La loi 509 me paraissait ouvrir d'utiles possibilités à la poursuite d'une action nécessaire aux intérêts supérieurs du pays.

J'ai le sentiment, peut-être présomptueux, que dans les circonstances extraordinaires que nous vivons, seul un homme n'appartenant pas à l'armée peut l'aider efficacement à effectuer dans les meilleures conditions la mue obligatoire pour lui permettre de prendre un nouvel essor.

Peut-être cette présomption vient-elle de ce que vous me disiez à Briare le 12 juin 1940 : « Si l'on me demande mon avis sur le choix d'un Premier Consul, c'est vous que je désignerai. » Et, comme je me récriais, vous avez ajouté : « Si, si, vous êtes le seul à avoir mené correctement son affaire, c'est donc vous qui devez prendre ce poste »

C'est dans le même sens que vous vous êtes exprimé dans votre discours du 12 août 1941 : « J'ai confié à l'amiral Darlan le ministère de la Défense nationale pour qu'il puisse exercer sur l'ensemble de nos forces de terre, de mer et de l'air une action plus directe. »

Depuis, je me suis souvent demandé si je n'avais pas déçu vos espoirs et j'avoue avoir profondément souffert de cette incertitude. L'émotion que vous avez bien voulu me manifester, lorsque je vous ai fait part de mon intention de me retirer, m'autorise à penser que j'ai toujours votre confiance.

*
* *

Après avoir rappelé dans quelles circonstances a été organisé le commandement en chef, je voudrais vous exposer les raisons de certaines hostilités qui se sont depuis lors manifestées à mon égard.

Nombreux sont ceux qui viennent me trouver, particulièrement ces jours-ci, pour me demander de ne pas abandonner la partie. On m'assure que le pays n'ignore pas avec quel dévouement je me suis efforcé de vous seconder, et les contacts que j'ai eus avec le public, pendant ce dernier mois au cours de mes déplacements officiels, permettent de penser que ces assurances ne sont pas sans fondement.

Mais d'autre part — et vous l'avez reconnu vous-même dans votre discours d'août 1941, lorsque vous avez déclaré :

« Je délègue en premier lieu mon autorité à l'amiral Darlan, envers qui l'opinion ne s'est montrée ni toujours favorable, ni toujours équitable… » — comme tous les hommes d'action je me suis fait de nombreux ennemis parmi les officiers généraux en retraite, qui ne me pardonnent pas d'occuper des fonctions pour lesquelles ils se sentent qualifiés ou qu'un esprit de corps excessif anime à l'égard de la marine d'un sentiment de rivalité.

Depuis l'armistice, la marine a, en effet, suscité bien des jalousies qui, tout naturellement, se reportent sur celui qui en a été le chef pendant les hostilités.

Enfin tous ceux qui ont intérêt à voir échouer votre œuvre, qui espèrent que des désordres en France faciliteraient leur action antinationale, rêvent d'affaiblir l'union du Chef de l'État, du chef du gouvernement et du commandant en chef, union qui constitue l'obstacle le plus résistant et peut-être le dernier obstacle à la dissociation de la France.

Personne n'ose vous attaquer ; le chef du gouvernement est la cible de toutes les critiques ; je paraissais dans mes nouvelles fonctions être à l'abri des coups.

Mais vous m'avez fait l'honneur de me désigner pour vous remplacer éventuellement ; vous m'avez placé à la tête des forces militaires qui, en définitive, sont les seules sur lesquelles le pays pourra compter avec certitude le jour inéluctable où il faudra tenir ferme dans les remous causés par le malheur et la misère qui, dans l'état actuel du monde, ne peuvent aller qu'en grandissant.

Ces forces militaires s'organisent chaque jour de mieux en mieux. Elles n'attendent pour retrouver toute leur flamme patriotique que des actes gouvernementaux, prouvant que ceux qui ont en mains les destinées du pays les estiment et leur font confiance.

Les actes, dont il y a quelques semaines, le gouvernement, sur ma proposition, approuvait le principe, je suis en train de les préparer. Je sais qu'ils sont attendus avec impatience et je sais également que, dans son ensemble, l'armée compte sur moi pour les réaliser, de même qu'elle approuve mes efforts pour la réorganiser. Il est donc normal que, dans les temps troublés que nous vivons et alors que l'esprit de discipline est en régression, même dans les milieux où par tradition il devrait rester vivace, certains cherchent, consciemment ou inconsciemment, par calcul, par orgueil blessé, par rancune ou par opposition à votre politique, à saper l'autorité de celui que vous avez choisi.

Et c'est pourquoi j'ai appris, sans grand étonnement, que certain officier général en retraite serait l'âme d'une conspiration ayant pour but de me « grignoter » pour me transformer en « potiche » après m'avoir enlevé toute autorité. De même que je n'ai pas été autrement surpris d'apprendre l'existence d'un *factum* qui doit vous être remis et qui me présente comme le chef d'un complot de francs-maçons, appuyés par M. Maurice Sarraut et par la *Dépêche de Toulouse*, M. l'amiral de Belot, préfet des Pyrénées-Orientales, étant, détail comique, le truchement utilisé entre les conjurés et moi-même.

En revanche j'ai été stupéfait de lire les considérants du rapport sur les modifications à apporter à la loi n° 509 qui vous a été remis par le Cabinet du secrétaire d'État à la Guerre. Ces considérants sont insolents pour moi et même pour vous ; ils sont tendancieux et même mensongers. M. le général Noguès ayant été mis en cause par ces considérants, je lui ai demandé de m'écrire franchement s'il était exact que l'armée d'Afrique était réellement humiliée de m'avoir pour chef. Il m'a répondu : « Il est naturel qu'en particulier chez les jeunes officiers il existe un préjugé défavorable vis-à-vis d'un commandant en chef d'une arme différente. Mais votre personnalité, respectée par tous, n'est pas en cause. »

D'ailleurs le rédacteur de ces considérants se contredit lui-même, lorsqu'après avoir écrit que l'armée était humiliée d'avoir un chef ne sortant pas de ses rangs il ajoute : « Elle reprend actuellement confiance en elle-même, mais tout retour à l'ancien état de choses, toute ingérence dans sa vie privée de chefs non issus de son sein auraient sur son moral l'effet le plus fâcheux. »

Comme je l'ai rappelé plus haut, vous m'avez mis à la tête de la Défense nationale le 6 septembre 1940 et depuis le 12 novembre 1941 je suis pratiquement le chef de l'armée.

Si donc actuellement elle reprend confiance, c'est qu'elle n'est pas mécontente du chef qu'elle a depuis onze mois.

*
* *

Ayant ainsi démontré l'inanité des critiques dont le commandant en chef a pu être l'objet, je tiens à vous dire que je n'ignore rien des difficultés d'application qui peuvent résulter de la coexistence d'un commandant en chef relevant directement du Chef de l'État et d'un secrétaire d'État à la Guerre relevant du chef du gouvernement.

Je n'ignore pas que certains ont tendance à limiter le rôle du commandant en chef des forces militaires au rôle qui était autrefois celui du vice-président du Conseil supérieur de la guerre en temps de temps, mais je n'ignore pas non plus que les circonstances exceptionnelles que nous traversons exigent une organisation toute différente, d'abord parce que s'impose temporairement la nécessité d'un commandement unique des trois armées de terre, de mer et de l'air, ensuite parce que ni dans l'ordre intérieur ni dans l'ordre extérieur nous ne sommes dans un état comparable à ce qu'était l'ancien état de paix. L'armée est à refaire, l'Empire à défendre, l'ordre intérieur à sauver. Nous sommes et serons probablement de plus en plus dans un état plus voisin de la guerre que de la paix.

Chapitre XIV : CONTINUITÉ DE LA PENSÉE DU MARÉCHAL

Donc ce que tout le monde juge bon pour le temps de guerre doit être fait immédiatement.

Cet exposé m'amène à conclure que l'intérêt général, et non une simple satisfaction d'amour-propre personnel, demande que mon autorité reste entière. Toute modification restrictive de mes attributions sera considérée au-dehors comme une disgrâce et une marque de défiance envers moi de votre part, elle risquera d'avoir des conséquences beaucoup plus graves en laissant apparaître une fissure dans cette union du Chef de l'État, du chef du gouvernement et du commandant en chef qui est la sauvegarde du nouvel État.

Comme je vous l'ai dit bien des fois, je suis très fier et très honoré d'avoir votre confiance ; mais il importe au plus haut point que tout le monde le sache et en soit persuadé, sinon il me sera difficile de mener à bien la mission que vous m'avez confiée et il me sera impossible de remplir celle que vous envisagez éventuellement pour moi dans l'avenir.

Et pour en revenir aux faits précis qui ont motivé cette lettre, je me permets de vous demander très respectueusement, monsieur le Maréchal, de bien vouloir revenir sur la décision 128 CE sans date, et de décider que rien ne sera modifié dans mes attributions, telles qu'elles ont été définies dans la loi n° 509 et les textes d'application qui la complètent, et dans les décrets d'organisation des Services de renseignements.

Je suis d'ailleurs tout disposé après une étude, faite sous votre direction, de l'organisation du commandant en chef telle qu'elle fonctionne depuis le 17 avril, à faciliter la tâche des secrétaires d'État à la Guerre, à la Marine et à l'Aviation, en leur consentant une délégation de pouvoirs plus large que celle que je leur ai donnée jusqu'ici, sous réserve pour eux de me tenir informé en temps utile des mesures importantes qu'ils ont l'intention de prendre, ne serait-ce que pour me donner la possibilité de vous en rendre compte et de prendre vos directives préalablement.

J'estime d'ailleurs que, au plan où nous sommes, le bon fonctionnement d'une organisation dépend beaucoup plus de la bonne volonté de chacun que des textes qui la définissent.

Quant au chef du gouvernement, je suis convaincu, après nos entretiens aussi nombreux que confiants, qu'il n'a aucun doute sur ma volonté bien arrêtée de faciliter sa lourde tâche dans toute la mesure de mes moyens, n'ayant comme lui qu'un seul but : assurer la réussite de votre œuvre et sauver le pays.

Daignez agréer, monsieur le Maréchal, l'hommage de mon profond respect.

Signé : F. Darlan.

Annexe III
PROJET DE CONSTITUTION DE LA RÉPUBLIQUE FRANÇAISE

Titre préliminaire
Principes fondamentaux

Article Premier — La liberté et la dignité de la personne humaine sont des valeurs suprêmes et des biens intangibles. Leur sauvegarde exige de l'État l'ordre et la justice et, des citoyens, la discipline.

La Constitution délimite à cet effet les devoirs et les droits respectifs de la puissance publique et des citoyens en instituant un État dont l'autorité s'appuie sur l'adhésion de la nation.

Art. 2. — L'État reconnaît et garantit comme liberté fondamentale la liberté de conscience, la liberté de culte, la liberté d'enseigner, la liberté d'aller et de venir, la liberté d'exprimer et de publier sa pensée, la liberté de réunion, la liberté d'association.

L'exercice de ces libertés est réglé par la loi devant laquelle tous les citoyens sont égaux.

Art. 3. — Nul ne peut être accusé, arrêté, ni détenu que dans les cas déterminés par la loi et selon les formes qu'elle a prescrites.

Nul ne peut être puni qu'en vertu d'une loi établie et promulguée antérieurement au délit et légalement appliquée.

Art. 4. — Acquise par le travail et maintenue par l'épargne familiale, la propriété est un droit inviolable, justifié par la fonction sociale qu'elle confère à son détenteur ; nul ne peut en être privé que pour cause d'utilité publique et sous condition d'une juste indemnité.

Art. 5. — L'État reconnaît les droits des communautés spirituelles, familiales, professionnelles et territoriales au sein desquelles l'homme prend le sens de sa responsabilité sociale et trouve appui pour la défense de ses libertés.

Art. 6. — Les citoyens désignent librement par suffrage leurs représentants aux Assemblées locales et nationales ainsi qu'aux organismes professionnels et corporatifs.

Sauf dans les élections de caractère professionnel, un suffrage supplémentaire est attribué aux chefs de familles nombreuses en raison de leurs responsabilités et de leurs charges.

Art. 7. — La représentation nationale vote les lois, consent l'impôt, contrôle les dépenses et associe la nation à la gestion du bien commun.

Art. 8. — L'organisation des professions, sous le contrôle de l'État, arbitre et garant de l'intérêt général, a pour objet de rendre employeurs et salariés solidaires de leur entreprise, de mettre fin à l'antagonisme des classes et de supprimer la condition prolétarienne.

Par une représentation assurée à tous les échelons du travail, les professions organisées participent à l'action économique et sociale de l'État.

Art. 9. — Les devoirs des citoyens envers l'État sont l'obéissance aux lois, une participation équitable aux dépenses publiques, l'accomplissement de leurs obligations civiques pouvant aller jusqu'au sacrifice total pour le salut de la patrie.

Art. 10. — Le Chef de l'État tient ses pouvoirs d'un Congrès groupant les élus de la nation et les délégués des collectivités territoriales qui la composent. Il personnifie la nation et a la charge de ses destinées.

Arbitre des intérêts supérieurs du pays, il assure le fonctionnement des institutions en maintenant — s'il est nécessaire par l'exercice du droit de dissolution — le circuit continu de confiance entre le gouvernement et la nation.

Art. 11. — Le maintien des droits et des libertés, ainsi que le respect de la Constitution, sont garantis par une Cour suprême de

Justice devant laquelle tout citoyen peut introduire un recours.

Art. 12. — Les trois fonctions de l'État — fonction gouvernementale, fonction législative, fonction juridictionnelle — s'exercent par des organes distincts.

Titre I
La fonction gouvernementale

Art. 13. — La fonction gouvernementale est exercée par le Chef de l'État, les ministres et secrétaires d'État.

Art. 14. — Le Chef de l'État porte le titre de président de la République. Il est élu pour dix ans par le Congrès national, devant lequel il prête serment de fidélité à la Constitution.

Il est rééligible.

Art. 15. -

1) Le président de la République nomme le Premier Ministre et, sur la proposition de celui-ci, les ministres et secrétaires d'État. Il les révoque.

Il préside le Conseil des ministres.

2) Le Chef de l'État a l'initiative des lois, ainsi que les membres des deux Assemblées. Il peut seul présenter les projets de lois portant amnistie.

Il promulgue les lois lorsqu'elles ont été votées par les deux Chambres. Il en fait assurer l'exécution.

Il communique avec les Chambres par des messages qui sont lus à la tribune par un ministre.

Art. 16. —

1) Le président de la République nomme à tous les emplois civils et militaires pour lesquels la loi n'a pas prévu d'autre mode de désignation.

2) Il a le droit de grâce.

3) Les envoyés et ambassadeurs des puissances étrangères sont accrédités auprès de lui.

4) Il négocie et ratifie les traités.

Nulle cession, nul échange, nulle adjonction de territoire ne peut avoir lieu qu'en vertu d'une loi. Les traités de paix, de commerce, ceux qui engagent les finances de l'État et ceux qui sont relatifs à l'état des personnes et au droit de propriété des Français à l'étranger ne deviennent définitifs qu'après avoir été votés par les deux Chambres.

5) Il dispose de la force armée.

6) Il peut déclarer l'état de siège.

7) Il ne peut déclarer la guerre sans l'adhésion préalable et formelle des deux Chambres.

8) Chacun des actes du Chef de l'État, sauf ceux qui portent nomination ou révocation du Premier Ministre ou des ministres et secrétaires d'État, doit être contresigné par le ou les ministres ou secrétaires d'État qui en assurent l'exécution.

Art. 17. — Le président de la République peut prononcer la dissolution de la Chambre des députés avec l'avis conforme du Sénat à la suite de l'envoi d'un message motivé.

Il peut, sur la demande du Premier Ministre, et en cas de désaccord entre les deux Assemblées ou entre le gouvernement et l'une des Assemblées, ou en cas de vote d'une motion de défiance à l'égard du Cabinet ou d'un ministre, prononcer la dissolution sans l'avis du Sénat.

La dissolution intervient de plein droit au cas où la Chambre des députés émet des votes de défiance contre trois Cabinets successifs.

Art. 18. —1) Le Premier Ministre, les ministres et secrétaires d'État sont responsables devant le Chef de l'État individuellement dans le cadre de leurs attributions propres, collectivement pour la politique générale du Cabinet.

2) Les ministres et secrétaires d'État se rendent aux Assemblées lorsqu'ils le jugent nécessaire. Ils doivent y être entendus quand ils le demandent.

Art. 19. —

1) Le Chef de l'État est représenté par un gouverneur dans chacune des provinces définies par la loi qui les institue.

2) Il nomme et révoque le gouverneur par décret contresigné du Premier Ministre.

3) Le gouverneur est assisté d'un Conseil provincial.

Titre II
La Fonction législative

Art. 20. — 1) Le peuple français désigne par voix de suffrage ses représentants aux Assemblées législatives : le Sénat et la Chambre des députés.

Dans la composition du Sénat, une place est réservée aux représentants élus des institutions professionnelles et corporatives et aux élites du pays.

2) Quelle que soit l'origine de leur mandat, les membres d'une Assemblée ont les mêmes devoirs, les mêmes prérogatives, les mêmes droits.

Ils ne sont liés par aucun engagement à l'égard de ceux qui les ont désignés et ils n'agissent, dans l'exercice de leurs fonctions, que suivant leur conscience et pour le bien de l'État.

Le suffrage

Art. 21. — 1) Sous réserve des conditions spéciales d'électorat et d'éligibilité fixées pour le Sénat, sont électeurs aux Assemblées nationales les Français et Françaises, nés de père français, âgés de vingt et un ans jouissant de leurs droits civils et politiques ; sont éligibles aux mêmes Assemblées les Français nés de père français, âgés de vingt-cinq ans, jouissant de leurs droits civils et politiques.

2) La loi fixe les autres conditions de l'électorat et de l'éligibilité.

Elle institue le vote familial sur la base suivante : le père, ou éventuellement la mère, chef de famille de trois enfants et plus, a droit à un double suffrage.

3) Le vote est secret.

4) Les règles ci-dessus, relatives à l'électorat et à l'éligibilité, sont applicables aux élections des Conseils provinciaux, départementaux et municipaux.

Les Françaises, nées de père français, âgées de vingt-cinq ans, jouissant de leurs droits civils et politiques, sont éligibles à ces Conseils.

Chapitre XIV : CONTINUITÉ DE LA PENSÉE DU MARÉCHAL

Le Sénat et la Chambre des députés

Art. 22. — Le Sénat est composé de :

1) 250 membres, élus par des Collèges départementaux comprenant les conseillers départementaux et des délégués des Conseils municipaux.

2) 30 membres, désignés par le Chef de l'État parmi les représentants élus des institutions professionnelles et corporatives.

3) 20 membres, désignés par le Chef de l'État parmi les élites du pays.

4) Les anciens présidents de la République à l'expiration de leur mandat.

Les membres des deux premières catégories sont élus ou désignés pour neuf ans et renouvelables par tiers tous les trois ans. Les membres des troisième et quatrième catégories sont sénateurs à vie.

Une loi organique détermine les conditions dans lesquelles sont élus les délégués des Conseils municipaux, les modalités de l'élection et de désignation des sénateurs ainsi que le nombre des sénateurs par département.

Les membres du Sénat doivent être âgés de quarante ans au moins.

Art. 23. —

1) La Chambre des députés se compose de 500 membres, élus pour six ans au suffrage universel et direct à la majorité, à un seul tour.

Chaque département doit avoir au moins deux députés.

2) Au cas de dissolution de la Chambre des députés, il est procédé à son renouvellement dans un délai de deux mois et la Chambre est réunie dans les dix jours qui suivent la clôture des opérations électorales.

Art. 24. —

1) Chaque Assemblée désigne son bureau au scrutin secret, pour un an, dans les conditions fixées par son règlement.

2) Les Assemblées doivent être réunies chaque année en deux sessions ordinaires d'une durée totale de quatre mois au moins et de

six mois au plus.

Les deux Assemblées peuvent être convoquées en session extraordinaire par le président de la République chaque fois qu'il le juge utile.

La première session ordinaire s'ouvre de plein droit le troisième mardi de janvier, la seconde, au cours de laquelle est examiné le budget, le premier mardi après la Toussaint.

La session d'une Assemblée commence et finit en même temps que celle de l'autre.

Le Chef de l'État peut, par décret, prononcer l'ajournement des Assemblées pour une durée maxima d'un mois au cours d'une session.

La clôture des sessions est prononcée par le Chef de l'État.

3) Les séances du Sénat et de la Chambre des députés sont publiques. Néanmoins, chaque Chambre peut se constituer en Comité secret sur la demande d'un certain nombre de ses membres fixé par le règlement.

Art. 25. —

1) Les Assemblées votent les lois.

Leurs membres peuvent adresser aux ministres et secrétaires d'État des questions orales ou écrites ainsi que des interpellations.

2) Le vote est personnel.

3) Toute motion comportant confiance ou défiance à l'égard du Cabinet ou d'un ministre fait de droit l'objet d'un scrutin public.

Elle ne peut être discutée qu'un jour franc après la date à laquelle elle a été déposée.

Art. 26. —

1) Les membres des Assemblées peuvent déposer dès propositions de loi ou des amendements aux projets et propositions de loi. Les propositions ou amendements entraînant création ou augmentation de dépense publiques quels que soient les voies et moyens qu'ils prévoient, ne peuvent être mis en discussion que si le gouvernement accepte leur prise en considération.

2) Les projets de loi de finances doivent être présentés en premier lieu à la Chambre des députés.

Chapitre XIV : CONTINUITÉ DE LA PENSÉE DU MARÉCHAL

3) Chaque projet ou proposition de loi, est soumis dans chaque Assemblée, à l'examen d'une Commission spécialement désignée à cet effet. La Commission peut proposer des amendements. Toutefois, l'Assemblée délibère sur le texte du projet ou de la proposition avant d'examiner les amendements.

La participation des fonctionnaires de l'État qui ne sont pas membres de l'Assemblée aux travaux d'une Commission est interdite.

Art. 27. —

1) En cas de rejet ou de modification d'un projet ou d'une proposition, le gouvernement peut demander une deuxième délibération qui a lieu obligatoirement dans un délai maximum de deux mois.

2) La promulgation des lois doit intervenir dans le mois qui suit leur adoption définitive par les Assemblées.

Elle doit intervenir dans les trois jours pour les lois dont la promulgation aura été déclarée urgente par un vote exprès de l'une ou l'autre Chambre, à moins que, dans ce délai, le Chef de l'État ne demande une nouvelle délibération, qui ne peut être refusée.

Art. 28. — Aucun membre de l'une ou l'autre Chambre ne peut être poursuivi ou recherché à l'occasion des opinions ou votes émis par lui dans l'exercice de ses fonctions.

Aucun membre de l'une ou l'autre Chambre, ne peut, pendant la durée de la session, être poursuivi en matière criminelle ou correctionnelle, ou arrêté, qu'avec l'autorisation de la Cour suprême de Justice, sauf le cas de flagrant délit.

Si l'Assemblée intéressée le requiert, la détention préventive ou la poursuite d'un membre de l'une ou l'autre Chambre, arrêté ou poursuivi au cours de l'intersession, est suspendue pendant la session suivante et pour toute sa durée.

Art. 29. — Les membres des Assemblées reçoivent une indemnité égale à la rémunération des conseillers d'État en service ordinaire.

L'Assemblée nationale

Art. 30. —

1) Le président de la République peut, pour la révision de la Constitution, réunir le Sénat et la Chambre des députés en As-

semblée nationale, soit spontanément, soit sur un vote émis par les deux Chambres après délibérations séparées à la majorité des deux tiers du nombre légal des membres.

2) Les deux Chambres peuvent également se réunir en Assemblée nationale, sur résolution prise par l'une d'elles à la majorité des deux tiers du nombre légal des membres, pour statuer sur la mise en accusation du Chef de l'État, des ministres ou des secrétaires d'État.

3) Toute convocation de l'Assemblée nationale doit préciser les points sur lesquels porteront ses délibérations.

L'Assemblée n'est, en aucun cas, maîtresse de son ordre du jour.

Ses décisions sont prises à la majorité des deux tiers du nombre légal de ses membres.

4) L'Assemblée nationale a pour bureau le bureau du Sénat.

Titre III
Le Congrès national

Art. 31. —

1) Le Congrès national est constitué par les membres des deux Assemblées et par les conseillers provinciaux ou — jusqu'à la désignation de ceux-ci — par les délégués des Conseils départementaux en nombre égal à celui des sénateurs et des députés.

2) Un mois au moins avant le terme légal des pouvoirs du président de la République, le Congrès national devra être réuni pour procéder à la désignation de son successeur. À défaut de convocation, cette réunion aurait lieu de plein droit le quinzième jour avant l'expiration de ses pouvoirs.

En cas de vacance par décès ou pour toute autre cause, le Congrès national se réunit de plein droit dans un délai de trois jours pour procéder à l'élection d'un nouveau Chef de l'État.

Jusqu'à la prestation de serment, les pouvoirs du président de la République sont exercés par le Conseil des ministres.

Dans le cas où la Chambre des députés se trouverait dissoute au moment où se produirait la vacance, les Collèges électoraux seraient aussitôt convoqués et le Sénat se réunirait de plein droit.

3) L'élection a lieu au scrutin secret. Aux deux premiers tours, l'élection requiert la majorité absolue du nombre légal des membres du Congrès. Au troisième tour, la majorité relative suffit.

4) Le Congrès national a pour bureau le bureau du Sénat.

Titre IV
La Fonction juridictionnelle

ART. 32. — La justice est rendue au nom du peuple français.

La fonction juridictionnelle est exercée par des magistrats dont un statut propre garantit l'indépendance.

Les magistrats du siège sont inamovibles. Ils sont nommés par le président de la République. Leur avancement est décidé par celui-ci sur avis conforme d'une Cour présidée par le premier président de là Cour de cassation et composée de magistrats élus par la Cour de cassation et les Cours d'appel. Des dispositions analogues sont prises pour les magistrats du siège de la Cour des comptes.

La Cour suprême de Justice

ART. 33. — La sauvegarde de la Constitution et l'exercice de la justice politique sont assurés par la Cour suprême de Justice.

ART. 34. — La Cour suprême de Justice a les attributions suivantes :

– 1° Elle statue sur les recours pour inconstitutionnalité de la loi.

– 2° Elle a compétence exclusive pour juger le Chef de l'État sur mise en accusation par l'Assemblée nationale.

– 3° Elle juge les ministres ou secrétaires d'État sur mise en accusation soit par le président de la République, soit par l'Assemblée nationale.

– 4° Elle juge toute personne mise en accusation par le Chef de l'État pour attentat contre la sûreté de l'État.

– 5° Elle procède à la vérification des opérations électorales tendant à la désignation des sénateurs et des députés et se prononce sur les demandes de levée de l'immunité et sur les demandes de déchéance les concernant.

Art. 35. —

1) La Cour suprême de Justice est composée de 15 conseillers en service ordinaire et de 6 conseillers en service extraordinaire.

2) Parmi les 15 conseillers en service ordinaire, 12 sont ainsi recrutés : 3 conseillers d'État, 3 conseillers à la Cour de cassation ; 3 professeurs des Facultés de droit de l'État, 3 bâtonniers ou anciens bâtonniers de l'Ordre des avocats auprès d'une Cour d'appel ou membres de l'Ordre des avocats au Conseil d'État et à la Cour de cassation, choisis par la Cour suprême elle-même sur des listes de présentation établies par les Corps ou Ordres ci-dessus et comportant trois noms pour chaque siège à pourvoir.

Trois sièges sont, en outre, réservés à des personnalités n'appartenant pas aux Corps ou Ordres mentionnés, mais présentés obligatoirement par ces Corps ou Ordres à raison, sur chaque liste, de deux noms pour toute vacance dans ces trois sièges. Les seules conditions de présentations sont les conditions générales applicables aux conseillers en service ordinaire, fixées ci-dessous à l'article 36.

Les premiers membres de la Cour suprême de Justice en service ordinaire seront nommés par le Chef de l'État sur les mêmes présentations.

3) Les six conseillers en service extraordinaire sont désignés annuellement par le Sénat, parmi ses membres, au début de la session ordinaire, à la majorité absolue.

Ils siègent à la Cour suprême de Justice lorsqu'elle est réunie dans les cas prévus aux 2°, 3° et 4° de l'article 34 pour juger le Chef de l'État, les ministres ou secrétaires d'État et toute personne mise en accusation par le président de la République pour atteinte contre la sûreté de l'État.

Art. 36. —

1) Les conseillers en service ordinaire élisent parmi eux le président et le vice-président de la Cour suprême de Justice.

Ils sont inamovibles.

Ils doivent être âgés de cinquante ans au moins au jour de leur nomination.

Ils restent en fonctions jusqu'à soixante-quinze ans, sauf si leur déchéance est prononcée ou s'ils se trouvent dans l'impossibilité permanente de remplir leurs fonctions. L'examen et la décision que comportent des cas exceptionnels sont de la compétence de la Cour elle-même.

Les fonctions de conseillers en service ordinaire sont incompatibles avec le mandat de sénateur ou de député et avec l'exercice d'aucune profession.

Les conseillers en service ordinaire conservent à vie leur traitement, sauf dans le cas de déchéance.

Ce traitement est égal à celui des ministres.

2) Le Parquet de la Cour suprême de Justice est composé d'un procureur général et de deux avocats généraux, choisis par le Chef de l'État au début de chaque année parmi les magistrats du Parquet de la Cour de cassation ou des Cours d'appel.

Toutefois, lorsque la Cour se réunit pour statuer sur une mise en accusation par l'Assemblée nationale, celle-ci désigne dans son sein trois membres pour soutenir l'accusation.

Art. 37. —

1) Le recours pour inconstitutionnalité n'est recevable que s'il a pour base la violation d'une disposition de la Constitution.

Il est formé par voie d'exception.

2) L'exception d'inconstitutionnalité peut être soulevée devant toute juridiction, mais seulement en première instance, soit par le ministère public, soit par les parties, soit, d'office, par la juridiction saisie.

3) Dès qu'a été soulevée l'exception d'inconstitutionnalité, la procédure au principal est suspendue jusqu'à l'arrêt de la Cour suprême de Justice sur la valeur du recours.

Cet arrêt s'impose à toute juridiction ayant à connaître de l'espèce à l'occasion de laquelle il a été rendu.

Titre V

Les Conseils municipaux, départementaux et provinciaux

Art. 38. —

1) Le Conseil municipal est élu pour six ans par le suffrage universel direct au scrutin de liste.

2) Le maire et les adjoints sont élus par le Conseil municipal dans les communes dont la population n'excède pas 10 000 habitants.

La loi détermine le mode de désignation du maire et des adjoints dans les communes où la population excède ce chiffre.

3) La loi prévoit les conditions dans lesquelles les Conseils municipaux peuvent être dissous et remplacés provisoirement par des délégations spéciales.

4) Elle établit le régime municipal spécial de Paris, de Lyon et de Marseille.

Art. 39. — Le Conseil départemental est élu pour six ans au suffrage universel direct, par scrutin uninominal, à raison d'un conseiller par canton.

Art. 40. —

1) Le Conseil provincial est formé :

– pour deux tiers, de membres élus par les Conseils départementaux ;

– pour un tiers, de membres nommés par le gouvernement sur la proposition du gouverneur, parmi les représentants élus des organisations professionnelles et corporatives et parmi les élites de la province.

2) La durée du mandat est de six ans. Ce mandat est incompatible avec celui de député ou de sénateur.

3) Le nombre des conseillers provinciaux est, pour l'ensemble des provinces, égal à celui des sénateurs et des députés.

Titre VI
Le Gouvernement de l'Empire

Art. 41. —

1) Les territoires d'outre-mer sur lesquels, à des titres divers, l'État français exerce sa souveraineté ou étend sa protection, constituent l'Empire.

2) Dans l'Empire, le gouvernement exerce son autorité par l'intermédiaire de hauts fonctionnaires responsables de la sécurité intérieure et extérieure des territoires qu'ils administrent ou contrôlent.

3) L'Empire est régi par des législations particulières.

Art. 42. —

1) Auprès du président de la République est institué un Conseil d'Empire appelé à donner son avis sur les questions intéressant le domaine français d'outre-mer.

2) Dans les parties de l'Empire où l'évolution sociale et la sécurité le permettent, le représentant du Chef de l'État est assisté d'un Conseil consultatif.

3) La loi fixe les conditions dans lesquelles s'exerce la participation traditionnelle de certaines colonies à la représentation nationale.

Annexe IV
PROJET DE LOI ORGANIQUE PORTANT CRÉATION DE PROVINCES DANS LA FRANCE MÉTROPOLITAINE

Titre Ier
La Province

Article premier — La France métropolitaine est divisée en provinces, groupant chacune un certain nombre de départements, compte tenu des nécessités administratives et des conditions géographiques, ainsi que des affinités économiques et culturelles.

Un règlement d'administration publique délimitera les provinces et fixera la et les modalités d'entrée en vigueur de la nouvelle organisation administrative, dont la mise en application pourra être soit générale et immédiate, soit partielle et échelonnée.

Art. 2. — Le département, au sein de la province qui l'englobe, demeure provisoirement une circonscription administrative dotée de la personnalité morale et de l'autonomie financière.

En principe, la création des provinces ne doit entraîner aucune modification des limites actuelles des départements.

Lorsque les nécessités de la délimitation imposeront le détachement d'un arrondissement, d'un canton ou d'une commune, cette circonscription administrative sera incorporée à un département limitrophe situé dans la province de rattachement.

Toutes les modifications qui seront apportées dans les délimitations actuelles des départements donneront lieu à des règlements intervenant entre les départements intéressés et tenant compte de toutes les incidences financières et budgétaires.

Art. 3. — La province est instituée comme échelon du gouvernement. Elle est, en outre, dotée de la personnalité morale et de l'autonomie financière.

Art. 4. — Des décrets adapteront au cadre nouveau des provinces les circonscriptions déjà instituées par les divers secrétariats d'État.

Cette adoption doit être réalisée sans la création d'emplois nouveaux, les fonctionnaires des provinces devant être prélevés sur les administrations centrales ou départementales.

Les groupements économiques, professionnels, familiaux, etc. doivent également adapter leur organisation régionale au cadre des provinces.

Art. 5. — À la tête de chaque province est placé un gouverneur.

Pour le règlement des affaires de la province, le gouverneur prend l'avis du Conseil provincial, prévu au titre III.

Des dispositions spéciales régleront le statut du gouvernement de Paris.

Titre II
Le Gouverneur

Section I. — *Condition et attributions du gouverneur.*

Art. 6. — Le gouverneur est nommé par le Chef de l'État par décret contresigné du Premier Ministre.

Le gouverneur représente dans la province le Chef de l'État. Il est responsable devant lui ainsi que devant le Premier Ministre. Il est subordonné à tous les secrétaires d'État. Il a la préséance sur tous les fonctionnaires et agents civils et militaires de la province.

En cas de vacance du gouvernement provincial ou d'absence du gouverneur, les fonctions de ce dernier sont exercées par l'un des préfets de la province, désigné à cet effet par le Premier Ministre.

Art. 7. — Le gouverneur reçoit les instructions générales données par les secrétaires d'État, sous le couvert du Premier Ministre.

Il leur rend compte de son action dans les formes et pour les objets déterminés par ces instructions.

Le gouverneur a pouvoir de décision, y compris le pouvoir réglementaire, dans toutes les questions d'intérêt provincial qui seront déterminées par décret et sous réserve des lois et règlements existants.

Art. 8. — Le gouverneur coordonne et contrôle l'activité de tous les Services publics, même techniques, de la province, à l'exception de ceux de l'ordre judiciaire. Le procureur général rend toutefois compte au gouverneur de tous les incidents pouvant intéresser la police et la sécurité générales.

Spécialement responsable du maintien de l'ordre, le gouverneur peut, au besoin, l'assurer par réquisition de la force armée auprès du commandant militaire de la province.

Sous l'impulsion et le contrôle du gouverneur, les préfets administrent leur département et conservent, sur les échelons départementaux des Services publics, l'autorité qu'ils tiennent des textes en vigueur.

Art. 9. — Le gouverneur peut, pour des motifs d'ordre public, suspendre tout fonctionnaires et agents civils et militaires de l'État, des départements, des communes et des établissements publics, sauf les magistrats de l'ordre judiciaire.

Il doit informer immédiatement le préfet intéressé et rendre compte au secrétaire d'État compétent.

Section II. — *Les collaborateurs du gouverneur.*

Art. 10. — Le gouverneur est secondé par :

– un secrétaire général de la province ;

– un intendant des affaires économiques ;

– un intendant de police ;

– un conseiller administratif ;

nommés et révoqués par décret, pris sur la proposition du ou des ministres intéressés.

Lorsque la situation particulière d'une province l'exige, le gouverneur est assisté d'un lieutenant-gouverneur dont l'autorité s'étend sur un ou plusieurs départements de la province, et à qui il délègue tout ou partie de ses pouvoirs.

Art. 11. — Pour assurer l'information des différents Services de la province, ainsi que la coordination de leur activité, le gouverneur est assisté d'un Comité de gouvernement.

Ce Comité comprend :

– le secrétaire général de la province ;

– le lieutenant-gouverneur (éventuellement) ;

– les préfets des départements constituant la province ;

– le général, commandant militaire de la province, et s'il y a lieu, le préfet maritime et le général commandant la région aérienne ;

– le ou les procureurs généraux ;

– le recteur de l'Académie ;

– l'intendant des affaires économiques ;

– l'intendant de police ;

– les chefs des Services provinciaux de l'Agriculture et du Ravitaillement, de la Production industrielle, du Travail, des Communications, de la Famille et de la Santé, désignés par les secrétaires d'État intéressés.

Art. 12. — Le gouverneur préside le Comité de gouvernement ; il le réunit au moins une fois par mois.

Il convoque, chaque fois qu'il le juge utile, le ou les membres de ce Comité dont la collaboration directe et immédiate lui apparaît nécessaire pour des affaires de leur ressort.

Titre III
Le Conseil provincial

Section I. — *Composition et élection.*

Art. 13. — Le Conseil provincial est formé de membres élus par les Conseils départementaux.

Art. 14. — Le règlement d'administration publique prévu à l'article 1 de la présente loi déterminera, pour chaque province, le nombre des conseillers provinciaux, compte tenu de celui des départements constituant la province et du chiffre de la population.

Ce nombre ne pourra être inférieur à 20 ni supérieur à 60, sauf pour le gouvernement de Paris qui fera l'objet d'une réglementation spéciale.

Art. 15. — Peuvent être élus membres du Conseil provincial les Français et Françaises nés de pères français, jouissant de leurs droits civils et politiques, âgés de vingt-cinq ans au moins.

Il y a incompatibilité entre le mandat de conseiller provincial et celui de sénateur.

Le mandat de conseiller provincial ne peut être cumulé qu'avec un seul mandat de conseiller départemental ou de conseiller municipal.

Art. 16. — Un décret rendu au moins six semaines à l'avance, fixe le jour où doivent avoir lieu les élections pour les Conseils provinciaux et convoque à cet effet les Conseils départementaux.

Dans chaque Conseil départemental, l'élection des conseillers provinciaux se fait sans débat, par vote secret, au scrutin de liste et à la majorité absolue des suffrages. Après deux tours de scrutin, la majorité relative suffit et, en cas d'égalité de suffrages, le plus âgé est élu.

Art. 17. — Le procès-verbal de l'élection des conseillers provinciaux est transmis immédiatement par le président du Conseil départemental au préfet qui le transmet lui-même aussitôt au gouverneur. Une copie de ce procès-verbal est affichée à la porte de la préfecture.

Les réclamations relatives à l'élection des conseillers provinciaux sont jugées par le Conseil d'État. Le pourvoi n'est pas suspensif.

Art. 18. — Les Conseils provinciaux sont nommés pour six ans et renouvelables par moitié tous les trois ans. Dans chaque province, la première série de conseillers, renouvelable à titre exceptionnel et transitoire après trois ans de mandat seulement, sera désignée par voie de tirage au sort.

Le mandat de conseiller provincial est renouvelable.

Il est procédé, dans un délai de deux mois, au remplacement des conseillers provinciaux décédés ou démissionnaires.

Art. 19. — Le mandat de conseiller provincial est gratuit, sous réserve de l'allocation d'indemnités pour frais de déplacement et de séjour.

Section II. — *Attributions du Conseil provincial.*

Art. 20. — Le Conseil provincial délibère sur les affaires de la province et formule sur chacune d'elles un avis motivé qui est communiqué au gouverneur avec le procès-verbal des débats.

Art. 21. — Le Conseil provincial vote, sur proposition du gouverneur, les dépenses de l'Administration provinciale qui sont réparties entre les départements constituant la province sous forme de contingents obligatoires proportionnels à l'im portance des budgets départementaux et fixés selon des règles établies par un décret pris sur la proposition du secrétaire d'État à l'intérieur.

Le traitement, les indemnités et les frais de représentation du gouverneur et de ses collaborateurs sont à la charge de l'État.

Art. 22. — Le Conseil provincial approuve la comptabilité provinciale et donne son avis sur les aliénations du domaine.

Il présente au gouverneur, pour être statué par ce dernier ou pour être transmis au pouvoir central, suivant les cas, les projets de programmes et d'emprunts qui lui paraîtraient nécessaires pour l'amélioration de la vie provinciale dans toutes ses manifestations.

En cas de désaccord entre le gouverneur et le Conseil provincial sur ces projets, il est statué par décret pris, après avis du Conseil d'État, sur la proposition du Premier Ministre.

Art. 23. — Les conseillers provinciaux sont convoqués individuellement au Congrès national lorsqu'il y a lieu de procéder à l'élection du Chef de l'État.

Art. 24. — Tous vœux politiques sont interdits au Conseil provincial.

Section III. — *Sessions et fonctionnement du Conseil provincial.*

Art. 25. — Le Conseil provincial doit être convoqué par le gouverneur en session ordinaire deux fois par an.

Le gouverneur peut le convoquer en session extraordinaire

Chapitre XIV : CONTINUITÉ DE LA PENSÉE DU MARÉCHAL

chaque fois qu'il le jugera nécessaire.

Le Conseil provincial siège dans la capitale de la province ; toutefois, le gouverneur peut le réunir, à titre exceptionnel, dans une autre ville de la province.

Le Conseil provincial ne peut avoir de Commission permanente.

Art. 26. Au cours de la quinzaine précédant chaque session ordinaire, le gouverneur réunit une Commission spéciale comprenant au minimum un conseiller provincial par département constituant la province.

Cette Commission examine et décide, tant avant la session qu'en cours de session, s'il y a lieu de mettre à l'ordre du jour les questions sur lesquelles des conseillers provinciaux ont attiré l'attention du gouverneur pour qu'il en saisisse l'Assemblée.

Art. 27. — Le gouverneur ouvre chaque session du Conseil provincial. Il peut assister aux délibérations et il est entendu quand il le demande.

Les commissaires de gouvernement pour le Conseil provincial sont choisis par le gouverneur parmi les membres du Comité du gouvernement.

Art. 28. — Le bureau du Conseil provincial est élu par le Conseil dans son sein, à la première séance de l'année.

Il se compose d'un président, de deux vice-présidents et de deux secrétaires, élus pour un an et rééligibles.

Art. 29. — Les séances sont publiques.

Néanmoins sur la demande du gouverneur, du président ou de dix membres le Conseil provincial peut, sans débat, décider qu'il se formera en Comité secret.

Le président est responsable du maintien de l'ordre dans l'Assemblée et de la conformité de ses délibérations aux lois et règlements.

Art. 30. — Le présent décret sera publié au *Journal officiel* et exécuté comme loi de l'État.

Fin

Notes de fin
1 Décédé en mars 1941.

2 Décédé en mars 1941.
3 Prisonnier de guerre en Allemagne.
4 A cessé ses fonctions le 9 janvier 1942 (démission).
5 A cessé ses fonctions le 2 décembre 1941 (démission).
6 Décédé le 27 mars 1941.
7 Décédé le 3 décembre 1941.

ISBN : 978-2-37976-175-1